本书是国家社会科学基金项目的研究成果，项目负责人庄宗明，课题组成员有曾卫锋、马明申、孔瑞、廖晓燕。项目名称：从中美经贸关系的最新发展趋势看中国参与经济全球化的内在机制与经济影响。项目批准号：04BJL050。成果鉴定等级：优秀。鉴定证书号：20070048。

国家社会科学基金项目资助

中美经贸关系及其影响研究

庄宗明　等著

人民出版社

目 录

图表索引

图表索引

图表索引

5

第一章 导 论

第一节 本书的研究目标

一、问题的提出

20 世纪 90 年代以来，美国经济和中国经济分别获得了持续的较快增长和发展。90 年代以来，美国的制度创新和宏观经济政策的合理调控促进了信息技术和相应的产业革命，推动美国经济实现了自 1991 年 3 月到 2001 年 3 月这整整 120 个月的持续增长，在 1992～2000 年期间，美国实际 GDP 的年增长率始终保持在 2.5%～4.5% 之间；同时，美国制造业部门的劳动生产率持续提高，服务部门特别是高技术新兴服务业发展迅速，产业结构发生了明显的变化。90 年代初期以来，中国市场经济体制的建立和深化改革促进了中国经济资源配置效率的提高和资源投入数量的增加，积极推动中国经济实现了自 1991 年以来的持续高速增长，在 1991～2004 年期间，中国 GDP 的年增长率始终维持在 7.1%～14.2% 之间；与此同时，中国工业发展迅速，重工业化的特征日益明显，资本和技术密集型的制造业发展推动工业结构不断升级，农业劳动力加速向第二产业和第三产业转移，服务业的产出在 GDP 中所占的比重稳步上升，产业结构得到明显优化。

20 世纪 90 年代以来，中美贸易和美国对华投资也分别获得了持续的较快增长和发展。根据美国的统计，1991～2004 年中国对美国出口总额的年平均增长率高达 19.7%，中国自美国进口总额的年均增长率达到 14.1%；同时中国对美国出口总额实现了由以轻纺产品为主向以机电产品为主的转变，在中国自美国的进口总额中机电表产品所占比重也得到了一定程度的提高，中美贸易特别是中国对美国出口的商品结构得到了优化。根据中国的统计，美国对华直接投资的实际额由 1991 年的 3.23 亿美元持续上升到 2002 年的 54.24 亿美元，2003、2004、2005 年也分别达到了 41.99 亿、39.41 亿、30.61 亿美元；90 年代以来美国对华投资的行业结构日益高级化，投资主体逐步转变为以美国的大型跨国公司为主，在制造业的投资中主要集中在资本密集型和技术知识密集型产业中，有力地推动了中国产业结构的升级和生产技术进步。

按照国际经济传导的一般理论，世界各国经济存在着相互依存、相互影响的关系。但是，上述 20 世纪 90 年代以来美国经济的持续的较快增长和产业结构的变化是否分别通过中美贸易和美国对华投资快速发展的渠道推动了中国经济的持续高速增长和产业结构的优化？中美贸易与美国对华投资在传导中美之间的经济波动与产业结构变化方面是否符合一般国际经济传导理论所阐述的规律？中国经济在参与经济全球化过程之中是否具有特殊的内在机制？对于这些问题，国内学者已经进行了一些分析研究。有些学者认为，2001 年美国经济出现了短暂的衰退，而当年中国对美国出口仍然保持了一定的增长，认为中国对美国的出口并不会受到美国经济增长率下降的影响，并对这种现象进行了理论解释；还有的学者甚至认为，中国对美国出口同美国经济（GDP）增长率之间存在着负相关的关系。中美经济之间的实际经济联系机制究竟如何？本书的研究目标，正是试图探讨和回答这些问题。

二、本书的研究目标

本书研究试图达到以下目标：

1. 通过对 20 世纪 90 年代以来中国经济增长和产业结构变化的特征的分析，认识影响 20 世纪 90 年代以来中国经济增长和产业结构变化的主要因素；

2. 通过对中美贸易发展及其特点的研究，厘清中美贸易增长分别与中国经济增长、美国经济增长之间的关系，以及中美贸易结构变化与中国产业结构变化之间的关系；

3. 通过对美国对华直接投资及其特点的研究，搞清楚美国对华投资与中国经济增长之间的关系以及美国对华投资与中国产业结构变化之间的关系；

4. 在达到以上三个目标的基础上，分别研究中美贸易与美国对华直接投资在传导中美之间的经济波动与产业结构变化方面的作用，分析其是否符合一般国际经济传导理论所阐述的规律；

5. 进一步从中美贸易与美国对华直接投资对中国经济影响的研究结果中，探讨中国参与经济全球化的内在机制，为我国政府部门制定有关政策和经济发展战略提供决策参考和理论依据。

第二节　文 献 综 述

一、涉及经济增长的中美贸易关系问题的文献综述

（一）关于中国对美国出口与美国经济增长的关系

中国有关中美贸易关系的研究成果是比较多的，但是直接涉及经济增长问题的中美贸易关系方面的研究成果相对较少。近几年来，比较有影响的研究成果是湛柏明、庄宗明（2003）和庄宗明（2004）有关从中美经贸关系看美国经济波动对中国经济影响的富有创新性的研究，他们的研究具有很多重要的启发意义。自从他们的研究成果发表之后，中国国内掀起了对该问题进一步深入研究的一个高潮，该高潮至今仍未平息。湛柏明、庄宗明（2003）通过对 2000 年以来美国对外贸易和中美贸易的经验分析，从一种新的角度审视了美国经济波动对中国经济的影响，提出了深化中美贸易基础、提高中国对美出口商品档次等重要建议。庄宗明（2004）进一步深化了对该问题的研究，认为由于中国出口商品结构档次低级的特点，即使美国经济出现衰退，中国对美出口仍然能够保持较快速度的增长，这是一种同一般贸易理论不一致的崭新的学术观点。

庄宗明与湛柏明的研究成果发表之后，引起了中国学术界较为广泛的关注。高运胜、陆宝群（2004）利用 1994～2002 年中国对美出口的季度数据与同期美国 GDP 增长率来计算并分析了两者之间的相关性，他们发现

两者间呈现出较强的负相关性，其中的主要原因是：美国经济衰退之后，居民收入水平下降，从而转向中国产品的消费；中国入世效应的体现；中美两国这些年对产品结构进行重大调整后，使得两国产品的互补性提高；中国在通关税收等方面采取了重大改革等。高运胜、陆宝群（2004）似乎进一步证实了庄宗明与湛柏明的研究成果。然而，事隔正好一年，林秀丽、舒元（2005）针对高运胜、陆宝群（2004）的病态计量模型，通过运用 Johansen（1988，1990）估计法进行协整分析之后认为，中国对美国出口与美国 GDP 增长率之间不存在长期均衡关系，但是中国对美出口与美国 GDP 之间存在一个正相关的长期均衡关系，美国经济发展有利于中国扩大出口。另一个结论是：美国 GDP 每增加 1 美元，中国对美国出口增加量是减少的，中国对美国出口收入弹性在 0 与 1 之间。后面的结论支持了高运胜、陆宝群（2004）的分析：中国对美国出口产品中劳动密集型产品占有较大比重，需求弹性相对较低。① Granger 因果关系检验表明，美国 GDP 是中国对美出口的 Granger 原因，中国对美出口却不是美国 GDP 的 Granger 原因。因此，中国对美出口对美国经济产生不了威胁。

虽然有关中国对美出口与美国经济增长之间关系的研究成果不多，但上述研究成果足以引起学术界的广泛兴趣，并且具有十分重要的现实意义。

（二）中国自美国进口与中国经济增长的关系以及中美贸易关系问题

中国有关进口贸易与经济增长之间关系的研究成果是比较多的，但是笔者目前还没有查找到有关直接研究中国自美国进口与中国经济增长关系的研究成果。缺乏这类研究成果的原因，很可能是人们一般认为中国自美国进口与中国经济增长关系符合中国进口贸易与经济增长之间关系的一般规律。中国研究中美贸易关系的学术界，一般都比较重视研究中国对美国的出口问题，而较少研究中国自美国进口问题。比如，湛柏明（2004），孔庆江（2004），魏浩、毛日昇、张二震（2005）等研究是近年来比较有代表性的有关中美贸易关系的研究成果，但这些研究也主要是研究中国对美国的出口问题，几乎没有涉及中国自美国的进口问题。实际上，20 世纪

---

① 其实这一结论也支持了湛柏明、庄宗明（2003）和庄宗明（2004）研究中的同样观点。

90 年代以来,中美贸易中加工贸易所占比重高达 70% 左右,也就是说,中国对美国出口是以中国自美国进口为基础的。因此,较少研究中国自美国进口问题,无疑是近年来中国研究中美贸易关系问题的一大遗憾。

尽管如此,有关从中美贸易关系角度来间接研究中国自美国进口与中国经济发展之间关系的研究成果还是有的,近年来比较有代表性的研究是李安方(2004)的研究成果。笔者认为,李安方(2004)对中国自美国进口问题的研究一针见血,击中要害,对于中国今后处理中美外交外贸关系具有重大的参考价值。李安方通过对美国技术出口管制政策的分析,揭示了美国对华技术出口管制的根本动机。他从经济全球化、国际科技竞争以及中美两国战略利益互动的角度评判美国对华技术出口管制政策的效果,研究美国未来技术出口管制政策的发展方向,提出中国的若干对策建议。

二、有关美国对华直接投资问题的文献综述

作为世界最大的对外直接投资国,美国的对华投资一直是中国吸引外资的重要来源。因此,国内学者对相关问题格外关注。王志乐(1999)根据对 60 余家美国对华投资企业的访问调查认为,美资企业引进了先进的生产设备、工艺和产品,并不间断、滚动地引进新技术,同时还积极在华设立技术开发中心。这些都表明美国对华投资的技术水平是比较高的,从而对当地企业产生一定的带动作用。刘跃斌等(2003)则根据投资规模的变化情况进行了分析,认为美国对华投资存在着阶段性特征,从 1979 年至今可以分为三个阶段,即 1979 ~ 1992 年为第一阶段,1992 ~ 1997 年为第二阶段,1997 年至今为第三阶段。同时,还分析了美国对华投资的特点以及美资企业的成功经营战略。邱询旻等(2003)通过具体的投资案例概括出成功者继续扩大投资、后来者决心奋起直追、高新技术领域合作方兴未艾等美国对华投资的新特点,并着重强调了其发展对中国进出口、国际收支以及政府的宏观调控等方面的影响,特别是美资公司对先进技术的保密和保护机制,以及其对中国同行业民族企业的竞争挤出效应,应该给予足够的重视。对于技术溢出问题,俞毅(2003)分析了目前对华直接投资企业技术转移的基本情况,并得出有利于国内企业技术进步的基本结论,同时他也指出,抑制对华直接投资技术溢出效应的因素仍然存在:一方面母公

第一章 导论

5

司本身实施"技术锁定"策略，而母公司所在国政府也常常通过政策限制其技术转让行为；另一方面国内企业的技术水平低，从而技术吸收能力较差，加之市场结构缺乏竞争压力，跨国公司没有引进先进技术的动力。

三、通过对外贸易渠道传递国际经济的文献综述

本书涉及的有关国际经济传递渠道主要是进出口商品贸易和国际直接投资的渠道。下面我们主要对中国进出口贸易、利用外商直接投资与中国经济增长关系问题的研究文献进行综述。

（一）出口贸易或净出口与经济增长的关系

研究出口贸易与经济增长关系的基本方法可以分为四类：（1）通过国民经济支出法核算恒等式计算净出口对经济增长的贡献。比较具有代表性的文献有林毅夫（2001）、刘金全和李玉蓉（2002）、刘晓鹏（2001）等。刘金全和李玉蓉（2002）的研究结果认为，经济增长的出口驱动假说在中国改革开放以后的经济运行中成立，中国经济增长速度当中有相当程度来源于快速增长的净出口增长率；当 VAR 模型中引入通货膨胀率和累积需求水平等变量时，实际产出和净出口之间的双向影响均明显存在。（2）利用总量生产函数分析出口对经济增长的促进作用。Balassa（1978）在新古典生产函数的基础上分析了出口对经济增长的促进作用；Feder（1982）对 Balassa 的模型进行了扩展，更深入地研究了出口促进经济增长的机制。杨全发（1998）利用 Feder 模型和 1978～1995 年的数据分析了中国出口对经济增长的贡献，认为初级产品出口对经济增长有正的贡献，而工业制成品出口对经济增长有负的贡献。李军和李阳（2001）对中国出口与经济增长进行分期协整检验，得出了以下结论：中国出口与经济增长存在长期均衡关系，但不同时期的关系有所不同；1991 年 1 月～1995 年 12 月期间出口与经济增长负相关，而 1996 年 1 月～1999 年 12 月期间出口与经济增长正相关。（3）利用向量自回归误差修正模型和 Granger 因果性检验研究出口对经济增长的贡献。主要的文献有宋泓明（2001）；许和连、赖明勇（2001）；赖明勇、许和连和包群（2003）；高峰、范炳全、王金田（2005），等等。赖明勇、许和连和包群（2003）的研究结果认为，中国 GDP、出口贸易总额与贸易条件之间存在唯一的协整关系，并且从反映长

期的协整方程来看，出口贸易对经济增长的带动作用显著；从 Granger 因果性检验来看，中国存在从出口增长到 GDP 增长的因果关系，说明出口增长带动中国经济增长。（4）利用投入产出表分析出口对经济增长的影响。许亦平（2000）、陈锡康（2001）、沈利生和吴振宇（2003）等是比较有代表性的研究。沈利生和吴振宇（2003）计算了 1997～2001 年中国出口对 GDP 形成及增长的贡献，计算了各部门出口对 GDP 增长的贡献，揭示了 1997～2001 年单位出口贡献率下降的原因。无论采用哪种方法，迄今为止，经济学理论对出口与经济增长之间的关系大致有四种观点：（1）出口为因，经济增长为果；（2）经济增长是因，出口是果；（3）出口与经济增长之间互为因果关系；（4）出口与经济增长之间无因果关系。①

（二）进口贸易与经济增长的关系

张远鹏（2005）研究了进口贸易与美国的经济增长，证明了进口较出口更能够拉动美国的经济增长，并从生产要素的质量、进口带动出口、物价水平与投资等方面进行了简要的分析。李军和李阳（2001）对中国进口与经济增长进行分期协整检验，得出了以下结论：中国进口与经济增长存在长期均衡关系，1991 年 1 月～1999 年 12 月期间中国进口与经济增长存在正的相关关系。范柏乃与王益兵（2004）实证分析了中国进口贸易与经济增长之间的互动关系，得出了以下结论：（1）中国进口贸易与经济增长之间存在互为因果关系；（2）1952～2001 年期间，中国经济增长对进口贸易有较强的促进作用，每增加 1 个单位 GDP 将增加 0.16 个单位的进口量；（3）1952～2001 年期间，中国进口贸易对经济增长具有很强的促进作用，每增加 1 个单位的进口量会相应地增加 5.44 个单位的 GDP。高峰、范炳全、王金田（2005）认为，从长期来看，经济增长率同进口增长率之间呈现负的相关关系；从短期来看，进口贸易与出口贸易同经济增长率之间分别呈现正的相关关系，但进口同经济增长率之间的正相关关系更强。熊启泉、杨十二（2005）认为，无论从进口发展与经济增长的经验数据还是从进口影响经济的经济学逻辑的角度分析，都无法获得充分的证据支持

---

① 参见白雪梅、赵松山："我国对外开放与经济增长因果关系的实证研究"，《数量经济技术经济研究》1999 年 11 月。

第一章 导论

出口贸易在推动经济增长中的重要性要胜过进口贸易的观点，同时指出了进口贸易在经济增长中的重要作用及其传导机制。刘晓鹏（2001）也揭示了中国进口对国民经济增长具有较强的促进作用。

四、通过国际直接投资渠道传递国际经济的文献综述

关于外商直接投资与中国经济增长的关系，比较有代表性的研究文献有江小涓（2002），王惠珍等（2003），沈坤荣和耿强（2001），桑秀国（2002），王成岐、张建华、安辉（2002），王志鹏和李子奈（2004），江锦凡（2004），王仁祥和喻平（2005），等等。江小涓（2002）以定性分析为主，揭示了外资对经济增长、技术进步、产业结构升级、扩大出口和提升出口商品结构、增强研发能力等重要方面的贡献，从而得出结论：外资的进入不仅推动了中国经济持续增长，而且提高了经济增长的质量。沈坤荣和耿强（2001）构建了内生经济增长模型，强调人力资本存量在 FDI 技术扩散效应中的重要作用，并选用 1987～1998 年中国 29 个省、市及自治区的有关数据，对 FDI 与中国经济增长的关联性进行了分析，其结论是外商直接投资的增长导致了经济增长率的提高，而吸收外商直接投资带来的先进技术，必须有足够的人力资本存量。王志鹏和李子奈（2004）通过运用 Hamilton（1989）所提出的方法构建了一个新的考虑 FDI 外溢效应的准内生经济增长模型，并利用中国 1982～2001 年 29 个省份的数据进行了计量分析，其主要结论是 FDI 发挥积极作用需要满足一定水平的人力资本要求，即"人力资本门槛"假说在中国也存在一定的适用性。王成岐、张建华、安辉（2002）运用计量模型考察了影响中国引入 FDI 与经济增长之间相关关系的各种因素，尤其强调各种经济政策因素，如市场化改革，对于 FDI 与经济增长的关系有着深刻影响。

关于外商直接投资对中国产业结构变动影响的研究，具有代表性的文献有郭克莎（2000）、江小涓（2002）、崔新健（2002）、张雪松（2003）、杨俊龙等（2004），等等。郭克莎（2000）着重论述了外商投资对中国产业结构变动的影响，包括正面的影响和负面的影响，同时还提出应该通过政策导向，使外商直接投资的结构变动与中国产业结构调整的要求相一致，至少是改变外商投资结构的不合理倾斜。杨俊龙等（2004）也从正反

8

两方面论述了外资对中国产业结构调整的影响，并提出了优化投资环境和加大对外资的产业导向力度等政策建议。崔新健（2002）认为，利用外国直接投资促进东道国产业结构升级存在理论极限、影响变量和前提条件；外国直接投资只是发展中国家实现产业结构升级可以利用的手段之一；东道国应该对外国直接投资进行有效的、规范的监管以及对其产业结构升级做出整体的战略规划，并创造相适应的条件。张雪松（2003）也认为，承接产业转移是促进本国经济发展与产业结构升级的重要途径。通过与东亚国家和地区的比较，他认为，在新兴产业里，中国有可能成为电子信息制造业的中心，因为中国拥有成本优势。在传统制造业中，对中国产业的影响既有正面也有负面。对于获取市场优势的产业转移而言，产业升级的作用比较明显；而对于成本优势战略的转移，从全行业来看其影响是积极的，但是对于本土企业则面临巨大的竞争压力；对于外资关联产业的影响则存在不确定性。

本书将在上述现有研究成果的基础上，重点研究"中美贸易与美国对华投资分别对中国经济增长与产业结构变动的影响"，并从这些研究结果中引申出"中国参与经济全球化的内在机制"，为中美两国政府部门制定有关政策和经济发展战略提供理论指导。在重点研究"中美贸易与美国对华投资分别对中国经济增长与产业结构变动的影响"之前，先对"中美贸易与美国对华投资的最新发展趋势以及 20 世纪 80 年代以来中国经济增长和产业结构变动的特征"等基础性的问题进行具体研究，为后面的重点研究做好铺垫。

第三节　本书的研究方法和研究框架

一、本书的研究方法

为了达到上述研究目的，本书主要采取以下研究方法：

（一）从现象到本质的研究方法

从现象到本质是科学研究的基本方法。我们要搞清楚中美贸易和美国对华投资对中国经济的影响以及中国参与经济全球化的内在机制，就必须首先对中美贸易发展、美国对华投资发展、中国经济增长与产业结构变动等现象进行准确的观察和描述，对这些现象的特征、性质或（和）影响因素以及这些现象的联系进行由浅至深的分析。在准确把握现象的特征、性质、影响因素和各种现象的内在联系的基础上，我们才能进一步结合其他研究方法，揭示出隐藏在上面各种现象背后的客观规律。本书的第二章至第四章主要运用这种研究方法。

（二）运用计量经济学方法进行实证分析

实证分析是本书最基本的研究方法。在必要的时候，我们也将规范分析同实证分析相结合，例如，在研究中国的外商直接投资对中国经济增长的影响时，我们首先运用规范分析方法建立准内生模型，然后运用所建立的准内生模型来建立计量经济模型进行实证分析。关于贸易与要素积累、贸易与就业、贸易与利用外商直接投资、贸易与增长、外资与增长等问题的关系，我们将运用计量经济学方法进行具体的实证分析，从实证分析的结论以及这些结论的比较当中来证实或证伪有关国际经济理论，揭示出中美两国经济通过贸易与资本流动的渠道实现联系的内在规律以及中国参与经济全球化的内在机制，为进一步的理论研究提供分析的基础，为中美两国政府部门的政策决策提供指导。本书的第五章和第六章在进行定量分析时主要运用这种研究方法。

（三）运用比较研究方法

比较研究法也是科学研究的基本方法。对于定量分析结果的进一步研究，只有选择适当的参照系进行比较，我们才能根据定量分析结果作出合理的判断并得出结论。在本书的研究中，每当涉及中美贸易与美国对华投资中国要素积累、就业、经济增长与产业结构变化等问题的研究时，我们就必须选择一定的参照系来对实证分析的结果进行比较，只有这样我们才能对有关定量分析结果作出合理的判断。本书的研究中，我们选择中国的全部进出口贸易和全部外商直接投资对中国要素积累、就业、经济增长与产业结构变化等问题的影响结果作为参照系，这是本书研究的一个主要特点。本书的第五章和第六章在得出结论时主要运用这种研究方法。

二、本书的研究框架

根据上述研究目标和所运用的研究方法，本书的研究报告分三个部分七章内容。第一部分是第一章导论，在提出问题的基础上阐述本书的研究目标，然后对涉及本书研究的相关文献进行综述，最后阐述本书的研究方法与研究框架；第二部分是主体内容，由第二章至第六章五章内容构成；第三部分是结论，在第七章进行分析与总结，主要是根据主体内容中的研究结果，回答本书报告开头所提出的问题，得出结论，以实现本书所提出的研究目标。本书各章内容的逻辑关系可以由图1-1来反映。

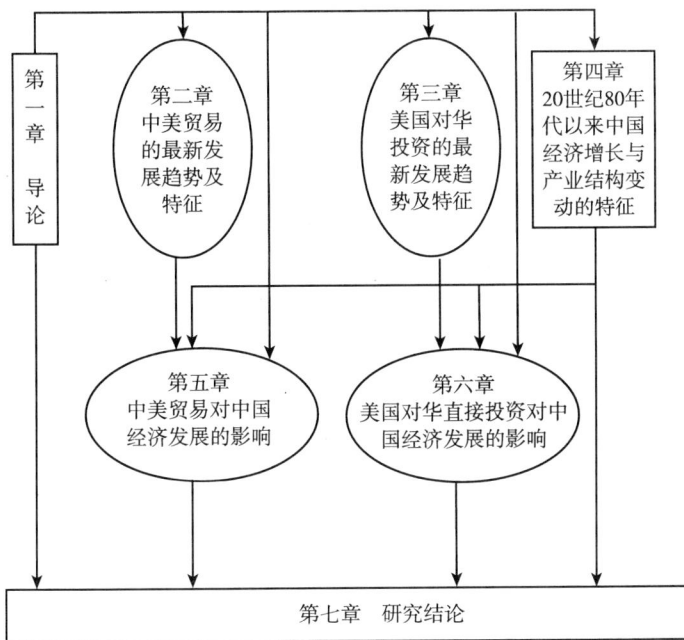

图例：——→表示前者对后者的影响关系

图1-1　本书各章内容的逻辑关系

本书的主体内容由第二章至第六章五章内容构成。第一章和第三章分别研究中美贸易和美国对华投资的发展趋势与基本特征，第四章研究中国

11

的经济增长和产业结构变动的特征，这三章内容的研究为第五、第六章的深入研究奠定基础。第五章和第六章分别研究中美贸易关系和美国对华直接投资对中国经济发展的影响，揭示出中美贸易关系和美国对华直接投资分别与中国经济发展之间的关系，这两章是本书报告的重点内容。

参考文献

1. 白雪梅、赵松山："我国对外开放与经济增长因果关系的实证研究"，《数量经济技术经济研究》1999 年 11 月。

2. 陈锡康："中国 1995 年对外贸易投入产出表及其应用"，载《2001 年中国投入产出理论与实践》，中国统计出版社 2002 年版。

3. 崔新健："外国直接投资下的产业结构升级"，《当代财经》2002 年第 10 期。

4. 范柏乃、王益兵："我国进口贸易与经济增长的互动关系研究"，《国际贸易问题》2004 年第 4 期。

5. 高峰、范炳全、王金田："我国进出口贸易与经济增长的关系——基于误差修正模型的实证分析"，《国际贸易问题》2005 年第 7 期。

6. 高运胜、陆宝群："中国对美出口与美国 GDP 增长率的相关性分析"，《国际贸易问题》2004 年第 1 期。

7. 郭克莎："外商直接投资对我国产业结构的影响研究"，《管理世界》2000 年第 2 期。

8. 江锦凡："外商直接投资在中国经济增长中的作用机制"，《世界经济》2004 年第 1 期。

9. 江小涓："中国的外资经济对增长、结构升级和竞争力的贡献"，《中国社会科学》2002 年第 6 期。

10. 孔庆江："美国贸易保护主义阴影下的中美贸易关系"，《商业经济与管理》2004 年第 1 期。

11. 赖明勇、许和连和包群：《出口贸易与经济增长——理论、模型及实证》，上海三联书店 2003 年 8 月第 1 版。

12. 李安方："美国对华技术出口管制的效果评判与前景分析"，《国际贸易问题》2004年第7期。

13. 李军、李阳："我国进口、出口与经济增长关系的协整检验",《预测》2001年第4期。

14. 林秀丽、舒元："再议我国对美出口与美国GDP增长的相关性——基于协整分析和Granger因果检验",《国际贸易问题》2005年第1期。

15. 林毅夫、李永军：《对外贸易与经济增长关系的再考察》，北京大学中国经济研究中心讨论稿2001年。

16. 刘金全和李玉蓉："中国经济增长出口驱动假说的实证检验",《数量经济技术经济研究》2002年第10期。

17. 刘晓鹏："我国进出口与经济增长的实证分析——从增长率看外贸对经济增长的促进作用",《中国经济问题》2001年第4期。

18. 刘跃斌等："美国对华直接投资的发展及其主要特点",《对外经贸实务》2003年第9期。

19. 邱询旻等："美国跨国公司对华投资新特点及其实效分析",《太平洋学报》2003年第1期。

20. 桑秀国："利用外资与经济增长——一个基于新经济增长理论的模型及对中国数据的验证",《管理世界》2002年第9期。

21. 沈利生、吴振宇："出口对中国GDP增长的贡献——基于投入产出表的实证分析",《经济研究》2003年第11期。

22. 沈坤荣、耿强："外国直接投资、技术外溢与内生经济增长——中国数据的计量检验与实证分析",《中国社会科学》2001年第5期。

23. 宋泓明、赵陵、骆蔚峰："我国出口导向型经济增长假说的适用性分析",《东北财经大学学报》2001年第2期。

24. 王成岐等："外商直接投资、地区差异与中国经济增长",《世界经济》2002年第4期。

25. 王惠珍等："外商投资与中国经济增长",《世界经济研究》2003年第1期。

26. 王仁祥、喻平："引进外资、两部门模型与中国经济增长",《经济科学》2005年第1期。

27. 王志乐："从美国在华投资看跨国公司带来新技术",《环渤海经济瞭望》1999 年第 2 期。

28. 王志鹏、李子奈："外商直接投资、外溢效应与内生经济增长"，《世界经济文汇》2004 年第 3 期。

29. 魏浩、毛日昇、张二震："中国制成品出口比较优势及贸易结构分析"，《世界经济》2005 年第 2 期。

30. 熊启泉、杨十二："重新审视进口在经济增长中的作用——基于中国的实证研究"，《国际贸易问题》2005 年第 2 期。

31. 许和连、赖明勇："我国出口与经济增长关系分析"，《湖南大学学报（社会科学版）》2001 年 9 月。

32. 许亦平：《国际贸易与我国经济发展的投入产出分析》，中国科学院博士论文，2000 年。

33. 杨俊龙等："外商直接投资与我国产业结构调整"，《宏观经济管理》2004 年第 7 期。

34. 杨全发、舒元："中国出口贸易对经济增长的影响"，《世界经济与政治》1998 年第 8 期。

35. 俞毅："跨国公司在华直接投资的技术溢出效应"，《经济理论与经济管理》2003 年第 5 期。

36. 湛柏明、庄宗明："从中美贸易看美国经济波动对中国经济的影响"，《世界经济》2003 年第 2 期。

37. 湛柏明："中美贸易的互补性与摩擦性"，《国际贸易问题》2004 年第 6 期。

38. 张雪松：《利用外资与中国产业结构调整》，对外经济贸易大学国际贸易专业博士论文。

39. 张远鹏："进口贸易与美国的经济增长"，《国际贸易问题》2005 年第 5 期。

40. 庄宗明："我国经济增长对美国经济的依存性分析"，《经济学家》2004 年第 1 期。

41. Balassa，B：Export and Economic Growth：Further Evidence，*Journal of Development Economics 5*，no. 2（June），1978，p. 181 – 189.

42. Feder，G：On Exports and Economic Growth，*Journal Developing*

Economics 12, no. 1 （March/April）, 1983, p. 59 – 73.

43. James D. Hamilton: A New Approach to Economic Analysis of Nonstationary Time Series and the Business Cycle. *Econometrica*, 1989 （10）.

44. Johansen, S: Statistical Analysis of Co – integration Vectors , *Journal of Economic Dynamics and Control*, 1988, p. 231 – 254.

45. Johansen, S and Juselius, K: Maximum Likehood Estimation and Inference on Co – integration: with Applications to the Demand for Money, *Oxford Bulletin of Economics and Statistics*, 1990, p. 169 – 210.

第一章

导

论

第二章　中美贸易的最新 发展趋势及特征

第一节　中美贸易规模的变化及其特点

一、中美贸易规模的变化

1949 年新中国建立后，美国对新中国实施了贸易限制。1950 年美国发动侵略朝鲜的战争，中国展开抗美援朝运动，1950 年年底美国商务部宣布禁止对中国大陆的一切贸易。此后，美国对中国大陆实行全面的"封锁"和"禁运"，中美贸易关系中断了 20 多年。1971 年 6 月尼克松总统宣布开放对中国大陆的贸易，从而结束了美国对中国大陆的"封锁"和"禁运"政策。1972 年 2 月尼克松总统访华，中美两国政府领导人在上海发表"联合公报"，打破了两国政治、经济、外交关系长期僵持的局面，从此中美两国恢复了直接贸易。[①] 1972 年中美贸易额仅 1288 万美元，到 1978 年双边贸易额增长到 9.9 亿美元。1979 年中美正式建立外交关系，为进一步发展两国贸易奠定了良好的基础。1979 年中国开始实行改革开放政策，为发展中国同美国和世界其他各国的经贸关系创造了有利的条件。

1980 年以来，经过中美两国在排除相互往来障碍方面的共同努力，中美贸易规模随着中美两国经济的发展而获得了较快的扩张。由表 2 – 1 可见，按照美国方面的统计，美国对中国的出口额由 1985 年的 38.6 亿美元增加到 2004 年的 347.2 亿美元，美国自中国的进口额由 1985 年的 38.6 亿美元增加到 2004 年的 1967 亿美元；由表 2 – 2 可见，按照中国海关的统

---

① 参见宫力："1972 年以来中美经济贸易关系的发展"，《外交学院学报》2000 年第 1 期。

计，中国对美国的出口额由 1980 年的 9.8 亿美元增加到 2004 年的 1249.5 亿美元，中国自美国的进口额由 1980 年的 38.3 亿美元增加到 2004 年的 446.8 亿美元；中美双方的统计数据都反映出自 1980 年以来中美贸易规模获得了快速的扩张。

表 2 - 1　中美进出口贸易规模——美国统计数据

单位：亿美元

| 年份 | 美国对中国出口 | | 美国自中国进口 | | 贸易差额 | 年份 | 美国对中国出口 | | 美国自中国进口 | | 贸易差额 |
	金额	增长（%）	金额	增长（%）			金额	增长（%）	金额	增长（%）	
1985	38.6	—	38.6	—	-0.1	1995	117.5	26.63	455.4	17.42	-337.9
1986	31.1	-19.44	47.7	23.55	-16.7	1996	119.9	2.03	515.1	13.11	-395.2
1987	35.0	12.59	62.9	31.91	-28.0	1997	128.6	7.25	625.6	21.44	-497.0
1988	50.2	43.59	85.1	35.23	-34.9	1998	142.4	10.72	711.7	13.76	-569.3
1989	57.6	14.61	119.9	40.87	-62.3	1999	131.1	-7.94	817.9	14.92	-686.8
1990	48.1	-16.49	152.4	27.09	-104.3	2000	161.9	23.45	1000.2	22.29	-838.3
1991	62.8	30.62	189.7	24.49	-126.9	2001	191.8	18.52	1022.8	2.26	-831.0
1992	74.2	18.16	257.3	35.63	-183.1	2002	221.1	15.35	1251.9	22.4	-1030.7
1993	87.6	18.12	315.4	22.59	-227.8	2003	283.7	28.20	1524.4	21.76	-1240.7
1994	92.8	5.92	387.9	22.98	-295.1	2004	347.2	22.40	1967.0	29.04	-1619.8

资料来源：美国华盛顿，美国统计局对外贸易处数据发布分处（SOURCE：U.S. Census Bureau, Foreign Trade Division, Data Dissemination Branch, Washignton, D.C. 20233）。

二、中美贸易规模变化的特点

1980 年以来，中美贸易规模的变化呈现出以下一些主要特点：

第一，从 20 世纪 80 年代以来的总体情况来看，中美贸易规模呈现高速增长的态势。无论是从中国海关统计数据来看还是从美国方面的统计数据来看，中国大陆向美国出口的年平均增长率都高达 22% 以上（表 2 - 3）。如果从中国海关统计数据来看，中国大陆从美国进口的年平均增长率，1980 ~ 2004 年为 10.78%，1985 ~ 2004 年为 13.01%；如果从美国方面的统计数据来看，则 1985 ~ 2004 年中国大陆从美国进口的年平均增长率为

17

12.26%。相对于中国大陆对美国的出口而言，中国大陆从美国进口的年平均增长率虽然相对较低，但是，相对于同期世界贸易的增长率而言，中国大陆从美国进口的年平均增长率仍然是较高的。

表 2-2　中美进出口贸易规模——中国海关统计数据表

单位：亿美元

年份	中国对美国出口		中国自美国进口		贸易差额	年份	中国对美国出口		中国自美国进口		贸易差额
	金额	增长(%)	金额	增长(%)			金额	增长(%)	金额	增长(%)	
1980	9.8	—	38.3	—	−28.5	1993	169.6	97.41	106.9	20.07	62.8
1981	15.1	53.49	43.8	14.42	−28.8	1994	214.6	26.51	139.7	30.72	74.9
1982	16.2	7.53	37.2	−15.19	−21.0	1995	247.1	15.14	161.2	15.37	85.9
1983	17.1	5.34	23.2	−37.53	−6.2	1996	266.9	7.99	161.6	0.23	105.3
1984	23.0	34.82	36.6	57.79	−13.6	1997	326.9	22.52	163.0	0.88	164.0
1985	26.5	15.30	43.7	19.38	−17.2	1998	379.8	16.15	169.6	4.07	210.2
1986	24.7	−6.98	35.3	−19.35	−10.6	1999	419.5	10.45	194.8	14.85	224.7
1987	29.6	20.12	38.1	8.00	−8.5	2000	521.0	24.22	223.6	14.80	297.4
1988	32.1	8.35	50.5	32.62	−18.4	2001	542.8	4.18	262.0	17.17	280.8
1989	38.7	20.49	61.2	21.17	−22.5	2002	699.5	28.86	272.3	3.92	427.2
1990	48.2	24.50	49.9	−18.44	−1.8	2003	924.7	32.20	338.6	24.35	586.1
1991	61.6	27.90	80.1	60.39	−18.5	2004	1249.5	35.12	446.8	31.95	802.7
1992	85.9	39.54	89.0	11.15	−3.1						

资料来源：1980~2001年数据分别来源于1984~2003年的《中国对外经济贸易年鉴》，2002、2003年数据来源于2004年的《中国商务年鉴》，2004年数据来源于中华人民共和国商务部网站公布的统计数据。

表 2-3　中美进出口贸易规模的年平均增长率

单位：%

时　　期	中国对美国出口	中国自美国进口
根据中国海关提供的数据计算：1980~2004年年均增长率	22.38	10.78
1985~2004年年均增长率	22.48	13.01
根据美国统计局提供的数据计算：1985~2004年年均增长率	22.98	12.26

资料来源：表2-1和表2-2。

第二，在中美贸易规模扩张的过程中，在美国市场上体现出中国大陆的对外贸易和整体经济的国际竞争力在不断上升。由表2－4可见，在美国进口市场上，中国大陆所占份额由1995年的6.3%上升到2002年的11.1%，在短短的7年时间里上升了4.8个百分点，是所有国家中升幅最大的国家，并且所占市场份额超过日本成为美国的第四大进口来源地，这充分体现出中国出口竞争力和整体经济实力的提高。在美国的出口份额中，中国所占份额略有提高，但是提高的幅度远不如在美国的进口份额中

表2－4　美国商品贸易中主要国家所占份额

单位：%

美国进口			美国出口		
来源国	份　　额		目的国	份　　额	
	1995 年	2002 年	份额变化		1995 年	2002 年	份额变化
欧盟 15 国	17.7	19.3	1.6	加拿大	21.6	23.2	1.6
加拿大	19.2	17.8	－1.4	欧盟 15 国	21.1	20.8	－0.3
墨西哥	8.1	11.3	3.2	墨西哥	7.9	14.1	6.2
中国	6.3	11.1	4.8	日本	11.0	7.4	－3.6
日本	16.5	10.4	－6.1	韩国	4.3	3.3	－1.0
韩国	3.2	3.1	－0.1	中国	2.0	3.2	1.2
中国台北	3.9	2.8	－1.1	中国台北	3.3	2.7	－0.6
马来西亚	2.3	2.1	－0.2	新加坡	2.6	2.3	－0.3
巴西	1.2	1.4	0.2	澳大利亚	1.8	1.9	0.1
委内瑞拉	1.4	1.3	－0.1	中国香港	2.4	1.8	－0.6
泰国	1.5	1.3	－0.2	巴西	2.0	1.8	－0.2
新加坡	2.5	1.3	－1.2	马来西亚	1.5	1.5	0
沙特阿拉伯	1.2	1.2	0.0	瑞士	1.1	1.1	0
以色列	0.8	1.1	0.3	菲律宾	0.9	1	－0.1
印度	0.8	1.0	0.2	以色列	1.0	1	0

资料来源：《2003 年国际统计年鉴》，第 50 页。

所提高的幅度那么大，经分析可发现，这主要是由于美国对出口中国大陆高技术产品实施限制所造成的。[①]

―――――――
[①]　参见李志军："美国对华出口管制与中美贸易逆差"，《世界科技研究与发展》第 21 卷第 4 期。

第三，无论是从中国海关统计数据来看还是从美国方面的统计数据来看，从 1980 年以来，中国对美国出口占中国出口总额的比重总体上呈现上升的趋势；相反，中国自美国进口占中国进口总额的比重总体上呈现下降的趋势（表 2 - 5）。

表 2 - 5　中美贸易占中国外贸总额的比重

单位：%

年份	中国对美出口占中国出口总额的比重		中国自美进口占中国进口总额的比重	
	根据中国海关统计数据	根据美国统计数据	根据中国海关统计数据	根据美国统计数据
1980	5.41	na	19.13	na
1981	6.84	na	19.91	na
1982	7.25	na	19.28	na
1983	7.67	na	10.85	na
1984	8.80	na	13.37	na
1985	9.70	14.12	10.35	9.13
1986	7.97	15.42	8.22	7.24
1987	7.51	15.96	8.82	8.09
1988	6.75	17.91	9.14	9.08
1989	7.36	22.82	10.35	9.73
1990	7.76	24.54	9.36	9.01
1991	8.56	26.38	12.55	9.84
1992	10.12	30.29	11.04	9.21
1993	18.49	34.38	10.28	8.43
1994	17.74	32.05	12.08	8.03
1995	16.61	30.61	12.20	8.90
1996	17.67	34.10	11.64	8.64
1997	17.89	34.22	11.45	9.03
1998	20.67	38.74	12.09	10.15
1999	21.52	41.96	11.76	7.91
2000	20.91	40.14	9.94	7.19
2001	20.40	38.44	10.76	7.88
2002	21.49	38.45	9.22	7.50
2003	21.09	34.77	8.20	6.87
2004	21.06	33.15	7.96	6.18

资料来源：根据表 2 - 1 和表 2 - 2 以及中国进出口总额数据计算。

第四，中国大陆出口增长的平稳性相对较高而进口增长的平稳性相对较低。我们认为，如果要反映中美双边贸易的全貌和实质，就必须考虑到中美双边的间接贸易，换言之，中美双方有关从对方进口的统计数据更能够反映中美双边贸易的实际情况。由表 2 - 1 可见，中国大陆向美国出口（美国自中国进口）的年平均增长率，除了 2001 年处于较低水平之外，其他年份均处于相对较高的水平，而且这个增长率总体上是比较平稳的。相对于出口而言，中国大陆从美国进口（美国对中国出口）的增长就具有较大的波动性，1986、1990、1994、1996 和 1999 年，中国大陆从美国进口（美国对中国出口）的增长率均处于低谷位置，而且该进口增长率的波动似乎不具备规律性。

三、关于中美各方统计数据差异及其调整的说明

鉴于中美两国对外贸易统计方法的差异，中美两国有关中美双边贸易的统计数据存在较大的差异，本书有必要在此做一些说明。由表 2 - 1 和表 2 - 2 的数据对比可见，在 1985 ~ 2004 年期间，一方面由中国海关统计的中国对美国出口的数据要比美国统计局统计的美国自中国进口的数据小，另一方面由美国统计局统计的美国对中国出口的数据要比中国海关统计的中国自美国进口的数据小；特别是双方关于贸易差额的统计数据存在很大的差异。双方统计数据产生差异的主要原因除了中国的加工贸易因素之外，在于双方对香港将中国内地商品转口美国以及美国商品转口大陆的这些商品的统计方法不同。具体来说就是，中国海关在统计中国对美出口额时并没有将经香港转口美国的商品完全统计在内，而在统计自美进口商品时又将经香港转口大陆的美国商品统计在内；美国方面的统计同样如此，美国在统计对中国出口额时也没有将经香港转口中国内地的商品完全统计在内；而在统计自中国进口商品时又将经香港转口美国的中国商品统计在内（林宏，2003）。换言之，中美双方在统计出口额时没有完全包括经香港转口的间接贸易（除了香港之外，还有少量经过其他经济体的间接贸易），而在统计进口额时却包含了经香港转口的间接贸易。例如，1990 年美方统计数据表明美方贸易逆差为 104.31 亿美元，而中方统计数据表明中方贸易逆差为 1.78 亿美元，中美双方关于贸易差额的差异大约为 106 亿美

元；另一方面，根据香港方面统计，当年香港向美国转口中国大陆商品104.7亿美元，而香港向中国转口美国商品较少，这104.7亿美元构成中美双方关于贸易差额的统计差异106亿美元的主要部分。因此，中美双方统计数据产生差异的主要原因除了中国的加工贸易因素之外，在于双方对香港将中国大陆商品转口美国以及美国商品转口大陆的这些商品的统计方法不同。

在中国大陆的对外出口商品中有相当一部分商品最终转口到了美国，这部分商品中有些被统计到了最终消费国美国，有些则仍然被统计到转口国（地区）。① 香港是中美贸易的重要转口地，中国内地对香港的出口商品中，有相当一部分最终被转口到其他国家和地区，其中主要是转口到美国。自1994年起，中美双方专家开始就双方统计差异问题进行共同研究，就造成双方统计差异的部分原因进行了分析，双方就原产地和加工贸易等对统计差异的影响因素进行了分析。中国在进行海关统计时，对已知通过香港转口到美国的商品，统一将出口目的地从香港调整为美国，但对未知的部分则不作调整。例如，2000年海关将出口目的地从香港调整为美国的商品为146.3亿美元；在未作调整的部分中，经分析还有一部分最终也转口到了美国。总的来说，中美双方有关从对方进口的统计数据更能够反映出中美双边贸易规模及其变化的实际全貌，因为中美双方有关从对方进口的统计数据包括了中美双边的间接贸易。下面对中美双边间接贸易的意义再作一些说明。

四、中美双边间接贸易的重要意义

上述中美之间的间接贸易的内涵不仅仅在于解释中美双边贸易的贸易差额问题，更为重要的是它反映了中美各方参与国际分工的特点以及中美贸易对国际分工的影响。在中美双边的间接贸易中，绝大部分都是加工贸易。例如，在1990年香港向美国转口的104.7亿美元的大陆商品的贸易中，有70%以上的产品是中国大陆的进料加工和来料加工产品，总计达70

---

① 从进出口实务的角度可以很容易理解：一方面，对于转口方来说，这种转口业务有时具有很大的不确定性；另一方面，转口方未必能够如实告知出口方可能属于商业秘密的真实进口意图，这在客观上就给海关进行准确的贸易统计带来了困难。

多亿美元。据估计，来料加工贸易中工缴费占产品金额的比例只有7%～12%，进料加工的利润占产品金额的比例只稍高于这一数值，而出口到美国的中国大陆产品经香港商人转口时价值增值的平均幅度高达40%，玩具等产品的价值增值幅度甚至还高达100%。[①] 可见，中国大陆只是在不断完善市场经济体制的基础上，让劳动密集型产业的比较优势得到充分发挥，以此来参与国际分工；而劳动密集型产业正是美国具有比较劣势的产业，它正好同中国的比较优势产业形成互补。由此可以说明，中美双方的国际分工符合国际分工的一般规律。

另一方面，中国对美国的间接出口贸易中有一大部分是进料加工出口，进料加工的原料（含零部件、散件和部分资本货物）来源除了美国之外，还包括日本等发达国家和韩国等新兴工业化国家（地区）。因此，中国对美国的间接出口贸易不仅推动了中美贸易不断向前发展，而且推动了世界其他国家的贸易和产业的发展；更进一步来说，是中国大陆不断完善的市场经济体制将中国大陆贸易伙伴之间一部分应有的和潜在的贸易"集中发挥"在中美贸易之中，由此导致中美贸易之间中国贸易顺差不断扩大。[②] 因此，中美贸易之间的中国贸易顺差体现出中美贸易对于国际分工的发展具有积极的影响。

第二节　中美贸易结构的变化及其特征

一、20世纪80年代中美贸易的商品结构及其变化的特点

20世纪80年代初以来，随着中美双边贸易额的不断增长，中美贸易

---

① 数据来源：1991年《中国对外经济贸易年鉴》第311页，1997年《中国对外经济贸易年鉴》第371页。

② 关于中美双边贸易中的美方逆差问题，美国的关注重点应该放在对亚洲地区的总的贸易差额上面，而不应该只关注对中国的贸易逆差上，因为亚洲部分国家对美国的出口实际上是经过中国大陆以加工贸易方式转口到美国的，这样，美国对中国的贸易逆差增加了，对亚洲其他部分国家的逆差就会减少或者顺差就会增加。因此，美国的关注重点应该放在对亚洲地区的总的贸易差额上。有关中美贸易统计差异与中美贸易平衡问题的详细讨论可以参见沈国兵："贸易统计差异与中美贸易平衡问题"，《经济研究》2005年第6期；沈国兵："外商在华直接投资与中美贸易平衡问题"，《财经研究》2005年第9期。

的进出口商品结构由以传统商品为主朝着多元化方向发展，特别是制成品及其中的机电产品所占比重开始上升，这是 20 世纪 80 年代中美贸易的商品结构及其变化的基本特点。

从中国对美国的出口来看，20 世纪 80 年代初期主要以传统商品为主。到 1987 年，作为中国对美国出口的第一大类商品——纺织品和服装占中国对美国出口总额的 40% 以上；其次，原油和成品油是中国对美国出口的两个重要大类商品，当时的出口量大约是 500 万吨；对美国出口的其他大类商品分别是：食品、罐头、茶叶、香料油、山货、畜产品、陶瓷、鞋类、玩具、日用工艺品、黑色金属、有色金属、稀土金属、化工品、机电产品等资源密集型产品和劳动密集型产品。1989 年，在中国对美国出口的大宗商品或传统商品中，除了纺织品和服装略低于 1988 年的水平之外，其他原油、成品油分别比 1988 年增长 55% 和 64%；轻工产品增长 87%，工艺品增长 31%，地毯增长 27%，陶瓷增长 16%，粮油食品增长 5%。1989 年中国对美国的出口中以劳动密集型产品为主的机械产品和其他一些工业制成品所占比重开始逐步上升，中国对美国的出口商品结构处于结构升级的起步阶段。

以中国从美国的进口来看，20 世纪 80 年代初期中国自美国进口的农产品、化工原料和木材等原料性产品一直占很大比重，但是，到 1987 年从美国进口的机电仪等技术性产品所占比重迅速增加，由 1984 年占进口总额的 24.4% 增加到 1987 年的 42.2%，金额达到 16.08 亿美元，主要商品包括：民用飞机、电子计算机、石油、化工设备、发电设备等。截至 1987 年，中国同美国已经签约购买 105 架民用飞机，总金额达到 27.13 亿美元。1989 年中国自美国进口的大宗商品有较明显的增长（表 2-6），特别是飞机及其零部件、小麦和成套设备等三项大宗商品的进口增长较大；当年从美国进口的其他主要商品有：各种机械设备、仪器、计算机、石油化工设备、五金矿产、医药、轻工产品及农林产品等。

20 世纪 80 年代，中国在扩大出口的基础上进口一直是不断增长的，中国希望能够大量进口中国现代化建设所需要的技术设备和物资。但是，一方面美国政府对于向中国出口技术设备仍设置着各种限制，甚至禁止向中国出口；另一方面，中国包括机电产品在内的许多出口也受到美国的各种非关税壁垒的阻碍，因此，中美贸易中机电产品贸易的潜力远远没有得到发挥。

表 2 – 6　1989 年中国自美国进口的大宗商品

商品分类	金额（亿美元）	较上年增长（%）	占当年进口总额比重（%）
小麦	12.22	37	19.96
飞机及其零部件	5.70	43	9.31
化肥	5.79	16	9.46
成套设备及技术	4.53	32	7.40

资料来源：根据 1990 年《中国对外经济贸易年鉴》第 283 页的数据整理。

二、20 世纪 90 年代以来中美贸易的商品结构及其变化的特点

（一）中国对美国出口的商品结构及其变化的特点

20 世纪 90 年代以来，中国对美国出口的商品结构发生了明显的变化。表 2 – 7 和表 2 – 8 分别列出了 1992、1997、2002 和 2003 年中国对美国出口商品的分类金额、年平均增长率以及中国对美国出口商品的构成及其变化的数据。通过分析这些数据，我们可以看出，1992 ~ 2003 年的 11 年间，中国对美国出口的商品结构及其变化具有如下一些特点:[1]

（1）第 11 类商品和第 12 类商品属于传统的劳动密集型产品,[2] 1992 年占中国对美国出口总额的比重在 22 类商品中分别名列第一和第二，两项合计占 1992 年对美国出口总额的 40% 以上（表 2 – 8）；但在过去的 11 年间，这两项产品对美国出口的年平均增长率分别只有 11.89% 和 13.45%，

---

[1]　本主题的相关分析可参见张杰："中美商品贸易的结构分析"，《国际商务研究》2000 年第 5 期；湛柏明、庄宗明："从中美贸易看美国经济波动对中国经济的影响"，《世界经济》2003 年第 2 期；湛柏明："中美贸易的互补性与摩擦性"，《国际贸易问题》2004 年第 6 期；庄宗明："我国经济增长对美国经济的依存性分析"，《经济学家》2004 年第 1 期。

[2]　本书涉及中国海关按照《协调制度》对进出口商品进行分类统计时的商品分类方法，请统一参见表 2 – 7 中的商品分类说明。为行文和制表方便，在谈到某类商品时就不指出具体的商品名称。

远低于对美国出口总额的年平均增长率 24.11% （表 2 - 7）；至 2003 年，第 11 类商品和第 12 类商品占中国对美国出口总额的比重分别名列第三和第四，11 年间占中国对美国出口总额的比重分别下降了 16.54 个百分点和 11.51 个百分点（表 2 - 8）。

（2）第 16 类商品主要由家庭耐用消费品和部分工业资本品构成，其中既有劳动密集型产品也有资本技术密集型产品，但前者所占比重要大得多。该类商品 1992 年占中国对美国出口总额的比重仅名列第三（表 2 - 8），但是在过去 11 年里，该产品对美国出口的年平均增长率高达 42.63%，远高于对美国出口总额的年平均增长率 24.11%（表 2 - 7），成为推动中国对美国出口增长的主导产品；至 2003 年，第 16 类商品占中国对美国出口总额的比重名列第一，10 年间占中国对美国出口总额的比重提高了 33.36 个百分点（表 2 - 8）。

（3）第 20 类商品也是典型的劳动密集型产品，该类商品 1992 年占中国对美国出口总额的比重仅名列第四（表 2 - 8），但是在过去 10 年里，该产品对美国出口的年平均增长率高达 29.58%，高于对美国出口总额的年平均增长率 24.11%（表 2 - 7），也是推动中国对美国出口增长的主要产品；至 2003 年，第 20 类商品占中国对美国出口总额的比重在 22 类商品中名列第二，11 年间占中国对美国出口总额的比重提高了 4.91 个百分点（表 2 - 8）。

（4）第 17 类商品，除了船舶之外，是比较典型的资本技术密集型产品，是体现一国出口竞争力的商品。该类商品 1992 年占中国对美国出口总额的比重仅名列第八（表 2 - 8）。在过去 11 年里，该产品对美国出口的年平均增长率只有 22.18%，同对美国出口总额的年平均增长率 24.11% 存在一定差距（表 2 - 7）。至 2003 年，第 17 类商品占中国对美国出口总额的比重在 22 类商品中仅上升到第七位，11 年间占中国对美国出口总额的比重反而下降了 0.74 个百分点（表 2 - 8）。

表 2-7　中国对美国出口商品分类金额

单位：亿美元

商品分类	1992 年	1997 年	2002 年	2003 年	1992～2003 年年均增长率（%）
总额	85.94	327.11	699.46	924.67	24.11
第 1 类	3.65	3.33	6.63	8.48	7.96
第 2 类	0.85	1.68	2.27	3.06	12.35
第 3 类	0.01	0.08	0.06	0.09	22.11
第 4 类	1.06	3.07	7.12	8.69	21.08
第 5 类	6.08	6.83	6.07	7.60	2.05
第 6 类	4.31	11.60	22.49	28.67	18.80
第 7 类	1.88	14.08	31.80	37.63	31.31
第 8 类	3.25	14.15	24.64	29.66	22.26
第 9 类	0.89	2.67	8.76	11.10	25.79
第 10 类	0.13	1.80	4.81	6.68	43.06
第 11 类	20.90	35.81	54.28	71.93	11.89
第 12 类	15.76	48.28	59.05	63.13	13.45
第 13 类	1.44	6.37	11.39	13.40	22.48
第 14 类	0.19	2.80	5.49	6.87	38.57
第 15 类	4.63	17.38	44.07	54.30	25.08
第 16 类	7.92	83.32	262.34	393.67	42.63
第 17 类	4.00	7.57	22.56	36.22	22.18
第 18 类	1.39	14.17	20.81	23.20	29.16
第 19 类	0.45	0.03	0.01	0.05	-18.11
第 20 类	6.95	51.79	104.65	120.16	29.58
第 21 类	0.20	0.28	0.08	0.08	-7.99
第 22 类	na	na	0.07	0.08	na

注：商品分类的说明：

第 1 类：活动物；动物产品；

第 2 类：植物产品；

第 3 类：动、植物油、脂及其分解产品；精制的食用油脂；动、植物蜡；

第 4 类：食品；饮料、酒及醋；烟草及烟草代用品的制品；

第 5 类：矿产品；

第 6 类：化学工业及其相关工业的产品；

第 7 类：塑料及其制品，橡胶及其制品；

第 8 类：生皮、皮革、毛皮及其制品；鞍具及挽具；旅行用品、手提包及类似物；动物肠线（蚕胶丝除外）制品；

第 9 类：木及木制品；木炭；软木及软木制品；稻草、针茅或其他编结材料制品；篮筐及柳条编结品；

第 10 类：木浆及其他纤维素浆；纸及纸板的废碎品；纸、纸板及其制品；

第 11 类：纺织原料及纺织制品；

第 12 类：鞋、帽、伞、杖、鞭及其零件；已加工的羽毛及其制品；人造花；人发制品；

第 13 类：石料、石膏、水泥、石棉、云母及类似材料的制品；陶瓷产品；玻璃及其制品；

第 14 类：天然及养殖珍珠、宝石或半宝石、贵金属、包贵金属及制品；仿首饰；硬币；

27

第 15 类：贱金属及其制品；

第 16 类：机器、机械器具、电器设备及其零件；录音机及放声机、电视图像、声音的录制和重放设备及其零件、附件；

第 17 类：车辆、航空器、船舶及有关运输设备；

第 18 类：光学、照相、电影、计量、检验、医疗或外科用仪器及设备、精密仪器及设备；钟表；乐器：上述物品的零件、附件；

第 19 类：武器、弹药及其零件、附件；

第 20 类：杂项制品；

第 21 类：艺术品、收藏品及古物；

第 22 类：特殊交易品及未分类商品。

资料来源：（1）1992~2002 年数据分别来源于 1994、1998 和 2003 年的《中国对外经济统计年鉴》，中国统计出版社；（2）1992~2002 年年平均增长率根据前面数据计算得出。

表 2 - 8　中国对美国出口商品的构成及其变化

单位：%

商品分类	1992 年	1997 年	2002 年	2003 年	1992~2003 年变化
总额	100	100	100	100	0.00
第 1 类	4.25	1.02	0.95	0.92	-3.33
第 2 类	0.99	0.51	0.32	0.33	-0.66
第 3 类	0.01	0.02	0.01	0.01	0.00
第 4 类	1.23	0.94	1.02	0.94	-0.29
第 5 类	7.07	2.09	0.87	0.82	-6.25
第 6 类	5.02	3.55	3.22	3.10	-1.91
第 7 类	2.19	4.30	4.55	4.07	1.88
第 8 类	3.78	4.33	3.52	3.21	-0.57
第 9 类	1.04	0.82	1.25	1.20	0.16
第 10 类	0.15	0.55	0.69	0.72	0.57
第 11 类	24.32	10.95	7.76	7.78	-16.54
第 12 类	18.34	14.76	8.44	6.83	-11.51
第 13 类	1.68	1.95	1.63	1.45	-0.23
第 14 类	0.22	0.86	0.78	0.74	0.52
第 15 类	5.39	5.31	6.30	5.87	0.48
第 16 类	9.22	25.47	37.51	42.57	33.36
第 17 类	4.65	2.31	3.23	3.92	-0.74
第 18 类	1.62	4.33	2.98	2.51	0.89
第 19 类	0.52	0.01	0.00	0.01	-0.52
第 20 类	8.09	15.83	14.96	12.99	4.91
第 21 类	0.23	0.09	0.01	0.01	-0.22
第 22 类	na	na	0.01	0.01	na

注：商品分类同表 2 - 7。

资料来源：根据表 2 - 7 计算。

（5）第5类商品属于比较典型的资源密集型产品。该类商品1992年占中国对美国出口总额的比重名列第五（表2-8）。在过去11年里该类商品对美国出口的年平均增长率为2.05%（表2-7）。至2003年，第5类商品占中国对美国出口总额的比重在22类商品中名列第十五名，11年间占中国对美国出口总额的比重下降了6.25个百分点（表2-8），属于下降幅度相对较大的对美国的出口商品。

（6）结合表2-7和表2-8以及其他数据分析可以发现，十多年来中国对美国出口商品在结构上经历了十分明显的变化。中国对美国出口商品经历了由较低附加值劳动密集型产品向较高附加值机电产品的转变过程，由出口最多、比重最大的服装纺织和鞋帽类商品，逐步让位于机电音像设备类和家具玩具类商品。机电音像设备类商品1994年跃居中国对美出口的第一位，到2001年所占比重达到33.1%；其次是家具、玩具类商品所占比重由1992年的8.1%跃升至2001年的14.7%，居第二位；而服装纺织类和鞋帽类商品由于增长速度低于前两类商品，使其所占比重已经分别从1992年的24.3%和18.3%降至2001年的8.4%和10.7%。1992~2001年中国大陆对美国出口占对美出口总额的比重超过10%的商品大类依次为：（1）机电、音像设备类（27.1%）；（2）家具、玩具类（15%）；（3）鞋帽类（13.3%）；（4）服装及纺织类（11.2%）。以上四类商品合计占中国大陆对美出口的66.5%。近年来，信息类产品出口增长较快，其对美国出口的快速增长成为推动中国大陆对美国出口总额较快增长的主要动力，2000年对美国出口的自动数据处理设备及零附件出口额达到38亿美元，比上年增长28.8%，占机电、音像设备类大类出口的23.2%，占中国对美国出口总额的7.3%。2001年在美国IT产品需求急剧减少的情况下，中国对美国出口的计算机与通讯技术产品仍实现了较快增长，全年对美国出口77.9亿美元，增长18.6%。

综合上述，90年代以来，中国对美国出口的商品结构变化的特点可以概括为：（1）资源密集型产品的出口比重相对下降；（2）劳动密集型产品的出口比重仍然在上升，但劳动密集型产品的出口由以传统的轻纺产品为主转向以机电产品、耐用消费品和杂项制品为主；（3）机电产品中的部分资本技术密集型产品的出口比重在上升，而典型的资本技术密集型产品的出口比重仍然在下降。

（二）中国自美国进口的商品结构及其变化的特点

20 世纪 90 年代以来，中国自美进口的商品结构也发生了明显的变化。表 2-9 和表 2-10 分别列出了 1992、1997、2002 和 2003 年中国自美国进口商品的分类金额、年平均增长率以及中国从美国进口商品的构成及其变化的数据。通过分析这些数据，我们可以看出，1992～2003 年的 11 年间中国自美国进口的商品结构及其变化具有如下一些特点：[①]

（1）第 16 类商品始终是中国自美国进口中的最大类商品（表 2-10），1992～2003 年进口的年平均增长率达到 16.47%，比中国自美国进口总额的年平均增长率 12.92% 高得多（表 2-9），占中国自美国进口总额的比重由 1992 年的 23.97% 提高到 2003 年的 33.71%，11 年间提高了 9.74 个百分点（表 2-10）。

（2）第 17 类商品，除了船舶之外，是比较典型的资本技术密集型产品，也是中国大陆具有比较劣势的产品。该类商品 1992 年占中国自美国进口总额的比重名列第二（表 2-10）。在过去 11 年里，该产品从美国进口的年平均增长率只有 6.12%，同从美国进口总额的年平均增长率 12.92% 存在较大差距（表 2-9）。至 2003 年，第 17 类商品占中国自美国进口总额的比重在 22 类商品中下降到第三位，11 年间占中国自美国进口总额的比重大大下降了 8.15 个百分点（表 2-10）。资本技术密集型产品占进口总额比重下降，主要有两方面的原因：一是美国政府对出口中国大陆高技术产品仍然存在很大限制，这是最主要的原因；[②] 二是中国对汽车等部分资本密集型产品进口也施加了一定的限制。

（3）除了第 17 类商品以外，在中国自美国进口总额中所占比重下降幅度较大的商品类别还有第 11 类商品、第 6 类商品和第 5 类商品（表 2-10），其中第 11 类商品和第 5 类商品在 1992～2003 年间进口的年平均

[①] 本主题的相关分析可参见张杰："中美商品贸易的结构分析"，《国际商务研究》2000 年第 5 期；湛柏明："中美贸易的互补性与摩擦性"，《国际贸易问题》2004 年第 6 期。

[②] 参见李安方："美国对华技术出口管制的效果评判与前景分析"，《国际贸易问题》2004 年第 7 期；孔庆江："美国贸易保护主义阴影下的中美贸易关系"，《商业经济与管理》2004 年第 1 期。

增长率分别只有 5.06%、1.48%（表 2 - 9）。第 11 类商品和第 6 类商品是中国大陆在此期间具有比较优势的纺织和服装产品或逐步实现进口替代的原料性产品，第 5 类商品则是中美两国自身的需求量正在不断上升的矿产品。因此，这三类商品在中国自美国进口的总额中所占比重下降，这是符合国际分工的一般规律的。

表 2 - 9　中国自美国进口商品的分类金额

单位：亿美元

商品分类	1992 年	1997 年	2002 年	2003 年	1992～2003 年年均增长率（%）
总额	89.00	163.01	272.38	338.66	12.92
第 1 类	1.03	2.14	7.62	8.72	21.43
第 2 类	5.10	8.25	10.97	24.07	15.15
第 3 类	0.15	1.98	0.38	0.82	16.70
第 4 类	0.68	2.75	2.77	4.01	17.51
第 5 类	2.97	2.62	2.37	3.49	1.48
第 6 类	14.58	20.02	32.81	44.39	10.65
第 7 类	4.82	9.48	14.04	18.65	13.09
第 8 类	0.76	3.10	5.05	6.42	21.41
第 9 类	1.85	1.40	2.62	2.99	4.46
第 10 类	3.34	9.41	12.42	16.13	15.39
第 11 类	5.91	9.92	4.37	10.76	5.60
第 12 类	0.05	0.57	0.47	0.65	26.26
第 13 类	0.40	1.09	1.10	1.84	14.88
第 14 类	0.45	1.52	2.89	0.75	4.75
第 15 类	4.79	7.59	12.60	21.70	14.72
第 16 类	21.33	53.73	111.70	114.16	16.47
第 17 类	14.66	18.65	26.07	28.19	6.12
第 18 类	5.93	7.80	21.29	28.14	15.21
第 19 类	na	0.01	na	na	na
第 20 类	0.20	0.97	0.75	0.90	14.65
第 21 类	0.20	0.01	0.01	0.01	- 23.84
第 22 类	na	na	0.07	1.83	na

注：商品分类同表 2 - 7。

资料来源：同表 2 - 7。

表 2 – 10　中国自美国进口商品的构成及其变化

单位：%

商品分类	1992 年	1997 年	2002 年	2003 年	1992 ~ 2003 年变化
总额	100	100	100	100	0.00
第 1 类	1.16	1.31	2.80	2.57	1.42
第 2 类	5.73	5.06	4.03	7.11	1.38
第 3 类	0.17	1.21	0.14	0.24	0.07
第 4 类	0.76	1.69	1.02	1.18	0.42
第 5 类	3.34	1.61	0.87	1.03	− 2.31
第 6 类	16.38	12.28	12.05	13.11	− 3.27
第 7 类	5.42	5.82	5.15	5.51	0.09
第 8 类	0.85	1.90	1.85	1.90	1.04
第 9 类	2.08	0.86	0.96	0.88	− 1.20
第 10 类	3.75	5.77	4.56	4.76	1.01
第 11 类	6.64	6.09	1.60	3.18	− 3.46
第 12 类	0.06	0.35	0.17	0.19	0.14
第 13 类	0.45	0.67	0.40	0.54	0.09
第 14 类	0.51	0.93	1.06	0.22	− 0.28
第 15 类	5.38	4.66	4.63	6.41	1.03
第 16 类	23.97	32.96	41.01	33.71	9.74
第 17 类	16.47	11.44	9.57	8.32	− 8.15
第 18 类	6.66	4.78	7.82	8.31	1.65
第 19 类	na	0.01	na	na	na
第 20 类	0.22	0.60	0.28	0.27	0.04
第 21 类	0.22	0.01	0.00	0.00	− 0.22
第 22 类	na	na	0.03	0.54	na

注：商品分类同表 2 – 7。

资料来源：根据表 2 – 9 计算。

　　综合上面分析，20 世纪 90 年代初以来，中国自美国进口的商品结构变化的特点可以概括为：（1）资源密集型产品的进口比重在下降；（2）中国实行进口替代的原料性工业制成品和部分资本技术密集度相对不高的工业制成品的进口比重趋于下降；（3）资本技术密集度相对较高的机电产品（主要是零部件）的进口比重在上升；（4）由于美国政府对于向中国出口高技术产品仍然实行限制政策，中国自美国进口中的高技术产品进口所占比重没有增加。

三、中美贸易方式的构成及其特点

中国大陆对美国出口贸易的方式除了前面已经提到经香港的转口贸易之外，另一个重要的特点是在贸易方式上始终以加工贸易为主。国务院新闻办1997年发表《关于中美贸易平衡问题》的白皮书指出，中国主要以加工贸易方式向美国出口纺织、服装、鞋、玩具、家用电器和旅行箱包等劳动密集型产品，美国主要向中国出口飞机、动力设备、机械设备、电子器件、通讯设备和化工等资本技术密集型产品，以及粮食、棉花等农产品。1990～1996年，中国出口总额从621亿美元增加到1511亿美元，平均每年增长16%，其中加工贸易出口从254.2亿美元增加到843.3亿美元，平均每年增长22.1%，出口总额中加工贸易所占的比重从41%增加到55.8%，在对美出口中高达70%。中方从加工贸易中获利甚微。

中国大陆对美国出口，其主要部分是中国大陆从境外进口原材料和初加工件，加工后再出口到美国。20世纪90年代以前，中国大陆对美出口商品中有80%以上是加工贸易产品。90年代以后，加工贸易所占比重有所下降，2001年中国大陆对美加工贸易出口363.2亿美元，占66.9%。加工贸易出口虽然呈下降趋势，但仍然是中国大陆对美出口最主要的贸易方式。

根据美国商务部的统计，2002年中国对美出口排在前五项的商品分别是杂项制品（18.44%）、办公用机械及自动数据处理设备（11.7%）、电信及声音的录制及重放装置设备（10.74%）、鞋靴（8.7%）、电力机械器具（8.09%）。单从以上数据来看，中国近年来对美出口以纺织服装为主的经贸格局已经开始发生变化，计算机通信类产品的出口份额在上升。但其中一个很重要的问题是中国高新技术产品出口的主流仍然是加工贸易方式，[①] 具体说加工贸易方式出口额占高新技术产品出口总额的89.65%，因此，中国对美出口实质上仍然是以劳动密集型产品为主。相反，根据美中商务中心的统计，1997～2001年美国对华出口的20种主要产品中，出口

[①] 相关的分析可参见于义涛、邵春光："中美高新技术产品贸易新格局昭示我国国际分工地位"，《中国经贸导刊》2005年第20期。

额排在前五位的分别是：飞机、通信设备、显像管、含油种以及自动数据处理机器。美对华产品出口明显属于高技术设计与营销为主的技术密集型、资本密集型产品以及具有较强国际竞争力的农产品。

中美两国贸易产品的各自优势，充分体现了经济全球化时代全球产业链的分工，中美两国之间并不是在同一个水平上的竞争关系，而是优势互补的分工合作关系。但是由于美国一直实行严厉的对华出口高技术产品的管制，使美国对华比较优势难以发挥，双方产品的优势互补也难以充分地体现出来，这也是当前中美贸易不平衡的十分重要的原因。

四、中国对美国出口的地区构成

广东省是中国大陆出口的第一大省，也是中国大陆对美国出口的第一大省；上海市是中国大陆对美国出口的第一大城市；江苏、浙江两省近年来对美出口发展较快，也是近年来带动两省出口增长的重要因素。以 2000 年为例，2000 年广东省对美国出口 289.3 亿美元，占中国大陆对美国出口总额的比重高达 55.5%；上海市对美国出口额居全国各省市第二，2000 年上海市对美国出口 56.3 亿美元，占 10.8%；2000 年江苏、浙江对美国出口分别增长 31.4% 和 50.1%，分别高于本省全部出口的增幅，两省对美国出口合计占中国大陆对美国出口额的比重达 16.6%。2000 年广东、上海、江苏、浙江四省市对美国出口合计占中国大陆对美国出口总额的比重高达 82.9%。[①]

第三节　中美贸易政策调整与中美贸易关系协调

一、美国的贸易政策及其调整

（一）20 世纪 80 年代美国的贸易政策

20 世纪 80 年代美国的贸易政策受制于当时的贸易政策环境，尽管有些美国人认为里根总统一贯的目标是在国内外实行自由贸易。从当时的历

---

① 数据来源：中国制笔协会网站 www.china-writing.com.cn/gwscfx.htm，"密切关注对美出口走势"。

史环境来说，20 世纪 70 年代美国的进出口商品和服务贸易总额大约占GNP 的 6%，1980 年该比重为 12%，但是在整个 80 年代，美国的该比重始终没有上升，到 1989 年该比重仍然是 12%。70 年代以来"新兴工业化国家"和日本出口竞争力的提高，促使美国的贸易政策越来越朝着"自由且公平"而不仅仅是"自由贸易"的方向发展，诞生于 70 年代的"美国公平贸易行动主义"在 80 年代日趋成熟。从美国当时的经济环境来说，首先是美国贸易逆差不断扩大，到 1986 年和 1987 年初达到了最高峰，并且此后逆差的减少非常缓慢；其次是美国制成品特别是资本技术密集型产品的出口竞争力相对下降，生产性资源纷纷外逃；第三是外国直接投资特别是通过托管方式而进行的直接投资迅速增加。经济环境中的这些特点直接影响到美国 1988 年综合贸易和竞争法中的重要内容。从意识形态和制度特征来说，美国行政部门对贸易政策的影响最大，其次是国会，再其次是学术机构；传统的自由贸易观、实用主义政治经济、管理贸易实践主义、"战略性贸易政策"的分析等意识形态思想对 80 年代美国贸易政策的制定和转变都有较大的影响。

在上述贸易政策环境下，美国 80 年代的贸易政策及其变化自然是比较复杂的，这里我们将美国在此时期的贸易政策概括为三个特点：（1）美国人自己所谓的"微型单边主义"，它的表现是一方面对诸如 GATT（原来的关税与贸易总协定）这样的多边贸易协议的利用和依赖有意识地减少；另一方面，加强区域性的自由贸易和采取单边行动，前者如 1984 年的加勒比地区倡议、1985 年的美国—以色列自由贸易区、1988 年的加拿大—美国自由贸易协定等，后者如 1985 年后采用 301 条款、1985/1986 年针对日本的面向市场的部门选择协议、1989 年针对日本的消除结构性障碍协商，等等。（2）转向管理贸易政策，并且由前期的温和行动向后期的适度行动转变。前期的温和行动如 1981 年关于汽车与日本签订自动出口限制协定，1986 年关于机床与日本、台湾地区签订自动出口限制协定；后期的适度行动如 1985/1986 年与主要钢铁供应商签订自动出口限制协定，1986 年与日本签订半导体协定，等等。（3）1988 年综合法案之前国会行动主义不断增长。在此之前，美国国会大约有 50 年时间放弃了在贸易政策决策中的主导地位，但是到了 80 年代，美国国会更加积极、更加直接地参与美国贸易政策的决策，并成为美国贸易代表和贸易政策执行部门的积极的监督者和领导者。①

（二）20 世纪 90 年代以来美国的贸易政策及其转变

20 世纪 90 年代是世界经济全球化深化发展的时代，也是美国由于信息技术革命的推动创造了在其经济史中经济最繁荣、最开放的年代。不过，在 90 年代初期，美国的贸易政策环境并不好，其中有三个因素非常重要。（1）美国 90 年代初期经济仍然疲软。1990 年美国经济经历了衰退，1991、1992 年失业率仍然高居不下，连续 20 年生产率增长缓慢，工资增长停滞不前，经济缺乏复苏迹象。（2）美国经济变得越来越依赖于国外市场、国外资本和国外技术，对全球化的依赖日益加深，这种经济状况给一部分美国人造成了这样一种错觉：如果美国采取自由贸易的经济政策，其他国家的政府便会利用产业政策支持本国企业，这对美国来说是极为不利的。这种错觉对于美国在 90 年代转变贸易政策方向无疑是一种障碍。（3）政治形势不佳。美国的许多蓝领工人的生活状况并不好，他们给自己的政治代表带来了很大的压力，对一些衰落产业实现保护的呼声仍然存在。

上述贸易政策环境给 1993 年就职的克林顿总统带来了最重要的挑战。不过，克林顿总统在其任职期间始终坚持了自己的一些原则，他认为"开放和竞争的市场能够使国家富裕"，应该坚持"竞争而不是退缩"的基本原则，他的贸易之道就是"深化国际一体化"。在这样一些原则支配下，美国 90 年代的贸易政策可以概括为三个重要方面：（1）多边行动计划。美国的多边行动计划既有成功之处，也有失败的地方。比较成功的有：乌拉圭回合、信息技术协定、基础电信协定、服务贸易协定、WTO 的争端解决机制等，其中 GATT 和 WTO 的多边行动计划在美国 90 年代的贸易政策中起到非常重要的作用。失败之处有：1996 年在新加坡部长会议上未能成功地将劳工标准引入多边贸易体制；1998 年在经合组织会议上多边投资协议谈判搁浅；西雅图会议未能就 1999 年下半年举行新一轮谈判达成协议、就牛肉和香蕉贸易向 WTO 起诉并胜诉但欧盟拒不执行。（2）区域性行动计划。这方面的主要成就包括：1994 年开始实施《北美自由贸易协定》、

---

① 更详细的讨论可参见［美］费尔德斯坦主编，王健等译：《20 世纪 80 年代美国经济政策》，经济科学出版社 2000 年 5 月第 1 版。

积极参与亚太经合组织并为推动贸易投资自由化做好准备，与欧洲建立跨洋合作关系，实施撒哈拉以南非洲和加勒比地区的自由贸易计划，与约旦签订自由贸易协定，与新加坡和智利展开自由贸易谈判等。（3）其他重要的自由贸易行动计划，主要有两个：①与日本的贸易政策。1993 年 7 月克林顿总统与日本首相宫泽喜一签署了所谓的美日框架协议，该协议要求每年举行两次经济会议；1995 年同日本展开了激烈的汽车贸易战，美国以301 条款威胁日本，美国最终取得胜利，双方签署了协定；1994 年 2 月的高峰会议上，美日未能达成任何协议，但是，后来克林顿以启动超级 301条款威胁，最终双方在 1999 年签署了大量的协议，包括知识产权、医疗设备的政府采购、电信设备的政府采购和金融服务（不含保险）等许多方面。②与中国的贸易政策。主要的内容包括：1994 年 6 月克林顿总统宣布"把中国的人权问题与每年一度延长中国最惠国待遇的问题分别对待"；1994 年将中国列为特别 301 条款的"特别关注国家"，此后在贸易谈判中不断威胁要对中国实施贸易制裁，在威胁无效的情况下，经过谈判于 1995年 2 月双方就执行知识产权保护达成协议；继续就中国加入 WTO 问题展开艰难而又曲折的谈判，双方最终于 1999 年 12 月达成了协议。总的来看，美国贸易政策由 80 年代的以管理贸易为主政策向"深化国际一体化"的自由贸易倾向的转变，为美国经济在 90 年代的长期增长和世界经济形势的普遍好转起到了非常积极的作用。①

二、中国的贸易政策及其调整

20 世纪 80 年代以来中国贸易政策的改革和调整是在中国的经济体制和对外贸易体制的改革下进行的，也就是说，中国贸易政策的改革和调整的环境是中国的经济发展状况、经济体制和外贸体制的改革调整状况。总体来看，随着 80 年代初以来中国经济的不断稳步发展、国际竞争力的不断提高、经济体制和外贸体制改革的顺利进行，中国的贸易政策不断由保护程度较高的保护贸易政策向自由贸易政策转变，最终通过加入 WTO 的途

---

① 更详细的讨论可参见 ［美］杰弗里·法兰克尔、彼得·奥萨格主编，徐卫宇等译：《美国90 年代的经济政策》，中信出版社 2004 年 7 月第 1 版。

径实现了总体的、基本的和主要的贸易政策同国际接轨。

（一）20 世纪 80 年代的外贸体制改革和贸易政策

20 世纪 80 年代外贸体制改革的内容可以概括为：（1）将由外贸专业总公司高度集中的外贸经营权向各部委、各行业和各地方下放，扩大各行业和各地方的外贸经营权，尤其是扩大广东和福建两省的外贸经营权，确立了外商投资企业的自营进出口权。（2）建立工贸结合公司、全国性和地方性的工贸联营公司，开展工贸结合试点。（3）1985 年起原经贸部不再制定实施外贸收购和调拨计划，不断缩小指令性计划范围，扩大指导性计划范围，不断提高市场调节的作用；外贸计划原来由外贸专业总公司独家承担的局面改变为所有的进出口经营单位和企业共同承担外贸计划的局面。（4）1988 年初国务院发出了《关于加快和深化对外贸易体制改革若干问题的规定》，全面推行和开始不断完善对外贸易的承包经营责任制，调整外汇留成制度，并在轻工、工艺和服装等具有劳动密集型产业比较优势的行业进行自负盈亏的试点改革。总的来说，80 年代中国的外贸体制改革是当时中国由计划经济体制向有计划的商品经济体制改革的一个重要组成部分，相对于向市场经济过渡的要求来说外贸体制改革的力度是非常小的，充其量只能说是外贸体制改革的起步阶段。

外贸体制改革处于起步阶段、整体经济的国际竞争力相对较弱、经济发展战略偏向于进口替代战略，这三点可以说构成了中国 80 年代外贸政策环境的基本特点。在这种外贸政策环境下，中国当时的贸易政策以适度保护的贸易政策为基调；在具体实施措施上，以行政管理为主，以经济调节为辅，法制措施则处于起步阶段。

在行政管理措施方面，主要措施的特点是：（1）进出口配额制和进出口许可证制。当时中国有几百个类别的商品均实施不同程度的进出口配额制和进出口许可证制，到 80 年代末期，实施进出口配额制和进出口许可证制的商品类别虽然有所减少，但减少的数量非常有限。（2）对于外贸企业的设立实施较为严格的审批制。民营企业很难获得外贸经营权，个人不得从事外贸经营业务。（3）实施严格的海关管理和进出口商品检验检疫管理。（4）实施较为严格的外汇管制，开始采用外汇留成制度，大大地高估人民币汇率。由表 2－11 可见，虽然 80 年代人民币汇率不断下降，但是到

1993 年人民币汇率仍然处于非常高的水平。

表 2 - 11　1979 年以来人民币汇率

单位：人民币元/美元

年份	年均汇率	年份	年均汇率	年份	年均汇率	年份	年（月）均汇率
1979	1.5549	1986	3.4528	1993	5.7620	2000	8.2784
1980	1.4984	1987	3.7221	1994	8.6187	2001	8.2770
1981	1.7050	1988	3.7221	1995	8.3510	2002	8.2770
1982	1.8925	1989	3.7651	1996	8.3142	2003	8.2767 *
1983	1.9752	1990	4.7832	1997	8.2898	2004	8.2767 *
1984	2.3270	1991	5.3233	1998	8.2791	2005	8.0759 *
1985	2.9366	1992	5.5146	1999	8.2783	2006 年 3 月	8.0668 *

＊为当年人民币汇率月平均数最高月份的月平均汇率。

资料来源：1979～2002 年数据来源于中华人民共和国商务部网站；2003～2006 年数据来源于中国人民银行网站。

在经济调控措施方面，主要措施的特点是：（1）80 年代初期实施计划价格，随着价格改革的进行，到 1989 年仍然有部分商品实施计划价格；1978 年就开始实施出口商品的代理作价，但到 1990 年全国出口代理作价的比重只有约 10%；进口代理制于 1985 年才开始实施，但所占比重的提高较为缓慢。（2）进口商品的平均关税水平处于相对较高的水平，并且实施较为严格的进口征税制度。（3）1985 年开始实施出口退税制度，并且 80 年代的出口退税的年增长率相对较高（表 2 - 12）。（4）进出口信贷支持相对薄弱。

表 2 - 12　1985 年以来出口退税额

单位：亿元人民币

年　份	1985	1986	1987	1988	1989	1990	1991	1992	1993	1994
出口退税额	19.7	44.0	76.7	113.0	153.0	185.0	254.4	385.0	301	450.0
同比增长（%）	—	123	74	47	35	21	38	12	6	50
年　份	1995	1996	1997	1998	1999	2000	2001	2002	2003	2004
出口退税额	549.2	826	432.5	437.0	627.7	810.4	1071.5	1259.2	2039	4200
同比增长（%）	22	50	-48	1	44	29	32	18	62	106

资料来源：中华人民共和国商务部网站。

在 80 年代的对外贸易法制管理措施方面，主要特点是在立法上有所加强，司法上实力薄弱，具有以行政文件代替法制的倾向；更突出的问题是行政文件政出多门，出现行政文件管理非常混乱的局面。当时的立法主要集中在进出口配额制、进出口许可证制、外贸代理制、涉外经济合同法、技术引进管理条例、外汇管理条例、海关法、商检法、有关外商投资企业的法律、专利法、商标法等方面，但是，当时中国还没有制定出对外贸易法这一对外贸易的基本法。由此可见，当时中国的对外贸易的法制管理措施主要是用来作为配合对外贸易行政管理的一种手段。

（二）20 世纪 90 年代以来的外贸体制改革和贸易政策的转变

20 世纪 90 年代初期（1991～1993 年）的外贸体制改革主要是根据 1990 年 12 月国务院作出的《关于进一步改革和完善对外贸易体制若干问题的决定》，进一步完善对外贸易承包经营责任制，并取消国家对外贸出口的财政补贴。90 年代加大外贸体制改革力度主要是发生在 1992 年邓小平"南方谈话"和中国共产党的"十四大"之后，根本性的改革措施发生在 1994 年中共中央作出《中共中央关于加快市场经济体制改革的决定》之后，主要改革内容包括：

（1）取消汇率双轨制，即实行以市场为基础的、单一的、有管理的浮动汇率制，取消外汇留成制度，实行统一结售汇制，实现人民币逐步成为可兑换货币。由表 2－11 可见，1994 年后人民币汇率进入有利于促进出口贸易发展的合理范围内，并且随着中国经济的国际竞争力的不断提高，1994～2004 年人民币汇率保持稳中略升的态势，为中国对外贸易和国民经济的稳定、持续、健康发展起到了积极作用。2005 年 7 月中国进行汇率形成制度改革后，人民币汇率升值的速度在一定程度上有所加快。

（2）分阶段逐步降低进口关税，取消部分进口减免税和进口调节税。由表 2－13 可见，90 年代中国进口关税不但下降幅度大，而且降税数目多，降税面广。在 1999 年降低进口关税的基础上，2000 年中国进口关税总水平进一步下降到了 15%。中国正式加入 WTO 之后，从 2002 年 1 月 1 日起履行加入 WTO 承诺的 2002 年进口关税减让义务，关税总水平由 15.3% 降低至 12%。经国务院批准，自 2003 年 1 月 1 日起，对《中华人民共和国海关进出口税则》的税目、税率进行调整；调整进口税则的部分税目，调整后进口税则的税目总数共计7445个，比2002年增加129个税目；降低了进口税则中3019个税目的最惠国税率，调整后关税算术平均总水平由12%下降至11%；进口税则普通税率维持不变。经国务院批准，《中华人民共和国进出口税则》的税目、税率自2004年1月1日起又进行调整；调整进口税则的部分税目，进口税则的税目总数由2003年的7445个增加到7475个；降低进口税则中2414个税目的最惠国税率，调整后关税总水平（算术平均税率）由11%下降至10.4%；进口税则普通税率不变。2005年，进口小轿车、化妆品、威士忌、烈性葡萄酒、伏特加酒、服装、床上用品、纸制品等部分商品的关税也都有不同程度的下降；另外，2005年还新增加一批零关税商品，如数码相机、家用摄录一体机、家具、玩具、游戏机等。

表 2-13 20世纪90年代中国进口关税的调整

降税日期	降前税率水平（%）	降后税率水平（%）	降税幅度（%）	降税税目数（个）	总税目数（个）	降税面（%）
1992年1月	43.2	39.9	7.6	225	6265	3.6
1992年12月	39.9	36.4	8.7	3371	6265	53.8
1993年12月	36.4	35.9	1.4	2898	6350	45.6
1995年3月	35.9	35.6	1.2	23	6350	0.36
1996年4月	35.6	23	35.4	4971	6549	75.9
1997年1月	—	—	—	3	6634	—
1997年10月	23	17	26	4874	6940	69.8
1999年1月	17	16.5	2.9	1014	6940	14.6

资料来源：《1999年中国财政报告》第77页、新浪网站、中国海关网站等。

（3）1994年全国财税体制实行了全面改革，完善了出口退税制度（各年出口退税情况见表2-12），有利地促进了出口贸易的快速发展和国内资源的优化配置。

（4）实行鼓励出口的信贷政策。1994年7月中国进出口银行正式营业，并于1999年采取了一系列新措施促进中国出口贸易特别是机电产品出口贸易的发展。

（5）加强了立法手段。1994年出台了《中华人民共和国对外贸易法》，并于 2004 年修订了该法律，从法律上确定了对外贸易经营的审批制；2002 年年初以来继续完善了进出口商品管理立法，陆续出台了《货物进出口条例》、《技术进出口管理条例》、《反倾销条例》、《反补贴条例》、《机电产品进口鼓励办法》等符合国际惯例的重要法规。

（6）改革了行政手段，放开进出口商品的经营范围，实行了外经贸组织机构的合并调整；花大力气整理了中国以前政出多门、混乱的对外贸易行政性管理法规，理顺了行政管理与法制管理的关系；大大地减少了实行进出口配额制和进出口许可证制的商品范围，今后仅仅保留小部分需要特别保护的幼稚工业产品的许可证管理。

（7）进一步深化了外贸经营体制和外贸协调体制的改革。不断深化市场经济体制和外贸体制改革并以此推动对外贸易政策的转变和对外贸易管理体制的改革、整体经济的国际竞争力不断提高、经济发展战略转向出口导向战略、先后积极推进恢复 GATT 缔约国地位和加入 WTO 的谈判，这四点可以说构成了中国 90 年代以来的外贸政策环境的基本特点。在这种外贸政策环境下，中国的贸易政策由 80 年代的适度保护的贸易政策转向实现逐步开放和自由贸易的贸易政策；在具体实施措施上，逐步实现以经济调节为主，强化法制措施，规范行政管理措施；这些措施的具体内容体现在外贸体制改革的内容之中。

三、中美贸易关系中的摩擦与协调

虽然 90 年代以来中美两国贸易政策的转变方向基本一致，即美国由 80 年代的以"管理贸易"为主的贸易政策转向 90 年代的"深化国际一体化"的贸易政策，中国大陆由 80 年代适度保护的贸易政策转向 90 年代以来的实现逐步开放和自由贸易的贸易政策，但是，贸易摩擦的发生与否并不是由贸易政策的转向决定的，而是主要由贸易政策环境特别是其中的经济发展和经济增长状况、整体经济的国际竞争力以及政治因素等因素所决定的，这是国际上贸易摩擦发生与否的普遍规律。由于 90 年代以来中国经济和出口贸易的国际竞争力快速上升，相对于 80 年代而言，90 年代以来中美两国的贸易摩擦随着双边贸易规模的扩张而增加。表 2-14 列出了 90 年代以来中美两国发生的主要贸易摩擦和所存在的主要贸易问题。在表

2 - 14 中的这 27 项已经发生过的贸易摩擦和贸易问题中，虽然各个问题都经过了中美双方的共同努力协调，但只有不到总数一半的 11 项贸易摩擦或贸易问题已经解决并将在很大的可能性上今后不会再发生；其中两项即对华贸易制裁问题和关于《中美农业合作协议》的执行问题，今后是否还会

表 2 - 14　20 世纪 90 年代以来中美经贸关系中的主要摩擦和问题

序　号	主要摩擦和问题	是否仍存在
1	最惠国待遇问题	否
2	贸易不平衡问题	是
3 ·	保护知识产权问题	是
4	美国海关查抄在美中资企业问题	否
5	关于劳改产品问题	否
6	市场准入问题	否
7	纺织品（转口）贸易问题	是
8	关于服务贸易问题	是
9	关于中国"复关"的中美双边谈判问题	否
10	享受 GSP 待遇问题	是
11	贸易统计问题	是
12	出口管制和最终用户访问	是
13	反倾销问题	是
14	对华贸易制裁问题 *	不确定
15	对华贸易保护主义问题	是
16	中国加入世界贸易组织问题	否
17	美国对中国输美货物木质包装检疫问题	否
18	"非市场经济"问题	是
19	落实 PNTR 法案问题	否
20	中美农产品贸易和动植物检疫问题	否
21	恢复美国海外私人投资公司（OPIC）对华合作事宜	否
22	对中国大陆钢铁产品进行 201 条款调查的问题	是
23	关于《中美农业合作协议》的执行问题	不确定
24	监督中国大陆履行 WTO 承诺问题	是
25	美国钢铁保障措施影响中国大陆钢铁产品出口问题	是
26	对中国大陆含氯霉素的蜂蜜和虾设限问题	否
27	人民币汇率问题	是

※ 指美国针对中国的政治（状况）问题而采取的贸易制裁。

发生，目前尚具有较大的不确定性，前者取决于中国今后的国内政治状况以及美国对中国意识形态和政治状况的理解，后者则取决于美国今后对农业植物产品病虫害的控制程度和中国对农业安全的保护程度。

在上述27项已经发生过的贸易摩擦和贸易问题中，有超过一半以上的14项贸易摩擦虽经过双方协调但至今尚没有（完全）解决，其中的贸易不平衡问题、保护知识产权问题、纺织品（转口）贸易问题、出口管制和最终用户访问、反倾销问题、"非市场经济"问题、人民币汇率问题等贸易摩擦是当前中美两国仍然存在的贸易摩擦中的重点和热点问题；每当世界经济和美国经济状况不佳，反倾销问题就表现得特别突出，而且反倾销问题很可能将是长期存在的问题。由于美国对共产主义意识形态和社会主义制度的偏见所导致的对高技术产品的出口管制和最终用户访问问题，极大地损害了中美两国的贸易关系和中国的利益，也是中美贸易不平衡和美国歧视同中国贸易的突出体现；积极处理好中美两国的政治关系是解决出口管制和最终用户访问问题的根本基础，这涉及中美贸易关系之中中国方面的重大利益。①

小　结

1980年以来中美贸易规模获得了较快的扩张。按照中国海关的统计，中国对美国的出口额由1980年的9.8亿美元增加到2004年的1249.5亿美元，中国自美国的进口额由1980年的38.3亿美元增加到2004年的446.8亿美元；1980~2004年中国大陆向美国出口的年平均增长率高达22%以上，中国大陆从美国进口的年平均增长率为10.78%。20世纪90年代以来中美贸易规模高速、稳定地扩张，这种扩张积极地推动了国际分工在更广泛的地区范围内的深化发展。

中国的进出口商品结构得到优化，中国出口产品在美国市场上的竞争力稳定地、大幅度地提高。90年代以来，中国对美国出口的商品结构变化

---

① 有关美国国内政治状况及其变化对于美国对华贸易政策的影响可参见李晓岗："推动中美贸易问题的非政治化"，《美国研究》2005年第4期。

的特点可以概括为：（1）资源密集型产品的出口比重相对下降；（2）劳动密集型产品的出口比重仍然在上升，但劳动密集型产品的出口由以传统的轻纺产品为主转向以机电产品、耐用消费品和杂项制品为主；（3）机电产品中的部分资本技术密集型产品的出口比重在上升，而典型的资本技术密集型产品的出口比重仍然在下降。中国自美国进口的商品结构变化的特点可以概括为：（1）资源密集型产品的进口比重在下降；（2）中国实行进口替代的原料性工业制成品和部分资本技术密集度相对不高的工业制成品的进口比重趋于下降；（3）资本技术密集度相对较高的机电产品（主要是零部件）的进口比重在上升；（4）由于美国政府对于向中国出口高技术产品仍然实行限制政策，中国自美国进口中的高技术产品进口所占比重没有增加。从贸易方式看，虽然中国对美国出口中资本技术密集型产品所占比重略有上升，但迄今为止仍然以劳动密集型产品为主；由于美国对出口到中国的高技术产品实行限制政策，导致中美贸易中美国存在较大的逆差，同时也损害了中美贸易关系和中国的利益。

虽然20世纪90年代以来中美两国共同转向更加开放、更加自由的贸易政策，但是一方面随着中国经济的发展和出口竞争力的提高，另一方面由于美国方面所存在的政治偏见，中美两国的贸易摩擦不断增加。在已经发生过的贸易摩擦和贸易问题中，有超过一半以上的贸易摩擦虽经过双方协调但至今尚没有（完全）解决，其中的贸易不平衡问题、保护知识产权问题、纺织品（转口）贸易问题、出口管制和最终用户访问、反倾销问题、"非市场经济"问题、人民币汇率问题等贸易摩擦是当前中美两国仍然存在的贸易摩擦中的重点和热点问题。中美双边贸易进一步发展的潜力和空间仍然非常大，但是要以双方共同努力协调和处理好包括政治关系在内的中美双边关系中的各种问题为基础。

参考文献

1. ［美］费尔德斯坦主编，王健等译：《20世纪80年代美国经济政策》，经济科学出版社2000年5月第1版。

2. ［美］杰弗里·法兰克尔、彼得·奥萨格主编，徐卫宇等译：《美国 90 年代的经济政策》，中信出版社 2004 年 7 月第 1 版。

3. 官力："1972 年以来中美经济贸易关系的发展"，《外交学院学报》2000 年第 1 期。

4. 孔庆江："美国贸易保护主义阴影下的中美贸易关系"，《商业经济与管理》2004 年第 1 期。

5. 李安方："美国对华技术出口管制的效果评判与前景分析"，《国际贸易问题》2004 年第 7 期。

6. 李晓岗："推动中美贸易问题的非政治化"，《美国研究》2005 年第 4 期。

7. 李志军："美国对华出口管制与中美贸易逆差"，《世界科技研究与发展》第 21 卷第 4 期。

8. 林宏："论香港在中美贸易关系中的中介地位"，《东南亚研究》2003 年第 1 期。

9. 沈国兵："贸易统计差异与中美贸易平衡问题"，《经济研究》2005 年第 6 期。

10. 沈国兵："外商在华直接投资与中美贸易平衡问题"，《财经研究》2005 年第 9 期。

11. 于文涛、邵春光："中美高新技术产品贸易新格局昭示我国国际分工地位"，《中国经贸导刊》2005 年第 20 期。

12. 湛柏明、庄宗明："从中美贸易看美国经济波动对中国经济的影响"，《世界经济》2003 年第 2 期。

13. 湛柏明："中美贸易的互补性与摩擦性"，《国际贸易问题》2004 年第 6 期。

14. 张杰："中美商品贸易的结构分析"，《国际商务研究》2000 年第 5 期。

15. 庄宗明："我国经济增长对美国经济的依存性分析"，《经济学家》2004 年第 1 期。

第三章 美国对华投资的最新 发展趋势及其特征

第一节 美国对华投资规模的变化及其特征

根据中国商务部的统计，截至 2003 年 10 月底，美国对华投资项目累计达 40588 个，合同美资金额 842.1 亿美元。至 2004 年底，美国累计实际对华投资 480.29 亿美元，仅次于中国香港地区（2415.74 亿美元），位居对华投资的国家或地区第二位。排名世界 500 强的美国企业大多已在中国设立了投资企业，这些企业经营范围广泛、管理水平高、经济效益好、规模不断扩大，而且有的已从沿海地区开始转向中西部地区，美国已成为当今中国最大的外国投资国之一。美国在华直接投资已遍及机械、冶金、石油、电子、通讯、化工、纺织、轻工、食品、农业、医药、环保、金融、保险等国民经济的主要行业。美国通用汽车、摩托罗拉、朗讯科技、可口可乐、杜邦公司、伊士曼柯达公司、IBM、施乐公司、惠普公司、戴尔公司等都已在中国投资，并取得了成功。通用汽车在上海合资生产的别克汽车，投产当年就获得了 6 亿元人民币的利润。可口可乐公司生产的系列饮料，已占据中国饮料市场 1/4 的份额。5 年前，中国还只是柯达公司在全球的第 17 大市场，目前已跃居第 1 位。同时，与直接投资相关的美国对华服务贸易也在迅速发展。全球最大的零售企业——美国沃尔玛公司在中国已有几十家分店，且数量还在陆续增加。美国的保险公司、商业银行也已进入中国市场。在开拓中国市场的同时，美国的一些大企业还把在中国加工生产的产品再出口到世界各地。摩托罗拉公司在中国的投资已达 34 亿美元，设立了 8 家合资企业，这些企业 2000 年出口达到十几亿美元，连续多年名列中国外商投资企业出口第 1 名（庄宗明，2004）。随着中国改革开放不断深入发展，越来越多的美国企业来华进行直接投资，显示出一些与其他投资来源国不同的特征。同时，美国在华投资企业通过有效实施一系列竞争战略，在中国市场上正在形成其竞争优势。本节内容进行三个方面的分析。

一、美国对华直接投资的发展阶段特征

（一）投资起步阶段（1979～1991 年）

1979 年 7 月 1 日，中国全国人大常委会颁布了中国第一部外资法律：《中华人民共和国中外合资经营企业法》，标志着中国开始实施对外国直接投资的市场化开放政策。美国企业家注意到中国投资市场的变化，从 1979 年下半年起便积极筹备在中国开办合资企业事宜。1980 年 4 月，中国政府批准美国沈伊建设发展有限公司与中国旅行社北京分社合资兴建北京长城饭店，从而成为第一家美国在华投资企业。随后，美国企业对华直接投资逐步扩大。1979～1991 年年底，美国对华直接投资协议累计金额近 47.25 亿美元，实际投资额 26.63 亿美元，投资项目达 2004 个。这期间，美国对华直接投资发展速度相对较慢（刘跃斌等，2003）。

（二）扩大投资阶段（1992～1996 年）

1992 年春天，中国又掀起了新的改革开放浪潮，大量外国资本进入中国，美国也是投资增长最快的来源地之一。1992 年 1～9 月，美国对华直接投资项目就达 3900 个，协议金额为 63.4 亿美元，均超过美国 1979～1991 年对华直接投资相关数据的总和。从数据中还可以看出，美国对华直接投资在 1991～1993 年间存在突变式增长的现象，投资额由 1991 年的 3.23 亿美元猛增至 1992 年的 5.11 亿美元，增幅为 58.2%，又由 1992 年的 5.11 亿美元猛增至 1993 年的 20.63 亿美元，增幅达 303%。这种突变式增长与 1992 年中国领导人南方谈话和当年召开"十四大"确立开放的市场经济体制有很大关系，即中国加大对外开放的力度，实施了多项有利于外商投资的优惠政策，从而引起这种突变式增长。

（三）平稳发展阶段（1997 年至今）

这一期间，美国对华直接投资进入稳步发展阶段，投资部门分布比较

齐全，美国大型跨国公司进一步扩大在中国的投资。从表3-1也可以看出，20世纪80年代末期以来，美国对华投资在中国实际利用外资总额中

表3-1　1989~2005年实际利用美国对华直接投资额及其比重

年　份	实际利用外资额（单位：万美元）	比重（%）
1989	28427	8.38
1990	45599	13.08
1991	32320	7.40
1992	51944	4.64
1993	206785	7.50
1994	249080	7.38
1995	308373	8.22
1996	344417	8.25
1997	346117	7.16
1998	389844	8.57
1999	421586	10.46
2000	438389	10.77
2001	443322	9.46
2002	542392	10.28
2003	419851	7.85
2004	394114	6.50
2005	306100	5.07

资料来源：《中国统计年鉴》历年；2005年数据来源于中国商务部网站：《2005年1~12月全国吸收外商直接投资快讯》，2006年1月18日。

的比重基本维持在7%~10%的范围内。2002年美国对华投资新设立企业数3363家，同比增长29.05%；合同外资金额81.56亿美元，同比增长8.54%；实际使用外资金额54.23亿美元，同比增长22.35%。其占同期中国吸收外资总量（企业总数、合同外资总额和实际使用外资总额，下同）的比重依次为9.84%、9.85%和10.28%，比2001年分别下降0.13、1.01和增长0.82个百分点。至2004年底，美国累计对华投资总额为480.29亿美元，位居对华投资国家和地区的第二位，仅次于中国香港。但2002年以后，美国对华投资额呈逐年下降趋势（图3-1），其在中国实际利用外商直接投资额中

49

的比重也逐年下降（表3-1）。至2005年，美国对华直接投资额较2002年下降23.63亿美元，降幅达43.6%，其所占比重则从2002年的10.28%降至5.07%，下降了近5个百分点。

单位：万美元

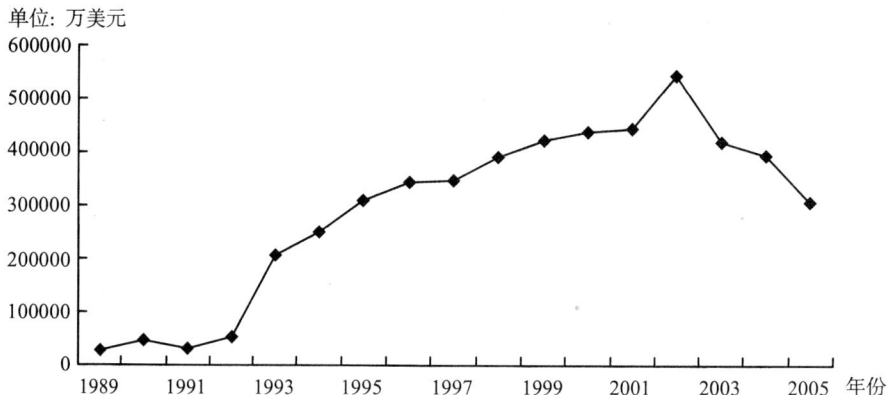

图 3-1　实际利用外资额

数据来源：根据表3-1中数据绘制。

美国对华投资经历了三个阶段的发展和变化，而这种变化趋势是和中国的经济发展水平、法律制度的建设和完善分不开的。改革开放后直到20世纪90年代初，中国经济体制改革获得了突破性进展，一系列鼓励外商直接投资的政策出台，包括税收优惠，允许一定限度的货币兑换等等。但是，这段时期的引资政策是出口导向的，即鼓励出口企业投资，而美国企业大多是市场导向的，其在中国市场的收益很难兑换成外汇偿还国内债务和进行投资者的利润分成，因此，中国的投资环境并不比其他发展中国家的投资环境更具有吸引力。1992年以后，中国引资政策有所调整，并开放了包括通讯、运输、银行、保险等服务行业，同时，1992~1997年间中国经济发展突飞猛进，GDP年均增幅达到11%，这些都极大地刺激了美国投资者，尤其是大型跨国公司对中国市场的兴趣，导致投资额大幅上升。1998年以后，美国对华投资额比较稳定，这与中国经济形势及政策的稳定有关，但其所占比例没有明显提升，而且2002年以后其投资额和所占比重呈不断下滑态势。形成这种局面的原因很多，其中政治因素也是不可忽视的。

二、美国对华投资在美国对外投资中的地位

从美国商务部的数据来看，美国对华直接投资从 20 世纪 90 年代以来呈持续增长的态势（表 3-2），这反映出美国对新兴市场的重视，尤其在 1994 年以后，其对华投资规模有了明显的扩大。但是，从美国对华投资的规模占其对外投资总额的比例来看，这种增长趋势并不明显，近十年一直维持在 1% 左右。截至 2003 年底，美国对华直接投资存量在其全部对外投资存量中的比重仅为 0.7%，低于墨西哥的 3.4%，巴西的 1.7%。[①] 作为世界最大的资本输出国，美国对世界最大的吸引外资国——中国的资本输出比例，相对于其他发展中国家是比较小的。这一方面说明，中国并不是美国跨国资本的主要目的地；另一方面也预示着美国对华投资规模和比重有相当大的上升空间。

表 3-2 美国对华直接投资：资本流出额及其比例（资本流量）

年　　份	对华资本流出额（百万美元）	对华资本流出额在总额中所占比例（%）
1990	30	0.09
1991	40	0.12
1992	50	0.12
1993	494	0.85
1994	1232	1.68
1995	261	0.28
1996	933	1.10
1997	1250	1.31
1998	1497	1.14
1999	1947	0.93
2000	1817	1.27
2001	1912	1.53
2002	875	0.65
2003	1432	1.20
2004	4228	1.84

资料来源：美国商务部经济分析局（U. S. Department of Commerce. Bureau of Economic Analysis）http：//www. bea. doc. gov/bea/di/di1usdbal. htm。

---

① 数据来源：美国经济分析局网站 http：//www. bea. doc. gov/bea/di/di1usdbal. htm。

第二节 美国对华投资结构的变化及其特征

一、美国对华投资的行业结构

自 20 世纪 70 年代以来，从美国对外投资结构变化的总体特征来看，其行业分布呈现出高级化趋势，服务业比重迅速上升。尤其是进入 90 年代以后，服务业对外直接投资在美国对外直接投资存量中的比重由 1990 年的 48.2%，上升到 2004 年的 73.4%，提高了近 15 个百分点。相应地，制造业投资比重有所下降，其比重由 1990 年的 39.5%，下降到 2004 年的 20.7%，降幅达 19 个百分点。在服务业中，金融、保险和房地产业增长最快，其在美国对外直接投资存量中的份额，由 1990 年的 30.3% 上升到 1998 年的 41.5%，虽然 2000 年以后，其比重有所下降，但仍然保持在 20% 左右（2004 年为 21.3%）。在制造业中，对外直接投资主要集中在化学工业、机械工业以及交通运输设备制造业，1990 年三个行业在美国对外直接投资存量中所占比重为 21.0%，在制造业中的份额为 53.1%，2004 年这三个行业在制造业投资中的份额降为 42.2%，但仍是美国制造业对外直接投资的主要产业。值得注意的是，从 1999 年开始，计算机及电子产品制造业的对外投资被单独作为一个行业进行统计，其在制造业投资存量中的份额从 1999 年的 14.3% 上升到 2001 年的 17.9%，虽然近些年有所下降，在 2004 年降为 14.3%，但仍占有比较重要的地位。

与美国对外投资的总体结构特征相比，20 世纪 90 年代以来，美国对华投资呈现出许多特点，如投资规模大、产业层次高、技术先进等等。

在 20 世纪 80 年代及 90 年代初期，美资公司投资的领域以能源开发和饭店服务业为主，后来逐渐扩大到有色金属的开采和利用以及机械、电子和航空等项目。就电子和电子设备制造业而言，其投资规模的扩大始于 90 年代中期，1994 年美国对中国该行业的投资额为 1.29 亿美元，而到 2001 年则大幅攀升至 15.55 亿美元，年均增幅达 42.7%，但近些年投资额有所下降，其投资存量已由 2001 年的 46.18 亿美元，降为 2003 年的 13.31 亿美元,降幅达71.2%(表3-3和表3-4)。目前,美资已涉及中国数十个行业,包括冶金、化工、通讯、交通等重化工业和基础工业,也有轻纺、食品、医药、服装等轻工业,还有旅游、建筑设计、信息咨询的服务业。近年来,随着中国经济的发展,一些行业陆续对外商开放,美资正逐步进入中国的银行、保险、律师,公证、会计、零售等服务行业。

从行业结构来看,美国对华投资的重点是制造业,尤其是化学工业、电子和电子设备制造业以及交通运输设备制造业(表3-3)。按照历史成本计算,美国对华制造业直接投资存量1990年为1.38亿美元,所占比重是38.98%,到2003年投资存量已达到118.77亿美元,比重为57.18%。美国对华制造业投资比重的变化轨迹表明(表3-5和图3-2),从1994到2001年呈持续上升趋势,2002年和2003年有所下降,但仍占较大比重,说明制造业投资仍是美资进入的重点领域。目前,美国《财富》杂志2002年排名的全球500家最大公司中,进入中国的已有400家,其中约有300家在华投资,而美国公司约占三分之一。而且,美国加工制造业在对华直接投资中涉及的范围非常广,许多行业中进入全球500强的企业几乎全部到中国来投资,母公司数也比其他国家多。例如制药、计算机、电器、化工、造纸和饮料等行业。在饮料行业里,目前只有美国的可口可乐和百事可乐两大巨头在华有投资项目。在全球500强中,美国制造业在华投资的企业数量占所有大型制造业跨国公司在华投资总数的比重为36.7%(刘跃斌等,2003)。美国对中国制造业的投资倾向,一方面说明中国具有发展制造业所必需的劳动力和资源等比较优势,另一方面也说明中国市场具有巨大的需求潜力。

美国对华投资的行业结构变化是投资结构高级化的反映,商业、服务业等第三产业的投资比重不断上升是这一趋势的突出特点(表3-3)。美资对商业、金融、保险、房地产、服务业等第三产业的参与主要是从90年代中期开始的,而2002和2003年对制造业投资大幅减少的同时,其更显示出强劲的上升势头。1994年批发商业的对华投资存量占总投资存量的5.3%,到2004年其比重已上升到11.8%;而从流量数据看,该比重从1994年的3.6%上升到2004年的32.3%。① 目前,美国的跨国公司已在多

---

① 数据来源:美国经济分析局官方网站 http://www.bea.gov/bea/di/di1usdbal.htm。

表 3-3 美国对华投资额的行业分布（1990～2003 年）（资本流量）

单位：百万美元

行业类别	1990	1991	1992	1993	1994	1995	1996
石油业	-22	3	-37	143	445	-106	30
制造业	12	58	82	278	454	341	520
食品加工业	1	2	31	107	43	18	80
化学工业	4	27	-2	27	94	-32	83
钢铁工业	-2	-2	-1	(D)	46	14	6
工业机械和设备	(D)	(D)	3	15	(D)	(D)	(D)
电子和电子设备	(D)	(D)	(D)	(D)	129	263	287
交通运输设备	(D)	(D)	(D)	(D)	(D)	(D)	(D)
其他制造业	(D)	4	(D)	(D)	100	17	(D)
金融、保险和房地产	(D)	1	9	-3	181	1	221
批发商业	30	-13	-18	49	44	81	40
服务业	(D)	(D)	(D)	(D)	28	-70	72
其他行业	(D)	(D)	(D)	(D)	80	13	50
总计	30	40	50	494	1232	261	933
行业类别	1997	1998	1999	2000	2001	2002	2003
石油业	-116	137	63	411	435	-173	147
制造业	937	1115	1261	1332	1599	575	761
食品加工业	69	-16	57	8	44	88	100
化学工业	104	-46	37	-47	-58	167	277
钢铁工业	33	13	47	-40	-20	-14	-29
工业机械和设备	346	44	-79	31	7	38	66
电子和电子设备	368	638	649	1272	1555	-59	-158
交通运输设备	(D)	86	396	17	-4	126	432
其他制造业	(D)	396	154	91	75	229	73
金融、保险和房地产	257	62	-54	15	38	164	87
批发商业	121	-47	132	101	166	164	497
服务业	3	-5	199	-28	-145	-8	4
其他行业	47	235	345	-13	-182	(D)	(D)
总计	1250	1497	1947	1817	1912	924	1540

注："-"代表资本流入；"D"代表企业未公布数据。

资料来源：美国商务部经济分析局（U. S. Department of Commerce. Bureau of Economic Analysis）http：//www. bea. doc. gov/bea/di/di1usdbal. htm。

表 3－4 美国对华投资额的行业分布（1990～2003 年）（资本存量）

单位：百万美元

行业类别	1990	1991	1992	1993	1994	1995	1996
石油业和采掘业	114	117	80	223	894	951	1017
制造业	138	196	306	461	1000	1263	1837
食品加工业	12	12	69	66	131	110	186
化学工业	29	54	47	67	220	210	297
钢铁工业	1	－1	－3	（D）	104	116	122
工业机械和设备	（D）	12	13	16	（D）	（D）	174
电子和电子设备	10	（D）	3	（D）	170	434	745
交通运输设备	（D）	（D）	（D）	（D）	（D）	（D）	（D）
其他制造业	29	38	（D）	53	218	190	（D）
金融、保险和房地产	1	1	12	－2	325	203	488
批发商业	106	94	76	144	135	194	227
服务业	7	（D）	（D）	（D）	74	4	76
其他行业	－12	（D）	（D）	（D）	130	150	204
总计	354	426	516	877	2557	2765	3848
行业类别	1997	1998	1999	2000	2001	2002	2003
石油业和采掘业	911	939	1362	1987	2278	1719	1772
制造业	2737	3862	5787	7076	7727	5554	5910
食品加工业	244	169	280	286	329	425	530
化学工业	371	329	995	1122	1062	1132	1322
钢铁工业	154	198	223	157	139	151	140
工业机械和设备	512	659	212	218	203	335	356
电子和电子设备	1108	1760	2789	3958	4618	1796	1331
交通运输设备	54	36	627	652	650	802	1243
其他制造业	284	711	661	683	726	913	988
金融、保险和房地产	726	752	73	107	121	319	364
批发商业	352	193	386	378	576	1144	1502
服务业	74	73	352	324	233	624	677
其他行业	351	531	1440	1267	1146	（D）	1316
总计	5150	6350	9401	11140	12081	10570	11541

注："－"代表资本流入；"D"代表企业未公布数据。

资料来源：美国商务部经济分析局（U. S. Department of Commerce. Bureau of Economic Analysis）http：//www. bea. doc. gov/bea/di/di1usdbal. htm。

中
美
经
贸
关
系
及
其
影
响
研
究

表 3 - 5　美国对华直接投资额和其中制造业投资所占比例（资本存量）

年　份	投资额（百万美元）	制造业投资额（百万美元）	制造业投资比例（％）
1990	354	138	38. 98
1991	425	196	46. 12
1992	516	306	59. 30
1993	877	461	52. 57
1994	2557	1000	39. 11
1995	2765	1263	45. 68
1996	3848	1837	47. 74
1997	5150	2737	53. 15
1998	6350	3862	60. 82
1999	9401	5787	61. 56
2000	11140	7076	63. 52
2001	12081	7727	63. 96
2002	10570	5554	52. 54
2003	11541	5910	51. 21
2004	15430	8222	53. 29

资料来源：美国商务部经济分析局（U. S. Department of Commerce. Bureau of Economic Analysis）http：//www. bea. doc. gov/bea/di/di1usdbal. htm。

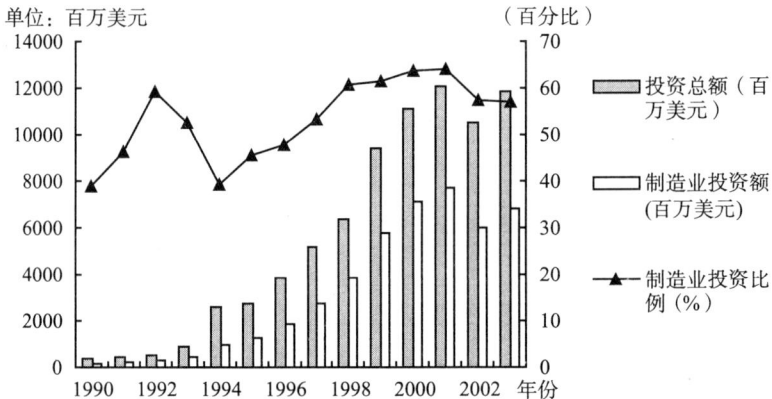

图 3 - 2　美国对华直接投资额和其中制造业所占比例（资本存量）

数据来源：美国商务部经济分析局（U. S. Department of Commerce. Bureau of Economic Analysis）http：//www. bea. doc. gov/bea/di/di1usdbal. htm。

个领域进行了广泛的投资。例如，世界著名的快餐公司麦当劳和肯德基已在全国许多城市开设了数百家分店。美国国际集团的友邦保险公司和美亚保险公司在广州和上海分别设立了营业性的分公司。美国的花旗银行在上海取得经营人民币业务的资格，在北京设立了分公司。作为全球最大的非银行金融机构，通用电气的金融服务集团在中国设立了独资财务公司。世界最大的商业零售公司沃尔玛公司在中国深圳、大连、厦门等城市设立了超市和会员店。世界著名的管理咨询公司麦肯锡公司在上海设立了分公司。著名的爱德曼、博雅等公关公司在中国设立了分公司和合资企业，从事企业形象设计和公共关系。

总体上，美国对华投资的行业结构偏向于制造业，这和美国对外投资的行业结构是不同的，后者偏向于服务业领域的投资，2004年对外投资制造业存量额只占其投资总额的20.7%。这种反差在近两年有所改变，美国对外投资结构变化与美国对华投资结构变化这二者呈现出逐步趋同的趋势。

二、美国对华投资的地区分布

1990～2003年美国对华直接投资地区分布特点突出，主要集中在东部沿海地区。从投资的项目数和协议投资额来看，北京、天津、辽宁、上海、江苏、浙江、山东、广东位居前列（表3-6）。1993年，北京等8个省市的美国对华直接投资项目数为3427个，占当年全国美资项目总数（4689个）的73.1%；2003年，虽然8省市的美资项目数降为3187个，但是其占全国美资项目总数（3813个）的比例却上升至83.6%，当年的协议投资额（83.77亿美元）占总额（103.35亿美元）的81.1%。这说明美资企业倾向于在东部沿海的发达地区投资设厂，而且这种趋势近年来逐渐增强。不难理解，这些地区经济发展水平高，市场需求旺盛，投资收益较有保障，加之，拥有相对完善的基础设施，从而成为吸引美资的主要省份和地区。

表 3 - 6　美国对华投资的区域分布

地　区	项目个数							协议投资额（亿美元）		
	1990	1991	1992	1993	1996	2000	2003	1996	2000	2003
北　京	44	104	328	578	144	201	244	1.61	6.24	2.34
天　津	13	35	193	513	197	149	143	4.92	21.28	4.57
河　北	11	23	130	219	110	81	83	3.25	0.70	2.29
山　西	2	6	39	74	23	17	18	0.53	0.84	0.99
内蒙古	1	—	34	41	21	24	43	0.25	1.32	1.85
辽　宁	*	44	234	501	267	293	248	7.20	9.39	11.37
吉　林	5	7	51	143	37	30	34	1.07	0.96	1.14
黑龙江	*	20	67	*	*	36	28	*	0.23	0.74
上　海	122	156	397	*	313	256	468	9.39	5.78	8.51
江　苏	31	100	797	1087	354	343	820	14.60	9.10	25.72
浙　江	22	43	189	459	178	265	497	4.88	3.06	11.19
安　徽	*	*	*	*	53	43	67	0.43	0.71	1.15
福　建	8	11	53	115	50	79	115	1.36	2.10	2.30
江　西	—	6	43	67	15	*	*	0.32	0.23	1.16
山　东	47	95	441	*	255	282	479	4.33	8.30	11.00
河　南	6	8	41	132	59	41	47	2.31	0.19	0.79
湖　北	*	*	*	*	42	30	*	0.56	0.64	1.63
湖　南	*	*	36	*	28	28	*	0.21	0.29	0.89
广　东	*	64	147	289	130	193	288	5.54	4.44	9.07
广　西	7	9	24	114	22	24	27	0.37	0.81	0.35
海　南	*	*	*	*	22	*	*	0.25	*	*
四　川	*	*	104	107	78	17	50	0.98	0.10	0.57
重　庆	*	*	*	*	32	39	23	0.57	1.11	0.62
贵　州	1	2	11	35	11	*	*	0.16	0.13	0.01
云　南	*	—	12	37	19	16	18	0.54	0.98	0.46
西　藏	—	—	2	1	—	1	1	—	0.50	0.05
陕　西	2	3	26	128	46	*	46	1.91	*	1.58
甘　肃	3	1	2	49	118	*	7	1.52	*	0.10
青　海	—	—	1	*	2	2	8	0.01	0.39	0.85
宁　夏	—	2	10	*	1	8	5	0.03	0.16	0.05
新　疆	—	—		*	—	8	6	—	0.02	0.01

资料来源：《中国对外经济贸易年鉴》（1990～2003），中国对外经济贸易出版社；《中国商务年鉴》（2004），中国商务出版社。

另据数据显示，中国吸收的外商直接投资 70% 以上集中在珠江三角洲、长江三角洲和环渤海地区，特别是自 1992 年以来，这种集中化趋势在进一步加强。美国对华投资的地区分布也大体遵循这一规律，并且向北部和中部沿海倾斜。其中，长江三角洲等中部沿海地区是吸引美资的主要地区，环渤海地区的重要性次之，珠江三角洲对美资的吸引力呈相对下降趋势。美资企业之所以青睐长江三角洲地区，主要在于其对内经济联系和经济腹地范围都优于其他地区；而且长三角地区科技、教育力量雄厚，各类人才汇集，产业配套条件较好，拥有一批高素质、低成本的产业工人。而美资企业对技术和人才的要求相对较高，因此，其更倾向于投资于长三角和环渤海地区。此外，随着西部大开发战略的实施，美资对中西部地区也越来越关注，四川、重庆、湖南、湖北等省市的投资额有上升趋势。

三、美国对华投资企业的技术特征

在整个 20 世纪 80 年代，中国外商直接投资以港、澳、台中小投资者为主，占中国外商投资总额的 75% 左右。即使是美国、日本、欧盟等国家和地区的企业在华投资也以中小型项目为主。总体上看，这些企业的技术水平并不比中国企业特别是国有企业的平均水平高。这种状况的改变是从 90 年代中期开始的，大型跨国公司的进入使中国外资企业的技术水平明显提高。尤其是美国对华投资企业，其总体技术水平较高，一些跨国公司还建立了研究开发中心，推动技术的开发和转移。

美国对华投资的主体以大型跨国公司为主，并主要集中在资本密集型和技术密集型产业。从美国对华投资的行业分布可以看出，电子和电子设备行业占较大比重，说明美国公司倾向于对电子行业的投资。20 世纪 80 年代末期以来，该领域的美国跨国公司，包括摩托罗拉、朗讯、IBM、英特尔、惠普、得克萨斯仪器仪表、康柏、数据设备公司、戴尔公司、苹果公司、微软公司以及虹志公司等都已在中国投资或开展技术合作。这些美资公司本身拥有在国际上领先的技术，因此在对华投资的同时也将其带入投资设立的企业，并积极建立研发中心，进一步开发应用型技术和进行基础性研究。

以摩托罗拉公司为例。摩托罗拉 2000 年 8 月宣布投资 122 亿人民币建设摩托罗拉西青半导体集成生产中心。该生产中心是摩托罗拉在中国的第一家半导体制造厂，也是在中国为数不多的几家半导体制造厂之一。前工序芯片制造厂是中国第一座建成的 8 英寸逻辑芯片制造工厂，是摩托罗拉高科技的集中体现。MOS17 于 2001 年 5 月成功产出第一块芯片，良品率高达 82%，具有国际领先水平。2002 年 6 月，摩托罗拉正式发布了未来 5 年的"2 + 3 + 3"发展战略：把中国建设成世界级的生产和研发"2"个中心；数字集群等"3"个新业务；年产值、在华累计投入总额、累计从中国采购 100 亿美元的"3"个目标（钟懿辉，2005）。美国跨国公司对中国高新技术产业的投资，说明其对华投资企业的技术水平正在提高；同时还表明其正在由被动的技术转让转向主动的技术投入，投资企业由原有保守、审慎的技术转让观念逐步转向自觉的、系统性的技术投入战略。

此外，美国许多投资企业还积极在华设立中国地区甚至亚洲地区的研发中心，提高其技术的适应性和先进性。如微软中国研究院早已提升为亚洲研究院，在中国成立三年的三星通信研究所也已经正式升格为研究院，成为少数获得这一资格的外资企业。还有通用电气公司浦东研发中心的投入使用也是一个标志性的事件，该中心是这家世界顶级公司在美国和印度之外的第三个全球研发中心。

总体上，20 世纪 90 年代以来，美资企业的技术水平是比较高的，且对高新技术产业的投资有不断扩张的趋势。但是，某些关键技术仍然掌控在母公司手中，如计算机芯片的研制技术等无法在中国投入使用，其中公司自身的技术战略以及美国政府的技术封锁等因素起到了决定性作用。

第三节　美国对华投资发展的影响因素分析

20 世纪 90 年代以来，美国对华投资规模和结构上呈现出许多特点，而决定或影响这种发展趋势的因素也是比较复杂的。国内学者对这方面的分析突出强调了中国的市场需求、政策制度环境等因素的重要性，如徐康宁、王剑（2002）利用1983～2000年的数据对美国对华投资的决定性因素进行了实证分析，得出的结论是美国对华投资的最大动力来自于中国巨大的市场需求的吸引，同时1992年以后中国实行更加开放的经济政策对美国公司在中国的直接投资也是"一个重要的信心鼓舞"。而劳动力成本优势并不是美资进入的主要决定因素，美资公司更看重的是专业性的技术人才和熟练劳工的技能。柴敏（2003）的分析则偏重于公司层面，强调跨国公司的垄断优势和全球战略调整等因素的重要性，并指出"中国的政策环境从某种程度上来说起更为决定性的作用"。但是，国内的学者很少在中观层面，即产业结构调整的层面对这一问题进行探讨，因此在分析上不够全面和深入。本节将从宏观、中观和微观三个层面上对美国对华投资发展变化的原因进行分析，探讨其中的规律性。

一、经济规模与经济政策

（一）经济实力和市场规模的迅速扩张成为吸引美国直接投资的重要动力

中国国内需求的扩张是由持续的经济高增长引起的，在吸引美国跨国公司对华投资中有着举足轻重的作用，这也是中国同其他发展中国家竞争国际资本比较有利的因素。对于市场导向型的直接投资，它可以使企业更充分地利用自己的垄断优势。东南亚的许多国家虽然也制定各种优惠政策吸引外资，市场结构在某种程度上也和中国相似，劳动力成本也相对较低，但受市场规模所限，对跨国公司的吸引力更多的是作为设立海外工厂的一种选择，这种情形在泰国和马来西亚尤为普遍。中国庞大的国内市场可以为跨国公司提供难得的销售场所，靠近市场的原则要求跨国公司将投资重点放在中国。由于美国在华投资的公司主要是大型跨国公司，对市场规模有最低的要求，这些公司在市场规模大的国家投资，有利于提高这些企业的生产规模报酬，实现利润边界最大化。而对于大型跨国公司而言，巨大的需求诱惑足以使他们克服对僵硬制度障碍的抱怨。中国的市场制度和货币制度是弹性较低的，如资本项目的严格控制等，但这些并未过多地影响大型跨国公司对中国的投资。这一分析结果的政策启示在于，中国只要保持连续的较高的经济增长率，就能具备竞争国际投资资本的优势，尤其是对大型跨国公司有较强的吸引力。

（二）政策的倾向性和经济的开放程度影响美国对华投资的发展和前景

1. 中国开放政策及开放程度的影响

虽然 2004 年中国的平均关税率已从加入世贸组织初期的 15.3% 降到约为 10.4%，但在整个 20 世纪 90 年代，其与世贸组织成员以及发展中国家的平均关税水平相比，仍然较高。与此同时，据有关人士分析，中国非关税壁垒的效应等价于把整体关税水平提高了 9 个百分点（王林生，2002）。因此，像汽车、化工、电子等中国关税和非关税壁垒较高的产业，美国跨国公司投资的比重最大。一方面，跨国公司可以通过直接投资绕过关税和非关税壁垒进入中国市场；另一方面，较高的关税和非关税壁垒保护了相关产业的美国投资者，使其比在别国更容易利用自身的垄断优势获得垄断利润。

此外，研究表明，经济开放度与 FDI 的流入正相关。衡量一国经济开放度的指标是市场准入程度。由于地区封锁、行业准入控制以及繁琐的审批程序等原因，目前中国仍是经济开放度较低的国家之一。这在美国服务业的投资上表现得相当明显。服务业在 90 年代以来的美国对外直接投资中占了相当大的比重，优势地位明显。而中国服务业市场规模巨大、回报丰厚，美国服务业的直接投资理应大量涌入中国。但事实并非如此，中国服务业市场的开放度有限是造成这一状况的主要原因。90 年代以来，中国虽然在外资的市场准入方面取消了较多限制，但主要偏向于高技术工业或者说制造业，而对绝大部分服务业仍然采取限制甚至禁止进入的措施。这从美国把打开中国服务业市场作为中国入世谈判的核心内容可见一斑。GE 公司近 10 年来已经从过去的制造业公司转变为"多元化的服务公司"，但其在中国的企业的经营业绩还达不到其全球平均水平，究其原因，主要是中国对服务业准入的限制抑制了 GE 的经营强项。可见，中国 90 年代的外资产业政策正好与美国的对外直接投资产业结构相悖，从而很大程度上限制了美国对华直接投资的力度（柴敏，2003）。自从 2001 年中国开放金融服务业市场以来，外资银行纷纷投资中国，高盛和摩根士丹利银行等美资金融机构相继在中国设立合资企业，并获准发行国内股票和债券，显示出中国投资银行业巨大的外资吸引力。

2. 美国政府及其政策的影响

美国对外投资的迅速增加与美国政府的鼓励和扶持密不可分，促进和保护私人海外投资的安全与利益是美国政府一贯的基本政策。其通过设立有关机构如美国进出口银行、美国海外私人投资公司、美国贸易发展署、美国中小企业局等向美国企业提供融资、信息及其他服务，通过采取鼓励政策和措施，扶持有关企业开拓国外市场，发展对外投资。20世纪90年代以来美国对华投资的增长与美国政府的大力支持有很大关系。但是，美国政府也会在某些方面对跨国投资的相关行为进行限制，最明显的就是技术限制，尤其是对华投资的技术出口限制等。美国政府目前只许可一些较低水平的技术转让，而对有可能涉及军事用途的军民两用先进技术则采取完全"封杀"的态度。例如2001年上半年，美国著名的半导体制造商SMIC公司准备在上海投资15亿美元建立一个芯片生产厂，为了投资需要，SMIC公司通过美国应用材料公司（Applied Materials）申请向中国转让两项电子光束系统技术。但在随后的半年中，由美国国防部、国务院和商务部组成的技术出口审查委员会对这两项技术出口到中国竭力反对，并利用各种口实进行阻挠，最后这一本来正常的国际技术转让项目因此流产，SMIC公司不得不放弃了技术转让申请（俞毅，2003）。可见，美国政府在美对华投资中的作用是双重的，既有推动的一面，也有阻碍的一面。

二、产业结构变动

美国经济从工业经济向新经济时代的知识、信息经济转型始于20世纪70年代中期。此后，出现了产业结构的大调整。产业结构的调整和升级，必然伴随新兴产业的兴起和传统产业的逐步衰退，生产要素要从传统产业转移到新兴产业中，这其实是一个要素重新组合的过程。如果生产要素不能及时从传统产业中转移出来，势必使人、财、物不能转移到新兴行业中，削弱了产业升级的物质和技术基础，延缓产业升级的速度。但是，各国出于不同的原因，传统产业的退出都会遇到退出壁垒。这些退出壁垒最主要来自于生产设备及人力资本的专用性和沉没成本的存在，另外还有政策和法律的原因。在产业退出壁垒一时难以消除从而阻碍本国产业结构调整的情况下，通过FDI的方式，向海外转移尚可利用的传统产业生产能力，使传统产业在一国市场顺利退出而不至于造成大的社会和经济上的负面影响，则既能释放出沉淀生产要素用于支持新兴产业的发展，又能获取高于国内的海外投资收益，极大地促进本国产业结构的升级。因此，美国产业结构调整和升级促进了其对外直接投资的发展。

（一）产业重组和并购推动了美国对外直接投资的扩展

始于20世纪80年代的产业结构大调整，到20世纪90年代初发生了重大转折。主要标志是在克林顿上台后，新政府首次确定发展高技术的国家战略，并首开先河制定了美国历史上第一个产业科技政策。克林顿总统面对冷战后美国国际经济关系的变化，强烈地感受到以微电子和通信为核心的信息技术革命及其对美国经济和世界经济将产生的深远影响，富有远见地抓住了这一发展自己、振兴美国的历史机遇。从这次产业结构调整的路径来看，产业和企业并购活动以及并购方向和策略的不断调整是突出特点之一，即产业重组与企业重组同步展开，二者相互作用。产业重组首次发生在几个颓势最明显的部门，如汽车、钢铁、能源、纺织、造船等传统制造业部门。这些部门中的龙头企业往往在重组中首当其冲。这些龙头大企业的重组以及龙头大企业与众多小企业组成的企业网络，有力地带动了所在部门的重组，有助于部门整体效率和竞争力的提高。而企业并购在产业结构调整变革中起着重要的杠杆作用。

20世纪80年代和90年代的企业并购吸取了50年代中期到60年代末期，为实现多样化经营战略而进行混合合并实践中的教训，转而采取了"主导约束"和"相关约束"的多样化经营战略，围绕公司的核心技术向真正相关的行业延伸和扩展。从追求一国规模经济效应，扩大国内市场份额，实行国内跨地区、跨行业合并，到追求世界规模经济、抢占世界市场份额，实行跨国界、跨区域的并购。从传统产业的大规模并购到高新技术产业如信息、通讯、航空和金融、娱乐等服务业的大规模、高频率并购，到高新技术产业与传统产业的联手，并购规模越来越大，强强联合或寻求优势互补的趋势越来越突出（宋玉华等，2002）。从美国对华投资的趋势来看，虽然其占美国对外投资的比重不大，但也同样受到美国产业结构调整和重组的影响，其中美国制造业企业对中国的跨国转移和并购就与美国产业结构调整有很大关系。

（二） 中国产业结构的调整影响到美国对华投资的发展变化趋势

首先，东道国产业结构调整对吸引外资的作用，主要是通过促进经济增长的途径来实现的。中国从改革开放以来，经济连续保持了接近10%的高速增长，其中既有总量扩张的作用，又有产业结构调整的贡献。20世纪80年代初期轻工业的优先增长，80年代中期以家电为代表的现代耐用消费品工业的兴起，80年代后期基础产业和基础设施的大规模兴建以及90年代初期重化工业的加快发展，都是适应消费结构变化而出现的产业结构的大变动，致使经济增长保持了较快的速度，并获得了相应的新的产业结构基础。而这种增长无疑扩大了市场规模，丰富了市场需求层次，同时形成了较为成熟的市场消费群体，提高了居民消费水平。而这些都是外资进入中国所重点考虑的因素。

其次，东道国产业结构调整也会直接影响到外资的产业选择。外资的产业选择往往与东道国重点发展的产业相一致，美国对华投资的行业分布也是如此。20世纪90年代以来中国三次产业结构偏差的加深主要表现在两个方面：一个是第二产业特别是工业的产出比重升幅过大。改革前中国片面推行工业化模式，同产业结构与发展水平相同的其他国家相比存在着较大偏差，其特征之一是第二产业尤其是工业的比重过高。80年代在产业结构调整中这种状况有所好转。但90年代以来第二产业的比重又迅速上升，2004年与1990年相比，以当年价计算的比重由41.61%上升到53.02%，提高了11.41个百分点，其中工业占GDP的比重由37.0%上升到46.01%，提高了9.01个百分点。而第三产业的比重则增长缓慢，2004年与1990年相比只上升了0.44个百分点，由31.34%小幅上升至33.78%。美国对华投资在这段时期也主要集中于工业领域，尤其是制造业投资比例不断上升，与中国产业调整的重点有关。在中国工业化高速演进的过程中，国外资本也不会错过这种难得的机遇。

再次，产业结构调整改变中国利用外商直接投资的政策，一定程度上扩大了对外资开放的行业和领域。经过结构调整，中国已经越来越明确目前的产业结构状况，并且在市场化进程中为向国际惯例接轨，中国逐步放宽对外资进入领域的限制，一些限制类产业逐渐变为允许类产业，同时一些允许类产业逐渐变为鼓励类产业，换言之，中国渐进修改有关的利用外

65

资政策，扩大利用外资领域，促进了外商直接投资的发展。20 世纪末到 21 世纪初的这段时期，中国加入世贸组织的步伐加快，并取得了突破性进展，于 2001 年成为了世贸组织正式成员国。为了兑现承诺，中国政府采取了更加开放的引资政策，尤其是第三产业的开放领域进一步扩大。美国对华投资中服务业的投资比例扩大在一定程度上受到这种政策变化的影响（表 3 - 3）。因此，中国产业结构调整间接地影响到外商对华投资的规模和产业选择。

三、企业经营战略

跨国公司是经济全球化的微观主体，是国际直接投资的主要推动力量。跨国公司自身发展所要求的条件和试图实现的战略目标，决定其跨国直接投资的规模、区位和产业选择。美国对外直接投资以跨国公司，尤其是大型跨国公司为主。因此，分析美国对华投资发展趋势的原因，不能忽视美国跨国公司的技术特点、持股方式、全球战略调整等因素的影响。

（一）美国公司的技术优势决定其对华投资的规模相对较小

美国跨国公司的突出特点是技术先进，公司每年拨出大量科研经费从事研究开发工作，因而美国在高技术领域诸如信息产品、生物技术、航空航天等方面处于领先地位。而拥有先进技术的美国公司更倾向于投资发达国家，其原因在于发达国家经济结构稳定，消化吸收能力强，跨国投资的经济风险性小，利润率较高，且投资回收期较短。另一方面，发达国家总体技术水平较高，技术开发快，产品附加值高，投资于发达国家能使跨国公司尽快尽好地掌握高科技，提高公司整体科技实力和竞争能力。换言之，投资于发达国家可以获得强强联合的较大收益。跨国公司之间的战略联盟就是为开发和获取技术而订立的合作协议。而这种联盟不会或很少发生在总体技术水平不高的发展中国家的企业。美国跨国公司以高新技术投资中国，不能充分发挥其垄断优势，无法寻求优势互补，投资利润率较低。因此，这是美国跨国公司对华投资较少的一个重要原因。

（二）美国公司对外直接投资的方式阻碍其对华直接投资的扩展

美国企业跨国发展的生产经营指向主要是技术密集型产品，为达到对世界市场的支配和控制，美国跨国公司特别强调对技术的独占和垄断。而独资企业因为所有权与经营权的独占，具有许多经营方面的优势，如：独享企业机密和垄断优势，减少技术扩散的不利影响；在专利权、特许权、技术授权和管理费用的确定与收取方面享有较大弹性等。所以，为避免泄密的风险，保持其技术领先优势，美国公司对外直接投资倾向于独资方式。而20世纪80~90年代，中国的外资政策和法规更青睐于中外合资经营企业，使其在外汇平衡、产品销售和原材料供应等方面享有合作企业和独资企业所无法相比的优惠。这种对三资企业实行不同待遇的做法，削弱了倾向于建立独资子公司的美国公司的兴趣，导致其对华投资规模相对于其他新兴市场国家一直较小。

（三）美国跨国公司的跟随反应和寡占反应战略促使其扩张对华投资规模

全球市场上，通用汽车、微软、IBM等美国大型跨国公司已经与欧洲、日本的其他企业在相关产业形成了寡头垄断的格局。在这些产业中，大公司之间的实力旗鼓相当，从而形成了一定的均势。若其中一家率先在一个新兴市场投资设厂，就会率先取得更多的市场份额而在竞争中领先，于是其他几个对手为保持竞争均势以抵消竞争对手的行动给自己带来的风险，会跟随先行企业到新兴市场投资。在1992年以前，由于美国公司对中国市场判断失误，多次将投资合作的机会让给西欧和日本的同行，从而在中国市场上培养了强大的竞争对手。1992年后，美国企业为了保持与欧洲、日本跨国公司的相对竞争优势，开始大规模对华投资，试图挤占欧洲和日本公司的既有市场份额。期间，通用公司和福特公司加快了进军中国的步伐，并不断推出新车型，以削弱德国大众、日本丰田等企业在中国的优势；而美国电话电报公司也改变了早先以老大自居的态度，以10亿美元的投资敲开了中国市场的大门。此外，寡占反应行为可用来解释美国跨国公司为保持垄断优势而采取的在华投资行为。中国手机市场的规模在全球数一数二。摩托罗拉是较早投资中国的手机制造商之一。但市场的高成长性和高回报率吸引了越来越多的跨国公司进入。1994年中国数字移动通讯网建成后，诺基亚、爱立信、西门子等跨国公司开始迅速扩大在华生产规模，摩托罗拉在中国的市场份额开始下降，并一度失去了领先地位。为了维护自己的市场地位，摩托罗拉不断扩大在华投资，并在中国设立了R&D

中心，以便更好地为中国市场服务。至今，摩托罗拉在华投资总额已达 34 亿美元，是中国电子领域最大的外国投资商。

（四）跨国公司的"技术锁定"策略限制了对华投资企业的技术引进

所谓"技术锁定"一般是指具有先进技术的跨国公司利用其技术垄断优势和内部化优势在技术设计、生产工艺、包装广告、销售网络等关键部分设置一些难以破解其诀窍的障碍，使东道国在本地化生产过程中难以破解，以严密控制尖端技术的扩散。这种策略是跨国公司基于实施全球战略以及应对国际技术产品市场激烈竞争而采取的新举措，许多跨国公司就是利用这种技术锁定来加强东道国对它的技术依赖，从而牟取巨额的垄断利润（俞毅，2003）。美国的跨国公司在对华投资的过程中也在一定程度上采取了"技术锁定"的策略，最明显的例子就是美国计算机制造业中对"芯片"技术的保护和控制，这种带有强烈技术封锁和技术垄断意味的做法，导致中国在大量引进外资的同时却没能获得显著的技术进步。

第四节　全球跨国投资与美国对华投资的特点比较

一、全球跨国投资的特点

自第二次世界大战以来，对外直接投资和跨国公司得到了迅速发展，20 世纪 80 年代以后则进入了一个更具有不同特征的时期。特别是新技术革命对各国经济、政治、文化的冲击，使得跨国公司所面临的环境急剧改变，并不断改变着跨国公司的竞争格局和全球战略，从而影响了实施全球战略的对外直接投资的动机、决策过程和实施方式（毛蕴诗，2001）。以下将分四个时期对全球跨国投资的特点进行考察和分析，进而总结出其规律性。

（一）20 世纪 80 年代全球跨国投资的特征

当今世界的跨国投资、国际贸易、技术和金融资本的流动以及经济的一体化进程都与三大经济体——美国、欧共体（1991 年后称"欧盟"）和日本——有着密切的联系，联合国公布的《世界投资报告》更是以三极的模式来描述和解释世界对外直接投资的格局。在这三大经济体的推动下，

80 年代的对外直接投资比国际贸易和世界产出的增长要快得多（表3－7）。这也说明对外直接投资已经成为拉动世界经济增长的重要引擎。

表 3 - 7　1983～1989 年世界 FDI 流出量、出口和 GDP 的增长率

项　　目	1983～1989 年均增长率 （%）
世界 FDI 流出额	28.9
世界出口额	9.4
世界 GDP	7.8

资料来源：联合国贸发会议，《世界投资报告》（1991）（UNCTAD，World Investment Report，1991）。

相对于 80 年代前半期，1985 年以后，国际直接投资的规模和增速都大幅上升，1987 年比 1984 年几乎增长了三倍，1988 和 1989 年也都比上一年增长了 20%，达到了 1960 亿美元的规模，截至 1989 年底，世界范围内的国际直接投资存量已达到 1.5 万亿美元。

世界经济的复苏以及随之而来的发达国家和发展中国家经济的持续高增长，是这个时期国际直接投资迅猛发展的主要原因。1985～1989 年发达国家 GDP 的年增长率为 3.5%，发展中国家达到 3.4%，相对于 1980～1984 年的 2.2% 和 1.7% 有显著提高。另一个重要原因是世界跨国投资三极局面的正式形成，即日本成为继美国、西欧之后的第三大对外资本输出地区。日本的跨国公司在 1985～1989 年的跨国投资额年均增长 62%，其势头完全动摇了美国和西欧在世界跨国投资中两强争霸的局面。日本在国际直接投资中的崛起，与日元的升值及其出口目的国的贸易保护政策有关。前者使日本公司的国际并购相对于国内投资更加经济，后者则迫使其通过投资的方式绕过贸易壁垒，进而占领目标国的市场。

（二）20 世纪 90 年代以来全球跨国投资的趋势

1. 20 世纪 90 年代上半期

90 年代上半期，世界对外直接投资增长放缓，直到 1995 年才大幅反弹，流入量和流出量各比 1994 年增长了 40% 和 38%。发达国家依然是世界跨国投资的主要动力（表3－8），同时基本保持了三极支配的格局，但

也出现了一些变化。进入 90 年代以来，日本经济增长明显放缓，而美国经济的增长势头强劲，企业竞争力明显增强。1992 年美国对外直接投资流出量又重新明显超过日本，连续居于世界各国之首。与此同时，欧洲发达国家，如英国、德国、法国、荷兰自 1992 年以来，其对外直接投资量也开始先后超过日本。上述变化说明美国和欧洲国家在三极中的地位继续增强，而日本的相对地位变得更弱。

表 3 - 8   FDI 流入和流出额

年　份	发达国家		发展中国家		所有国家	
	流　入	流　出	流　入	流　出	流　入	流　出
价值（10 亿美元）						
1990	169.8	222.5	33.7	17.8	203.8	204.3
1991	114.0	201.9	41.3	8.9	157.8	210.8
1992	114.0	181.4	50.4	21.0	168.1	203.1
1993	129.3	192.4	73.1	33.0	207.9	225.5
1994	132.8	190.9	87.0	38.6	225.7	230.0
1995	203.2	270.5	100.2	47.0	315.4	317.8
所占份额（%）						
1988～1992	78	93	21	7	100	100
1993	62	85	35	15	100	100
1994	59	83	39	17	100	100
1995	65	85	32	15	100	100
增长率（%）						
1988～1992	-4	3	15	16	1	4
1993	13	6	45	52	24	11
1994	3	-1	19	17	9	2
1995	53	42	15	22	40	38

资料来源：联合国贸发会议，《世界投资报告》（1996）（UNCTAD, World Investment Report, 1996）。

　　这个时期国际直接投资的另一个特点是，跨国并购投资经历了从低迷到复苏的过程，并在 1995 年达到了前所未有的高度。从多数控股并购的数据来看，1990～1993 年一直呈下降趋势，其规模一直在低位徘徊。1990 年比 1989 年的并购额下降了 6.18%，而 1991 年则大幅下降了 56.93%，1992 年有所上升，但是 1993 年并购额再次下降。1994 年开始回升，并在 1995 年达到较高水平，超过了 1989 年的规模（表 3－9）。90 年代初期跨国并购的低迷与世界经济的周期性低迷有关，即经济增长趋缓，投资收益下降，信用紧缩和投资成本上升等因素抑制了跨国并购的发生。跨国公司进行并购的目的也因此而改变，从 80 年代末期将其作为一种扩大国际化生产的手段，转变为更注重使公司总体结构趋于一体化和合理化。

表 3－9　全球跨国并购和资本流入量对比（1989～1995 年）

单位：10 亿美元

	1989	1990	1991	1992	1993	1994	1995
全球跨国并购额（总额）	123.0	160.0	85.3	121.9	162.3	196.4	237.2
全球跨国并购额（多数控股并购）	123.0	115.4	49.7	75.4	67.3	108.7	134.6
全球资本流入量	196	203.8	157.8	168.1	207.9	225.7	315.4

注：跨国并购并不是全部反映到 FDI 的资本流量中，还可以通过其他形式实现，如资产组合投资（相对于 FDI 的投资方式，其更具投机性和不稳定性）和国内资本投资等。

资料来源：联合国贸发会议，《世界投资报告》（1996）（UNCTAD, World Investment Report, 1996）。

2. 20 世纪 90 年代后半期

经历了 20 世纪 90 年代前半期的波动，90 年代后半期的跨国公司活动与对外直接投资又有了大幅度增长（表 3－10）。2000 年全球对外直接投资流出存量达 59762 亿美元，比 1995 年增加了一倍多。1998 和 1999 年的对外直接投资流出量分别达到 7119 亿美元和 10058 亿美元，分别比上年增长了 52.8% 和 41.3%。而对外直接投资流入量更是以年均增长 30.87% 的速度，在 2000 年达到 12708 亿美元的历史最高水平。发达国家仍然占有绝对支配地位。从流出存量来看，其占世界对外直接投资总流出存量的 90%

左右；流入存量的份额虽然有所下降，但仍然保持在 2/3 以上。

表 3 - 10　外国直接投资的部分衡量指标

单位：10 亿美元

	总　　量						年均增幅（%）
	1995	1996	1997	1998	1999	2000	1996～2000
外国直接投资流入量	331.1	384.9	477.9	692.5	1075.0	1270.8	30.87
外国直接投资流出量	355.3	391.6	466.0	711.9	1005.8	1149.9	26.48
外国直接投资流入总存量	2937.5	3086.0	3436.7	4088.1	5196.0	6314.3	16.54
外国直接投资流出总存量	2879.4	3145.0	3423.4	4117.1	5004.8	5976.2	15.72
跨国并购（总额）	186.6	227.0	304.8	531.6	766.0	1143.8	43.71
跨国并购（只计大股份并购）	140.8	162.7	236.2	410.7	..a	..a	..a

..a 无法得到资料，没有相应的分类统计。

资料来源：联合国贸发会议，《世界投资报告》（1999）、（2004），（UNCTAD, World Investment Report, 1999, 2004）。

从跨国直接投资的区域分布来看，由于日本的经济一直较为低迷，美国和西欧国家成为这一时期对外直接投资的主导力量（如表 3 - 11 所示）。美国在世界对外直接投资存量中居于首位，在流出存量中保持了 1/4 的份额，在流入存量中保持了 1/5 的份额，但其所占比例呈下降趋势。英、法、德三国对外投资存量的变化特点是稳中有升，尤其是英国对外投资的流出存量份额，从 1995 年的 10.6% 上升到 2000 年的 15.1%，增幅明显。日本对外投资规模和份额则呈明显下降趋势。仍以对外投资存量为例，日本在对外投资流出存量中的份额从 1995 年的 8.3% 下降到 2000 年的 4.7%，尤其是 1999 年相对于 1998 年下降了 2.2 个百分点，降幅明显。而日本在对外投资流入存量中的份额则一直徘徊在 1% 以下，说明低迷的经济形势导

72

表 3－11　主要发达国家、发展中国家（地区）对外直接投资存量及构成变动

单位：10亿美元

	国　　家	1995 总额	1995 比重(%)	1996 总额	1996 比重(%)	1997 总额	1997 比重(%)	1998 总额	1998 比重(%)	1999 总额	1999 比重(%)	2000 总额	2000 比重(%)
流出量	法国	208	7.2	202	6.5	190	5.6	242	5.9	348	7.0	497	8.3
	德国	258	9.0	292	9.4	303	8.9	390	9.5	394	7.9	443	7.4
	英国	305	10.6	355	11.4	374	10.9	499	12.1	684	13.7	902	15.1
	美国	699	24.3	793	25.4	861	25.2	994	24.1	1131	22.6	1245	20.8
	日本	238	8.3	259	8.3	272	7.9	296	7.2	249	5.0	282	4.7
	五国小计	1708	59.3	1901	61.0	2000	58.4	2421	58.8	2806	56.1	3369	56.4
	发达国家	2621	91.0	2831	91.0	3072	89.7	3715	90.2	4380	87.5	5249	87.8
	发展中国家	253	8.8	282	9.1	342	10.0	391	9.5	611	12.2	710	11.9
	世界合计	2879	100	3116	100	3423	100	4117	100	5005	100	5976	100
流入量	法国	185	6.3	168	5.2	141	4.1	179	4.4	241	4.6	267	4.2
	德国	193	6.6	171	5.3	209	6.1	229	5.6	285	5.5	461	7.3
	英国	200	6.8	345	10.7	276	8.0	327	8.0	368	7.1	483	7.6
	美国	536	18.2	645	20.0	682	19.8	875	21.4	966	18.6	1239	19.6
	日本	34	1.2	18	0.6	27	0.8	30	0.7	46	0.9	54	0.9
	五国小计	1148	39.1	1347	41.7	1335	38.8	1640	40.1	1906	36.7	2504	39.7
	发达国家	2052	69.8	2269	70.2	2312	67.3	2785	68.1	3354	64.5	4210	66.7
	发展中国家	849	28.9	918	28.4	1056	30.7	1219	29.8	1740	33.5	1979	31.3
	世界合计	2938	100	3233	100	3437	100	4088	100	5196	100	6314	100

资料来源：联合国贸发会议，《世界投资报告》（1997）、（1998）、（1999）、（2001），(UNCTAD, World Investment Report, 1997, 1998, 1999, 2001)。

致其吸收国际资本的能力较弱。发展中国家的对外直接投资存量的比重总
体上呈上升趋势，其中流入存量的份额从 1995 年的 28.9% 上升到 2000 年
的 31.3%，其间最高的年份是 1999 年，达到 33.5%；流出存量所占比例
一直较小，一直在 10% 左右徘徊，但总规模已从 1995 年的 2530 亿美元上
升到 7100 亿美元。

表 3 – 12　1995 ~ 2000 年世界跨国并购活动及其构成（按并购者）

单位：亿美元

地区／经济	1995	1996	1997	1998	1999	2000
世界	1866	2270	3048	5316	7660	11438
发达国家	1731	1967	2693	5089	7008	10876
发达国家所占比重（%）	92.8	86.7	88.4	95.7	91.5	95.1
发展中国家	134	296	352	217	634	485
发展中国家所占比重（%）	7.2	13.0	11.5	4.1	8.3	4.2
西欧	925	1106	1540	3247	5392	8527
西欧所占比重（%）	49.6	48.7	50.5	61.1	70.4	74.5
美国	573	607	809	1374	1203	1593
美国所占比重（%）	30.7	26.7	26.5	25.8	15.7	13.9
日本	39	57	27	13	105	209
日本所占比重（%）	2.1	2.5	0.9	0.2	1.4	1.8

资料来源：联合国贸发会议，《世界投资报告》（2004）（UNCTAD, World Investment Report, 2004）。

　　1995 年以来，跨国并购活动持续高涨，1995 年达到 1866 亿美元，而
2000 年达到 11438 亿美元，1995 ~ 2000 年年均增幅达到 43.71%，由于全
球 FDI 有相当高的比例是通过跨国并购实现的，因此并购的高涨态势带动
了对外直接投资的高涨。发达国家在跨国并购中占有绝对多数的比重，且
呈上升趋势（表 3 – 12）。美国在所有国家中一直占有最大比重，1995 达
到世界跨国并购总额的 30.4%，1996 ~ 1998 年也保持了 1/4 的份额，但
1999 年和 2000 年其份额大幅下降，其中 1999 年比 1998 年下降了 171 亿美
元，降幅为 12.4%，其在世界并购总额中的份额也相应下降了 10.1 个百
分点。西欧国家的跨国并购活动在这一时期呈不断上升趋势，其在世界跨
国并购中的份额由 1995 年的 49.6% 上升到 2000 年的 74.5%，增幅非常明

显，其 2000 年的并购规模达到 8527 亿美元，是 1995 年的 9.2 倍。日本的跨国并购活动与其对外直接投资的趋势相似，其在世界跨国并购中的比重呈下降趋势，只是 1999 年和 2000 年出现了回升势头，但规模和比重仍比较小。

3. 21 世纪初期的新特点

经历了 1999 和 2000 年的高涨之后，21 世纪初期的世界跨国直接投资规模急剧下降（如表 3-13）。2001 年世界对外投资流出量比 2000 年大幅减少了 39.2%，而流入量则减少了 41.1%，其中美国的对外投资流入量几乎减少了一半，降幅达 49.4%，并且 2002 ~ 2003 年继续了这种趋势，其

表 3-13　主要发达国家、发展中国家（地区）对外直接投资流量及构成变动

单位：10 亿美元

国　家		1999		2000		2001		2002		2003	
		总额	比重(%)	总额	比重(%)	总额	比重(%)	总额	比重(%)	总额	比重(%)
流出量	法国	127	11.6	177	14.9	87	12.0	49	8.2	57	9.3
	德国	109	10.0	57	4.8	37	5.1	9	1.5	3	0.5
	英国	201	18.4	233	19.6	59	8.2	35	5.9	55	9.0
	美国	209	19.1	143	12.0	125	17.3	115	19.3	152	24.8
	日本	23	2.1	32	2.7	38	5.3	32	5.4	29	4.7
	五国小计	669	61.3	642	54.1	346	47.9	240	40.3	296	48.4
	发达国家	1014	92.9	1084	91.3	658	91.1	548	91.9	570	93.1
	发展中国家	75	6.9	99	8.3	60	8.3	44	7.4	36	5.9
	世界合计	1092	100	1187	100	722	100	596	100	612	100
国　家		总额	比重(%)	总额	比重(%)	总额	比重(%)	总额	比重(%)	总额	比重(%)
流入量	法国	47	4.3	43	3.1	50	6.1	49	7.2	47	8.4
	德国	56	5.2	198	14.3	21	2.6	36	5.3	13	2.3
	英国	88	8.1	119	8.6	53	6.5	28	4.1	15	2.7
	美国	283	26.0	314	22.6	159	19.4	63	9.3	30	5.4
	日本	13	1.2	8	0.6	6	0.7	9	1.3	6	1.1
	五国小计	487	44.8	682	49.1	289	35.3	185	27.2	111	19.8
	发达国家	828	76.2	1108	79.8	571	69.8	490	72.2	367	65.5
	发展中国家	232	21.3	252	18.2	220	26.9	158	23.3	172	30.7
	世界合计	1087	100	1388	100	818	100	679	100	560	100

资料来源：联合国贸发会议，《世界投资报告》（2004）（UNCTAD, World Investment Report, 2004）。

流入量减少到 630 亿和 300 亿美元，比上年分别下降了 60.4% 和 52.4%。西欧国家，如法国、德国、英国等也同样发生了急剧下降，其中，英国在 2001 年对外投资流出量大幅下降了 74.7%。发达国家总体的颓势带动了世界跨国直接投资的萎缩，但是发展中国家的份额却得到了提升。2000~2003 年，发展中国家在吸收直接投资总量中的比重从 18.2% 上升到 30.7%，增幅明显。2003 年，在世界跨国投资流入量继续下降的背景下，其对外投资流入量出现了止跌回升的趋势，这表明发展中国家在吸引外资方面已具有越来越重要的地位。

21 世纪初期世界跨国投资的下滑趋势，主要是两方面原因造成的：一是较低的利润率和趋缓的企业内部重组动力使跨国并购活动急剧减少，并购交易的次数从 2000 年的 7894 下降到 2001 年的 6034，2002 年更是骤降至 4493，平均每笔并购交易的金额也从 1.45 亿美元降至 0.98 亿美元和 0.82 亿美元；另一个原因是世界经济的前景不乐观。相对于 1996~2000 年世界经济的增长速度分别为 4.1%、4.3%、4.6%、5% 和 4.7% 而言，2001~2003 年世界经济进入了平缓增长期，其增幅分别为 2.0%、2.8% 和 3.7%，其中美国的增长率在 2001 年降至 0.3%，虽然 2002 和 2003 年有所回升，但是增幅不大（这两年的增长率为 2.2% 和 2.6%）。世界经济增长乏力，尤其是发达国家的经济低迷导致跨国投资的动力不足，进而总规模持续下降。

二、全球跨国投资与美国对华投资的特点比较

作为全球跨国投资的组成部分，美国对华投资的发展趋势与全球趋势有趋同的特点。虽然中国吸引外资呈不断扩张的趋势（表 3-14），甚至当 21 世纪初全球跨国投资出现下降趋势时仍保持了强劲的增长势头，但 21 世纪初以来美国对华投资的增长轨迹（图 3-1）却与世界跨国直接投资流量的轨迹（图 3-3）基本吻合，二者都在经历了 20 世纪 90 年代的增长后，在 21 世纪初出现下滑趋势。唯一不同的是，美国对华投资规模的峰值相对于全球跨国投资出现的稍晚，即当全球跨国投资从 2001 年开始出现大幅度下滑时，美国对华投资仍保持增长态势，并在 2002 年达到最大规模，直到 2003 年才出现下降迹象，而且 2004 年继续了这种趋势。美国对华投

资与全球跨国投资的发展趋势的趋同性，源于美国在全球对外投资中的突出地位。虽然美国对华投资占其全部对外投资的份额很小，但是，在其扩

表 3 – 14 1989~2004 年中国利用外商直接投资状况

单位：亿美元

年　　份	FDI 实际投资额	FDI 合同利用外资额
1989	33.92	56.00
1990	34.87	65.96
1991	43.66	119.77
1992	110.07	581.24
1993	275.15	1114.36
1994	337.67	826.80
1995	375.21	912.82
1996	417.25	732.77
1997	452.57	510.04
1998	454.63	521.02
1999	403.19	412.23
2000	407.15	623.80
2001	468.78	691.95
2002	527.43	827.68
2003	535.05	1150.70
2004	606.30	1534.79

资料来源：《中国统计年鉴》（2004 年），2004 年的数据来源于中经网统计数据库。

单位：10亿美元

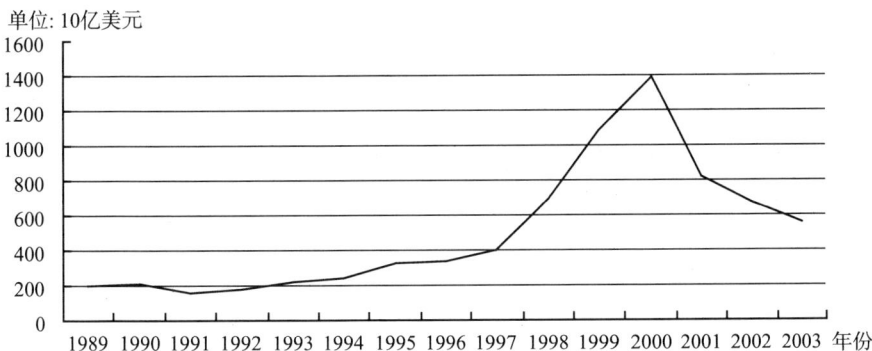

图 3 3 1989~2003 年全球跨国投资流入规模变化趋势

资料来源：联合国贸发会议，《世界投资报告》（1994）、（1998）、（2004），（UNCTAD, World Investment Report, 1994, 1998, 2004）。

大对外投资的总体趋势背景下，仍然受到一定程度的影响。尤其是在美国加大对发展中国家投资力度的背景下，中国成为其降低生产和研发成本，提高企业的技术实力和产品竞争力，获取发展中国家廉价的自然资源、劳动力以及知识、技术、科技人才等"创造资产"的重要投资目的国。

从美国对华投资的行业结构来看，制造业投资在 20 世纪 90 年代占主导地位，尤其是从 90 年代后半期开始，占美国对华投资存量的比重从 1995 年的 45.68% 上升到 2001 年的最高点 63.96%，但 2002 和 2003 年呈下降趋势。这一时期，全球跨国直接投资的特点则是：从行业结构来看，1990~2002 年发展中国家吸收外资存量中，初级产业保持了 7% 左右的份额，制造业的份额从 46% 下降到 38%，而服务业从 47% 上升到 55%。发达国家对外直接投资存量中，初级产业的投资从 1990 年的 9% 下降到 2002 年的 4%，制造业投资从 44% 下降到 30%，而服务业的份额却大幅上升了近 20 个百分点，从 47% 攀升至 66%。可见，美国对华投资的行业分布与发展中国家吸收外资的特点比较类似，即制造业比重较大，但呈下降趋势；服务业投资份额呈上升趋势，但相对于发达国家对服务业投资的升幅，其幅度较小。这说明从 20 世纪 90 年代至今，美国等发达国家对发展中国家的投资结构转换速度较慢，发展中国家的引资优势仍然停留在比较低的产业层次上。这与经济的发展阶段和服务业跨国投资的特点有关。随着发展中国家的服务业在 GDP 中的比例逐步上升，对外资在该领域的开放政策进一步实施，服务业跨国投资的发展前景是比较乐观的。

美国对华直接投资是中国吸引外资的重要组成部分，其在中国累计利用外资总额的国家或地区中排名第二，仅次于中国香港。从 20 世纪 80 年代初期至今，美国对华直接投资先后经历了三个发展阶段：起步阶段、扩大投资阶段和平稳发展阶段。尤其是进入 90 年代以后，其投资规模增速加快，并在 2002 年达到最大值 54.24 亿美元。但是，从美国对华投资占其对外投资总额的比重来看，这种增长趋势并不明显，近 10 年一直维持在 1% 左右，低于墨西哥、巴西等发展中国家。在作为世界最大资本输出国的美国和作为发展中国家中最大引资国（甚至世界最大引资国）的中国，这种现象是值得研究的。

小　　结

美国对华直接投资是中国吸引外资的重要组成部分,其在中国累计利用外资总额的国家或地区中排名第二,仅次于中国香港。从 20 世纪 80 年代初期至今,美国对华直接投资先后经历了三个发展阶段:投资起步阶段、扩大投资阶段和平稳发展阶段。尤其是进入 90 年代以后,其投资规模增速加快,并在 2002 年达到最大值 54.24 亿美元。但是,从美国对华投资占其对外投资总额的比重来看,这种增长趋势并不明显,近 10 年一直维持在 1% 左右,低于墨西哥、巴西等发展中国家。对于作为世界最大资本输出国的美国和作为发展中国家中最大引资国的中国,这种现象表明美国对华投资的潜力巨大。

美国对华投资的行业结构变化是投资结构高级化的反映,虽然制造业投资在 20 世纪 90 年代以来的大部分时间占据了主导地位,但是商业、服务业等第三产业的投资比重不断上升是这一趋势的突出特点。美国对中国制造业的投资倾向,一方面说明中国具有发展制造业所必需的劳动力和资源等比较优势,另一方面也说明中国市场具有巨大的需求潜力。对第三产业投资的迅速增长是 21 世纪初的特点,反映出美国跨国公司对中国商业、金融、服务业等第三产业巨大的增长潜力和发展前景的共识。

美国对华投资企业的技术特点由投资的主体和产业特征所决定。美国对华投资的主体以大型跨国公司为主,并主要集中在资本密集型和技术密集型产业。其中,电子和电子设备行业占较大比重,而该行业的美资公司本身拥有在国际上领先的技术,因此在对华投资的同时也将其带入投资设立的企业。美国跨国公司对中国高新技术产业的投资,则说明其对华投资企业的技术水平正在提高;同时还表明其正在由被动的技术转让转向主动的技术投入,投资企业由原有保守、审慎的技术转让观念逐步转向自觉的、系统性的技术投入战略。

美国对华直接投资的变化和发展,从宏观因素来看,受到两国经济环境与政策的影响,尤其中国经济实力的增强和对外开放政策的实施成为吸引美资的重要动力。同时,美国对华投资的发展也与中美两国产业发展变化及其结构变动以及美资公司微观运作的特点有关。宏观因素、中观因素和微观因素这三者相辅相成，共同决定了美国对华投资的发展变化及其特点。

参考文献

1. 柴敏："美国对华直接投资及其原因分析"，《亚太经济》2003 年第 5 期。

2. 陈继勇主编：《美国新经济周期与中美经贸关系》，武汉大学出版社 2004 年 8 月第 1 版。

3. 陈继勇、王清平："经济全球化与美国对外直接投资的变化"，《世界经济与政治》2003 年第 7 期。

4. 国家统计局：《中国统计年鉴》（1991～2004），中国统计出版社。

5. 黄锦明："美国政府在对外直接投资中的作用及启示"，《国际经贸探索》2003 年第 10 期。

6. 江小涓：《中国的外资经济——对增长、结构升级和竞争力的贡献》，中国人民大学出版社 2002 年 7 月第 1 版。

7. 刘跃斌、张朝晖："美国对华直接投资的发展及其主要特点"，《对外经贸实务》2003 年第 9 期。

8. 毛蕴诗：《跨国公司战略竞争与国际直接投资》，中山大学出版社 2001 年 6 月第 2 版。

9. 邱询旻、刘晓瑾："美国跨国公司对华投资新特点及其实效分析"，《太平洋学报》2003 年第 1 期。

10. 宋玉华：《美国新经济研究——经济范式转型与制度演化》，人民出版社 2002 年第 1 版。

11. 王林生："入世与中国的外资利用——以竞争力为中心的一种观点"，《南开经济研究》2002 年第 1 期。

12. 汪琦："对外直接投资对投资国的产业结构调整效应及其传导机制"，《世界经济与政治论坛》2004 年第 1 期。

13. 徐康宁、王剑："美国对华直接投资决定性因素分析（1983～

2000)"，《中国社会科学》2002 年第 5 期。

14. 俞毅："跨国公司在华直接投资的技术溢出效应"，《经济理论与经济管理》2003 年第 5 期。

15. 张晓平："美国对外直接投资的区域和行业分布变化"，《世界地理研究》2001 年 9 月。

16. 钟懿辉："在华跨国公司技术和人才投资分析"，《中国投资指南》2005 年第 1 期。

17. 朱晓勤："美国跨国公司对华的直接投资"，《世界经济研究》1995 年第 2 期。

18. 庄宗明："中国经济增长对美国经济的依存性分析"，《经济学家》2004 年第 1 期。

19. Kevin Honglin Zhang：Why is U. S. Direct Investment in China so small? *Contemporary Economic Policy*, Vol. 18, 2000.

20. Zhang Yi, Zhang Zigang, Men Xiaobo, Huang Shengjie：Determinants of Structural Change to Sequential Foreign Direct Investment across China：A Synthesised Approach, *Singapore Management Review*, Vol. 26, 2004.

第三章 美国对华投资的最新发展趋势及其特征

第四章　20世纪80年代以来中国经济增长与产业结构变动的特征

第一节　中国经济增长及其特征

一、中国经济增长的历程回顾

从中国已经发生的经济波动来看，如果以1978年为界的话，在1978年以前，发生过大小5次经济波动，全部波动的频度约为5年一次。从1978年中国实行改革开放政策以来到目前为止，也发生了5次大小不等的经济波动。表4-1列出了经济波动的主要衡量指标——GDP的变动情况。

下面对两个时期的经济波动进行具体分析：即建国后到1978年和实行改革开放的1978年至今。之所以采取这种分析方法主要是因为1978年是中国一个具有转折意义上的分水岭，在这之前是高度集中的计划经济体制，而在这之后则是逐步建立社会主义市场经济体制；而且开放前后经济波动表现出的特征以及引起波动的主要因素也有很大的差异。因此，在分析上有必要划分为两大时期。

（一）改革开放前的中国经济增长

1. 第一轮波动（1953~1957年）

1949年新中国成立，经过三年的恢复调整，1953年开始大规模的经济建设，同年，第一个五年计划正式实施。所以第一次经济波动发端于1953年，到1957年结束，历时五年，和第一个五年计划完全吻合。总的看来，1953~1957年虽然经历了一次增长与波动的循环，但整体发展水平还是比

较高的。波峰年（1953 年）的 GDP 增长率为 15.6%，即使波谷的 1954 年
也达到 4.2%（表 4-2）。这次波动的主导原因为投资，其次农业瓶颈约
束作用开始凸显，再次工业生产也对波动产生有一定的影响。

表 4-1　中国建国以来经济波动状况

		改革前						改革后			
波序	年 份	GDP 增长率（%）	波序	年 份	GDP 增长率（%）	波序	年 份	GDP 增长率（%）	波序	年 份	GDP 增长率（%）
1	1953	15.6	3	1966	10.7	6	1978	11.7	9	1991	9.2
	1954	4.2		1967	-5.7		1979	7.6		1992	14.2
	1955	6.8		1968	-4.1		1980	7.8		1993	13.5
	1956	15.0	4	1969	16.9		1981	5.2		1994	12.6
	1957	5.1		1970	19.4		1982	9.1		1995	10.5
2	1958	21.3		1971	7.0		1983	10.9		1996	9.6
	1959	8.8		1972	3.8	7	1984	15.2		1997	8.8
	1960	-0.3		1973	7.9		1985	13.5		1998	7.8
	1961	-27.3		1974	2.3		1986	8.8		1999	7.1
	1962	-5.6	5	1975	8.7		1987	11.6		2000	8
3	1963	10.2		1976	-1.6		1988	11.3	10	2001	7.5
	1964	18.3		1977	7.6	8	1989	4.1		2002	8.3
	1965	17.0					1990	3.8		2003	9.3
										2004	9.5

资料来源：根据《中国统计年鉴》各年数据计算。

表 4-2　改革开放前中国经济波动的轨迹及其数字特征

波序	起止年份	波动长度（年）	平均增长率（%）	波峰年度（年）	波峰（%）	波谷年度（年）	波谷（%）	振幅（%）
1	1953～1957	5	9.3	1953	15.6	1954	4.2	11.4
2	1958～1961	4	0.6	1958	21.3	1961	-27.3	48.6
3	1962～1968	7	5.2	1964	18.3	1967	-5.7	22.4
4	1969～1972	4	11.8	1970	19.4	1972	3.8	15.6
5	1973～1977	5	4.3	1975	8.7	1976	-1.6	10.3

资料来源：《中国统计年鉴》各年数据计算。

2. 第二轮波动（1958～1962 年）

这一轮波动开始于"二五"计划的初年，历时四年，和第二个五年计划基本吻合（表 4-2）。本轮波动具有以下特点：波峰形成时间短，峰谷落差大，表现为典型的大起大落，但总体发展水平很高，这是历次波动中最强烈的一次。形成本轮波动的原因首推政治影响下的投资波动，其次农业约束作用强化。

首先，政治形势和计划决策推动下人为地加剧了振幅。客观上讲，从投资本身运动来说，1958 年应该是个回升年。在上一轮波动低谷年（1957 年）经过努力，国民经济的局部失调已改善，到 1957 年底，苏联援建的 156 项重点工程有 68 项已建成和部分建成投产，东欧援建的有 27 项建成投产，另外，中国自己兴建的一些项目也建成投产，这些现代化骨干项目的形成，以及第一个五年计划成就，为 1958 年开局的"二五"计划打下了有力的物质技术基础，客观说没有 1958 年"大跃进"，该年也是个投资回升年，而且情况会更好。但 1956 年社会主义改造出乎意料地快速完成，以及 1957 年"一五"计划大部分指标超额完成，使党的部分领导人忽视了中国经济建设的艰巨性和长期性，中央用"群众运动"的办法开展建设（其实质是农业用劳动力大动员和工业用资本物资大量投入方法来促进经济发展），1958 年发动了"大跃进"和人民公社运动。在这种盲目冒进、急于求成的"左"倾思想指导下，在"大炼钢铁"的同时，还"大办工业"，使投资剧烈膨胀。宏观上，计划投资几次追加，微观上，企业极力拼凑自筹资金，或挤占流动资金，这就使投资回升脱离实际地奇峰骤起。1958 年固定资产投资总额由 1957 年的 151.23 亿元猛增到 279.06 亿元，一年内增加 127.83 亿元，增幅为 84.53%，这给国民经济运行造成了严重的后果：国民经济比例严重失调。

其次，本轮波动农业约束作用强化。1958 年粮食产量为 2000 万吨，棉花 196.9 万吨，但农业增产并未增收。随后的几年粮食增长为 -15%、-15.59%、2.79%、8.47%，国民经济发展受到农产品供给不足的强化制约，不得不降下来。

再次，工业生产对波动影响也很明显，1958 年投资增长 84.53%，促进工业增长 54.8%，但同时投资增长超过生产上限，使 1959、1960 年投资增长放慢下来，1958～1960年持续三年超负荷增长，国民经济元气大伤。

3.第三轮波动（1963～1968年）

本轮波动前半部分带有恢复性质，发展比较正常，后半部分遭受政治运动的破坏，逐渐跌入低谷，本轮波动也表现为大起大落（表4-2）。主导本轮波动的原因为政治影响，其次为投资作用，再次为工农业生产的影响。

首先，从投资本身运动看，经过1961～1962年低谷阶段，在"调整、巩固、充实、提高"八字方针指导下，"投资不但要退，而且退够，退到和农业、国民经济相适应"，而且经过1963～1965年继续调整，国民经济各项比例逐渐好转，这就为投资回升奠定了基础。1963年投资回升，固定资产投资总额为116.66亿元，比上年增长33.66%；1964年进入高峰阶段，投资总额为165.89亿元，比上年增长42.20%；1965年、1966年为持续增长阶段，增长速度为30.75%和17.47%。但政治形势打乱了前进的步伐，1966年发动"文化大革命"，至1968年，全国陷入"打倒一切"、"全面内战"的混乱政治局面，整个国民经济不能正常运转，并急剧恶化，迫使投资规模下降。如果说1958年是借客观之势，人为地加剧了高峰，那么1967、1968年则是逆客观之势，人为地跌入低谷。

其次，工业和农业生产对这次波动也可以显示出上述倾向。1963年投资回升带动工业总值的回升，增长8.5%，1964年投资出现高峰带动工业总产值增长19.6%，1965年工业增长26.4%，加之农业形势不错，连年大幅增加，为加快发展创造了条件，但文革冲击，使工业速度下滑，农业也遭到破坏。

4.第四轮波动（1969～1972年）

本轮波动历时四年，仍然是政治形势左右国民经济运行走势，投资波动引导工农业生产的波动，从而引起整个国民经济的波动（表4-2）。

首先，政治形势的影响。1969年，国内国际形势要求政局稳定、经济发展。国内，中共九大召开，同时，文革进行了三年，毛泽东认为经过三年大乱，该是走向大治的时候了。为让实文革对经济的促进作用，也必须改变前两年经济衰退状况，广大人民也渴望进行正常建设，于是，各项方针得到落实。国际上，1969年3月苏联入侵珍宝岛，使中国感到战争的威胁，所以必须以强制手段结束混乱的局面，进行经济建设。1970、1971年经济过热正是由于当时出于"备战"目的，追求高速增长造成的。

其次，投资的作用。由于1968年基数较小，1969年投资增长率达62.9%；随后，1970年和1971年为持续增长阶段，投资总额分别为368.08亿元和417.31亿元，分别增长49.07%和13.77%，1972年为低谷阶段，投资为-1.08%。

再次，工农业生产的影响。由于1969年政局趋稳，工农业生产秩序开始稳定，在投资带动下，这一年工业增长34.3%，农业1.1%。当然1969年的成绩带有明显的恢复性质，1969年经济水平仍没有达到1966年水平，钢产量、铁路货运量、粮食产量、财政收入都低于1966年。1970年因战备需要加大投入，带动工业迅猛增长，工业增长30.7%，农业增长11.3%。由于1970年、1971年经济过热，工农业生产逐渐达到增长上限，所以，1971、1972年增长幅度降下来。总之，在这个时期内工农业生产和投资交互作用，政治形势和计划决策对投资的影响，仍然交织在一起。

5. 第五轮经济波动（1973～1977年）

1973年国民经济出现的良好增长势头是建立在1972年的经济调整和整顿基础上的。依照一般的规律，1974年的国民经济将继续保持1973年已呈现的良好增长势头。风调雨顺的气候条件也为良好增长势头的保持创造了有利条件。可实际情况并非如此，1971年国内政治经济形势重又陷入剧烈波动之中。国民经济发展受到特别大的损害。1976年是文化大革命的最后一年，国民经济再次走入低谷，GDP增长率为-1.6%，农业和工业净产值分别为-2%和-3.7%（表4-2）。随着文化大革命的结束，新的跃进运动的掀起，经济在1977年开始出现反弹。

（二）改革开放以来的中国经济增长

1. 第六轮波动（1978～1981年）

本轮波动历时四年，波动幅度开始降低，经济起伏不定（表4-3）。这轮波动的主导因素仍然为投资的波动，其次改革的因素开始发挥作用。

表 4 - 3　改革开放以来中国经济波动的轨迹及其数字特征

波序	起止年份	长度（年）	平均增长率（%）	波峰年度	波峰（%）	波谷年度	波谷（%）	振幅（%）
1	1978~1981	4	8.08	1978	11.70	1981	5.20	6.50
2	1982~1986	5	11.50	1984	15.20	1986	8.80	6.40
3	1987~1990	4	7.70	1987	11.60	1990	3.80	7.80
4	1991~1999	9	10.40	1992	14.20	1999	7.10	7.10

资料来源：根据《中国统计年鉴》各年数据计算。

首先从投资角度看：1977 年为回升阶段，1978 年为高峰阶段。这是因为在粉碎"四人帮"以后，全国出现了安定团结的政治局面，客观上促成这次回升。但"左"的错误思想没有来得及清理，急于求成的高速度、高指标又冒了出来，固定资产投资 1977 年为 548.30 亿元，1978 年为 668.72 亿元，增长 21.96%，当年项目建成投产率从 8.4% 下降为 5.8%，同时 1978 年大规模地引进国外资金和设备，使 1978 年积累率达到 36.5% 以上，成为继 1959、1960 年之后积累率超过 35% 的年份。这使本来经过十年动乱十分脆弱的国民经济更加脆弱，各种比例失调现象更加严重。1978 年召开十一届三中全会，提出"调整、改革、整顿、提高"的八字方针，但各方面对于十年动乱和其后两年冒进所带来问题认识不足，所以 1979、1980 年固定资产投资持续增长，投资额分别为 699.36 亿元和 745.90 亿元，分别增加 4.58% 和 6.65%。由于投资持续增长引起财政连年出现赤字：1979 年赤字为 170 亿元，1980 年为 40 亿元；中央财政向银行透支，1979 年为 110 亿元，1980 年为 100 亿元，迫使银行增发 134 亿元货币，相当于过去 29 年发行货币的 63%，物价上涨较快，1979 年全社会零售物价指数比上年上涨了 1.9%，1980 年又上涨了 6%，其中城市上涨 8.1%，农村上涨 4%。1981 年，各方面认识到问题的严重性，决定缩减基本建设，消灭赤字，当年固定资产投资额为 667.51 亿元，增速为 - 10.51%。同时基本控制财政赤字，控制住了物价上涨过猛的势头，投资跌入谷底。

其次，改革的因素对经济波动影响开始发挥作用。企业方面，1978 年开始试行国有企业改革，放权让利促进企业提高经济效益，但出现负盈不负亏、分配上平均主义盛行、利润留成促成滥发奖金的现象；农业方面，大力提高农副产品收购价；工资方面，提高了职工工资。这几项改革一方面调动了生产的积极性，另一方面加重了财政负担，导致财政连年赤字，货币超经济发行，引起经济不稳。

2. 第七轮波动（1982～1986 年）

本轮波动历时五年，为单峰波动，波动幅度降低，只有6.4%（表4-3）。影响本轮波动的因素有多种，主导因素仍然为投资作用，消费需求波动对经济波动的影响开始加大，改革因素对经济波动的影响开始释放。

首先，从投资运动本身看，经过 1980 年和 1981 年的调整，1982 年为回升阶段，固定资产投资总额为 1230.4 亿元，增速为 28%；1983 年、1984 年为持续增长阶段，投资额分别为 1430.1 亿元和 1832.9 亿元，速度分别为 16.23% 和 28.17%；1985 年投资总额为 2543.2 亿元，增幅为 38.75%；1986 年固定资产投资为 3120.6 亿元，增幅为 22.7%，投资能力增强，但连续几年投资持续增长，引发经济过热、总需求膨胀，引发物价快速上涨。1985 年上涨到 8%，其他各项指标也开始趋紧，经济运转客观需要调整，所以 1986 年中央决定调整经济，投资回落。

其次，消费波动对经济波动影响开始加大。消费资金增长过猛，1982～1986 年全国工资总额分别增长 7.6、6.0、21.3、22、20 个百分点，1984～1986 年工资增长率远远超过全社会劳动生产率的增长，在此期间，劳动生产率的增长分别只有 10.2、10.5、1.9 个百分点。因此，引发消费需求膨胀，加之投资需求的膨胀，总需求膨胀，物价飞速上涨。再次，改革的作用开始释放。

3. 第八轮波动（1987～1990 年）

本轮波动历时四年，波动幅度小、时间短，是一个典型的调整阶段（表4-3）。影响本轮波动的因素呈现多元化，其中投资需求和消费需求之和的总需求的波动是影响本轮周期的主导因素，再次，供给方面农业短腿的制约和基础产业的瓶颈约束得到强化，价格改革成为影响本轮波动的直接原因。

第一，总需求对波动的影响。1987 年固定资产投资增长 20.5%，职工平均收入实际增长 1.3%，农民收入增长 5.3%，同时 1987 年贸易逆差减少，所以 1987 年经济形势整体上不错。1988 年是形势比较严峻的一年，1986、1987 年用于固定资产投资的银行贷款增长了 43%，预算外资金不断超过计划，全社会投资规模比 1985 年增长 43%，大大超过国民收入增长 32% 的幅度。社会集团购买力连年猛增，消费基金膨胀，1987 年银行对工资及个人及其他支出的现金比 1985 年增加 40.6%，大大超过劳动生产率的增长，这样供需矛盾更加尖锐，1987 年差率为 13.6%，国民经济比例失衡重新显现，市场秩序在通胀中更加混乱。1989 和 1990 年开始治理整顿，采取了紧缩货币、控制物价、整顿流通秩序、清理在建项目、压缩非生产项目等一系列措施，总需求回落，加之供给的改善，消费市场趋于平稳。

第二，农业短腿、基础产业瓶颈制约强化。1987 年人均粮食由 1984 年的 395.5 公斤下降到 376 公斤，肉禽蛋的生产曾因价格放开一度增长，但终因粮食供应紧张，议价粮上涨过快，难以稳定增长。几年来，农业总产值平均增长 4.28%，同期工业平均增长 16.9%，工农业矛盾更加突出。基础工业、基础设施瓶颈制约严重，铁路超负荷运行，煤、钢供应紧张，价格猛涨，电力、原材料严重短缺。农业短腿和基础工业的产品短缺促使成本推动型的通货膨胀加剧，经济在极其紧张的环境下运行。

第三，价格改革成为本轮波动的直接原因。1988 年价格闯关，导致物价飞速上涨。物价上涨率 1 月为 9.5%，3 月为 11.6%。价格改革措施集中出台后，物价上涨率 6 月达到 16.5%，7 月上升到 19.3%，使越来越多的城镇居民担心政府稳定物价的能力和决心，终于促成了抢购风潮和挤兑银行储蓄的风波，经济波动剧烈。

4. 第九轮波动（1991～1999 年）

第九轮波动是建国以来持续时间最长的一轮波动，开始于 1991 年，结束于 1999 年。这一时期，中国经济正处于转轨时期，经济体制和宏观、微观经济运行机制都发生了深刻而剧烈的变化，导致经济波动持续时间延长，达到九年。

1991 年 1 月～1992 年底是复苏增长期。经过 1989 年下半年到 1991 年近两年的治理整顿，经济秩序趋于稳定，国民经济的各种比例趋于协调。其实从 1990 年开始中国经济就开始了底部反弹，但不是很明显。1990 年底～1991 年初，中国经济走出谷底，开始了全面的复苏：首先从经济增长率来看，1991 年经济增长率达到 9.2%，1992 年更是高达 14.2%，成为改革开放后增速最高的年份，说明经济总体从复苏走向高速发展阶段。同时，随着经济的快速增长，商品零售价格和居民消费价格总水平也呈现高涨势头。加上 1992 年春邓小平南方谈话和 10 月份的中国共产党第十四次全国代表大会的召开，明确了改革开放的目标，大大推动了改革开放的进程，促进了经济的进一步发展。

1993～1996 年是收缩期。经济在 1992 年达到顶峰之后，开始了下滑趋势。1993 年经济增长小幅下滑为 13.5%，比上年下降 0.7 个百分点，同时商品零售价格和居民消费价格总水平的上涨幅度也开始下降，虽然还是保持了一定的增长率，但增长速度明显放慢。

1997～1999 年是萧条期。经济增长率从 1993 年开始下降，到 1999 年，在经济增长率持续下降了七年之后，经济运行开始出现明显的底部特征。主要表现在：企业存货增加、产品积压已使许多企业无法进行正常的生产和经营，企业开工不足、停业、歇业、倒闭、破产及与此相关的职工下岗和失业已相当严重。历史经验表明，当上述现象达到一定程度时，经济运行就已经接近谷底。

首先，进入 1999 年，包括投资品、消费品和商品房在内的产品积压相当严重。如果这些影响经济增长的"筹码"不被基本消化掉，就无法带来新一轮的经济增长。这是因为：第一，大量积压产品的存在，必然造成企业资金的匮乏和银行不良贷款的增加，银行不良贷款的增加又会反过来影响资金供给的增加和银行惜贷的现象，从而影响投资的增长；第二，只要存在严重的产品积压和生产能力过剩，非政府投资主体或具有硬预算约束的投资主体对增加投资必然持异常谨慎的态度，从而造成政府在增加投资方面"孤军奋战"的局面。1998 年上半年，占全社会固定资产投资规模近一半的非国有经济的投资为零增长这一事实就说明了这一点。由于政府投资支出在全社会固定资产投资中比重不大，因而在短期内对经济增长的推动作用也就有限。在上述情况下，1999 年全社会固定资产投资增长率不会大幅超过 1998 年 16.3% 的水平，投资对经济增长的第一推动作用就难以充分发挥出来。

其次，虽然银行连续几次降息，但其对消费需求的刺激作用并不明显，原因是：第一，以往消费对经济增长的推动作用，在很大程度上是社会集团消费的迅速增长引致的，而社会集团消费在当前政府机构改革、企业不景气的影响下不可能有大的增长；第二，随着中国住房制度、医疗制度、就业制度以及教育制度的深化改革，在社会保障制度不完善的前提下，居民的实际收入和收入预期可能会出现下降的趋势，在此情况下，作为收入函数的储蓄不会轻易转化为消费。

从出口需求来看，由于受世界经济金融危机的影响，1998 年中国出口总额仅增加了 5.4 个百分点，比 1997 年低 5.5 个百分点。由于 1999 年的世界经济形势普遍不乐观，中国的出口贸易也没有大的增长。

5. 第十轮波动（2000 年以后）

这一轮经济波动开始于 2000 年，因为在 1999 年中国经济达到第九轮波动的底部，开始出现反弹的迹象，在 2000 年经济增长达到 8%，比上年高出 0.9 个百分点，走出长达七年的经济增长率下滑之路，所以我们认为中国经济开始了新一轮的增长期。一些经济学家预测这一轮增长时间可能会长达 10～15 年[①]。

表 4-4　2000 年以后中国的经济增长

年　份	2000	2001	2002	2003	2004	2005
GDP（单位：亿元）以当年价格计算	89468.1	97314.8	105172.3	117251.9	136515.0	182321.0
GDP 增长率（%）	8.0	7.5	8.3	9.3	9.5	9.9

资料来源：根据《中国统计年鉴》各年数据计算；2005 年数据来自《中华人民共和国 2005 年国民经济和社会发展统计公报》。

从表 4-4 可以看出，在 2000～2002 年，经济增长呈现不稳定状态，2003 年开始呈现出强劲的增长势头，是这一轮波动的拐点。从经济的发展趋势来看，中国可能会有一轮较长时期的高速增长。

我们将 1999 年作为第九轮经济波动的终点，2000 年作为新一轮经济

---

① 代表人物：国信证券首席经济学家杨建龙。

波动的起点，其根据在于政府自 1997 年下半年以来实施的扩张性宏观经济政策已经开始发挥积极作用，2000 年以来市场基本面趋好，经济增长达到 8%，比上年提高 0.9 个百分点，主要宏观经济指标的良好状态显示出国民经济已经步入新的经济周期。

首先，积极的财政和货币政策对经济增长的拉动作用已初见成效，1998 年以来，政府刺激经济，相继出台了诸多积极的财政和货币政策，从当年开始增发国债，到 2000 年共发行长期国债 3600 亿元，安排国债项目 6620 个，国债直接带动地方、部门、企业投入配套资金和银行安排贷款约 7500 亿元，总投资规模大约 24000 亿元。1998 年国债项目拉动经济增长约为 1.5 个百分点，1999 年为 2 个百分点，另据国家计委有关权威部门统计，2000 年国债项目带动经济增长达到 1.7 个百分点。[①]

其次，2000 年出口状况非常好，对拉动经济做出了突出贡献，由于经济增长的外部环境趋好，中国的出口贸易已成为拉动经济增长的一个动力。2000 年世界经济处于调整中的恢复阶段，经济增长普遍回升。据统计，全球 GDP 增长率达到了 4.7%，比 1999 年高 1.3 个百分点。外部环境的趋好为中国扩大出口提供了有利的条件，出口的增长对中国经济增长的拉动作用已十分明显。如中国 2000 年的出口总额为 2492 亿美元，约合人民币 20683 亿元，是社会消费品零售总额（34153 亿元）的 61%。

工业保持了较快的增长，累计完成增加值 23685 亿元，增速达到 11.4%，比上年加快了 2.5 个百分点，结束了 1996 年"软着陆"以来工业生产增长持续回落的局面，工业经济出现了回升的势头，工业品的出口势头强劲，成为拉动工业快速增长的重要力量。

2003 年以后，中国的经济增长出现了新的态势，虽然当年经济增长受到了"非典"等突发事件的负面影响，但当年经济增长速度仍然达到了近七年来历史新高的 9.3%。2003 年中国经济增长的突然加速，不仅预示着中国经济增长开始进入一轮新的经济周期，而且经济周期的波动态势也将出现新的变化。2003 年 1～2 月份，全国居民消费价格总水平累计平均比

---

① 《中国经济导报》2001 年 1 月 2 日。

上年同期上涨 0.3%，基本扭转了物价指数连续 20 多个月下滑的局面；全国的进出口的增长势头非常强劲，增长率达到 30% 左右，这在世界上很少见的。2003 年第一季度，全国企业景气数为 131.2，比上年同期提高 11.6 点，创下近年新高。这表明企业内在活力进一步增强，经济增长的微观基础继续改善。

2000 年以来，中国经济增长速度开始表现出稳中有升的态势，2000～2004 年经济增长率分别为 8%、7.5%、8.3%、9.3% 和 9.5%，其中 2004 年经济增长率继续小幅攀升至 9.5%，形成一个阶段内的历史新高。刘树成在分析了中国建国以来的经济周期波动时指出："目前这第十个周期当中，上升阶段已经有三年，如果 2005 年，我们还能保持这个态势，就是四年了。如果到 2005 年、2006 年延续下去的话，真是一条难得的好轨迹。"也就是说，经济很有可能会沿着上升的轨迹良好地运行下去。

二、中国经济增长的影响因素分析

一般说来，经济增长的周期波动，总是经济发展受到了一定力量作用的结果，而这种力量又总是在一定的条件和环境下发生作用的。西方经济理论中，关于经济周期波动的解释多种多样，它们从不同的方面对经济周期性波动的原因进行了说明，其中最有代表性的理论是霍特里、弗里德曼等把波动归结于货币信用的扩大与收缩的货币理论；熊彼特、汉森等的技术革命理论；庇古、巴奇霍特等的心理预期理论；哈耶克、米塞斯的投资过多理论；杰文斯、H. L. 穆尔的太阳黑点——气候——收获理论；卡拉斯基衰退是政府周期性制止爬行通货膨胀的政治方面的理论。应该说，经济波动是上述多种因素共同作用的结果，我们在这里主要分析 20 世纪 90 年代以来影响中国经济增长的几个主要的因素。

（一）影响中国经济增长的短期因素

1. 投资因素

投资对经济增长具有明显的推动和抑制作用。从图 4－1 可以看出，90 年代以来，中国固定资产投资增长率波动经历了两个周期，第一个周期：1991～1997 年，历时七年；第二个周期：1998 年至今，尚未结束。中国固定资产投资增长率波动的周期与 GDP 增长率波动的周期在时间上是基本吻合的。从 1991～1997 年历时七年的周期中，固定资产投资的波动幅度已远远低于改革开放前；在面对 1998 年的亚洲金融危机以及国内需求不足等问题上，政府实行了积极的财政政策，当年固定资产投资有较快的增长，固定资产投资增长率波动进入了一个新的周期。

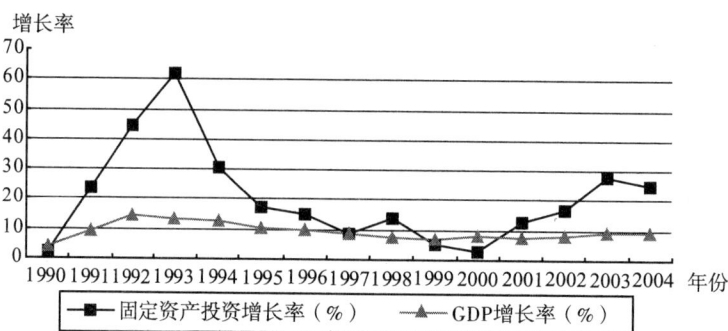

图 4－1　中国固定资产投资增长率与 GDP 增长率曲线图

数据来源：根据《中国统计年鉴》各年数据计算。

表 4－5　20 世纪 90 年代以来固定资产投资增长情况

年　　份	固定资产投资增长率（%）	固定资产投资总额（亿元）	年　　份	固定资产投资增长率（%）	固定资产投资总额（亿元）
1990	2.4	4517.0	1998	13.9	28406.2
1991	23.9	5594.5	1999	5.1	29854.7
1992	44.4	8080.1	2000	3.0	32917.7
1993	61.8	13072.3	2001	13.0	37213.5
1994	30.4	17042.1	2002	16.9	43499.9
1995	17.5	20019.3	2003	27.7	55566.6
1996	14.8	22913.5	2004	24.8	70073.0
1997	8.8	24941.1			

资料来源：根据《中国统计年鉴》各年数据计算。

另外，固定资产投资波动与国民经济基本上是同步的，但是固定资产投资波动的波峰更高，波谷更深，波动系数更大。

2. 消费因素

就消费不足引起经济的下降这一点来说，其历史相当长久，理论也有较多的类型。从图4-2和表4-6可以看出，90年代以来，中国最终消费增长率历经了两个周期：第一周期是1991~1998年的周期，历时八年；第二周期是1999年至今的周期，尚未结束。

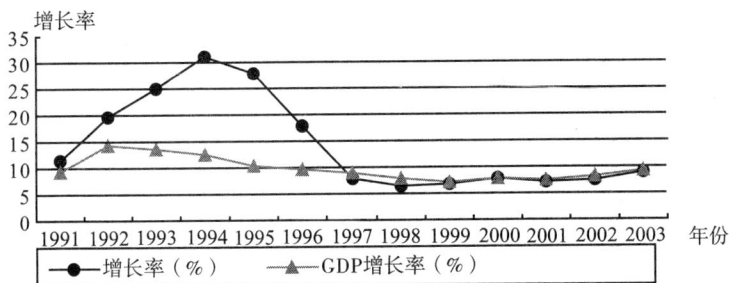

图4-2 最终消费增长率与GDP增长率波动曲线图

数据来源：根据《中国统计年鉴》数据计算而得。

表4-6 20世纪90年代以来中国最终消费增长情况

年　份	最终消费增长率（%）	最终消费总额（亿元）	年　份	最终消费增长率（%）	最终消费总额（亿元）
1990	4.5	11365.2	1997	8	43579.4
1991	11.5	13145.6	1998	6.4	46405.9
1992	19.8	15952.1	1999	6.8	49722.7
1993	25	20182.1	2000	7.8	54600.9
1994	31	26796.0	2001	7.3	58927.4
1995	27.8	33635.0	2002	7.5	62798.5
1996	18	40003.9	2003	9	67442.5

资料来源：根据《中国统计年鉴》各年数据计算。

最终消费增长率的波动与国民经济整体波动之间的关系为，两者之间波动的剧烈程度非常接近。波动周期在起止时间、持续长度方面基本吻合。政府面对 1998 年国内需求不足的难题，采取了一系列鼓励消费的政策并取得了一定的成效。在 1999 年，最终消费止住了连续四年下滑的势头，转跌为升，开始进入了新一轮周期。

3. 国际经济因素

20 世纪 90 年代，随着中国对外开放的步伐不断加快，中国的对外贸易和利用外资的水平不断提高，经济对外依存度提高，日益融入世界经济整体发展的潮流，并成为其中积极和重要的一员。中国是全球贸易增长速度最快的国家，进出口总额从 1990 年的 5560.1 亿美元上升到 2004 年的 95539.1 亿美元，增长了 17 倍，成为世界第三大贸易国，对世界经济和中国经济都做出了重要贡献。同时中国以稳定的政局、优质廉价的劳动力、完善的基础设施、广阔的国内市场以及良好的投资环境吸引了国际投资者。据统计，2004 年中国利用外资总额达到 606 亿美元。外国直接投资大大促进了中国对外贸易的发展，在 2004 年进出口总额 95539.1 亿美元中，外商投资企业的进出口超过了 50%。可以说国际贸易和国际投资已经成为影响中国经济发展至关重要的因素。

（1）国际贸易对中国经济的作用

国际贸易作为一个国家经济活动的一个重要组成部分，对一国经济增长具有不可忽视的作用。90 年代以来，随着中国对外开放步伐的不断加快，中国对外经贸联系逐渐加强，进出口贸易量迅猛增加，成为影响中国经济波动的一支重要力量（表 4 - 7）。

在经济全球化强有力的影响下，中国的对外贸易无论是出口贸易还是进口贸易都有了很大的增长。1990 年中国的出口贸易总额为 2985.8 亿元，增长到 2004 年的 49106.9 亿元，翻了近一倍；进口也有很大的增长，从 1990 年的 2574.3 亿元增长到 2004 年的 46451.2 亿元。以 2004 年为例，中国国内生产总值 GDP 为 136515 亿元，当年进出口总额为 95558.1 亿美元，占国内生产总值的近 70%。

表 4 - 7   中国对外贸易净出口对中国经济增长的贡献率与拉动度

项目	GDP	GDP 较上年增加额	GDP 较上年增长率	中国出口总额	中国进口总额	中国对外贸易净出口	中国净出口较上年增加额	中国净出口对GDP增长的贡献率	中国净出口对GDP增长的拉动度
单位	亿元人民币（1980 年价格）		%	亿元人民币（当年价格）		亿元人民币（1980 年价格）		%	%
符号	A	B	C	D	E	F	G	H	I
1980	4517.80	—	—	271.2	298.8	−27.60			
1981	4755.37	237.57	5.26	367.6	367.7	−0.10	27.50	11.58	0.61
1982	5183.79	428.41	9.01	413.8	357.5	53.95	54.05	12.62	1.14
1983	5748.51	564.73	10.89	438.3	421.8	15.58	−38.38	−6.80	−0.74
1984	6620.91	872.40	15.18	580.5	620.5	−36.74	−52.32	−6.00	−0.91
1985	7512.79	891.88	13.47	808.9	1257.8	−378.81	−342.08	−38.35	−5.17
1986	8178.78	665.99	8.86	1082.1	1498.3	−331.31	47.51	7.13	0.63
1987	9125.18	946.40	11.57	1470	1614.2	−106.99	224.32	23.70	2.74
1988	10153.37	1028.19	11.27	1766.7	2055.1	−180.52	−73.53	−7.15	−0.81
1989	10566.20	412.83	4.07	1956.1	2199.9	−129.57	50.95	12.34	0.50
1990	10971.24	405.04	3.83	2985.8	2574.3	214.17	343.74	84.87	3.25
1991	11979.96	1008.72	9.19	3827.1	3398.7	216.71	2.54	0.25	0.02
1992	13685.82	1705.86	14.24	4676.3	4443.3	111.84	−104.86	−6.15	−0.88
1993	15531.88	1846.07	13.49	5284.8	5986.2	−297.46	−409.30	−22.17	−2.99
1994	17498.69	1966.80	12.66	10421.8	9960.1	160.90	458.35	23.30	2.95
1995	19336.96	1838.28	10.51	12451.8	11048.1	426.12	265.22	14.43	1.52
1996	21190.82	1853.86	9.59	12576.4	11557.4	291.57	−134.55	−7.26	−0.70
1997	23064.15	1873.33	8.84	15160.7	11806.5	952.18	660.61	35.26	3.12
1998	24867.37	1803.23	7.82	15223.6	11626.1	1048.50	96.33	5.34	0.42
1999	26643.34	1775.96	7.14	16159.8	13736.4	728.10	−320.41	−18.04	−1.29

续表

项目	GDP	GDP 较上年增加额	GDP 较上年增长率	中国出口总额	中国进口总额	中国对外贸易净出口	中国净出口较上年增加额	中国净出口对 GDP 增长的贡献率	中国净出口对 GDP 增长的拉动度
单位	亿元人民币（1980 年价格）		%	亿元人民币（当年价格）		亿元人民币（1980 年价格）		%	%
符号	A	B	C	D	E	F	G	H	I
2000	28773.71	2130.38	8.00	20634.4	18638.8	608.70	−119.39	−5.60	−0.45
2001	30931.35	2157.64	7.50	22024.4	20159.2	573.46	−35.24	−1.63	−0.12
2002	33497.93	2566.58	8.30	26947.9	24430.3	784.30	210.84	8.21	0.68
2003	36679.86	3181.93	9.50	36287.9	34195.6	652.37	−131.93	−4.15	−0.39
2004	40165.58	3485.72	9.50	49103.3	46435.8	809.08	156.71	4.50	0.43

计算方法：$B = A_{t+1} - A_t$；$C = (A_{t+1}/A_t - 1) \cdot 100\%$．；$F = (D - E) / (当年商品零售价格指数 / 1980 年商品零售价格指数)$；$G = F_{t+1} - F_t$；$H = (G/B) \cdot 100\%$，依据是总需求公式 $GDP = C + I + G + (X - M)$ 或者 $\Delta GDP = \Delta C + \Delta I + \Delta G + \Delta (X - M)$；$I = C \cdot H$．

资料来源：历年《中国统计年鉴》和中经网经济统计数据库中的数据或根据其中的数据计算得出。

从表 4-8 可以看到，除了个别年份外，中国出口贸易额的增长速度大大快于国内生产总值的增长速度，国际贸易的高速发展已成为带动中国整个经济增长的强大动力。在经济高速增长年代，出口增长速度数倍于整个经济增长的速度。

表 4-8　中国 20 世纪 90 年代以来国际贸易与经济增长速度比较

年份	GDP 增长率（%）	出口增长率（%）	年份	GDP 增长率（%）	出口增长率（%）
1990	9.2	—	1998	7.8	0.5
1991	9.2	15.8	1999	7.1	6.1
1992	14.2	18.1	2000	8.0	27.8
1993	13.5	8.0	2001	7.5	6.8
1994	12.6	31.9	2002	8.3	22.3
1995	10.5	23.0	2003	9.3	34.6
1996	9.6	1.5	2004	9.5	35.4
1997	8.8	21.0			

资料来源：《中国统计年鉴》和中国海关统计。

（2）国际投资对中国经济的作用

国际投资包括中国利用外资和对外投资两部分。这里我们主要考虑的是利用外资。

建国初期，中国引进外资以借用苏联、东欧等社会主义国家的援助性贷款为主。由于当时的国内外环境的限制，中国利用外资处于刚刚起步的摸索阶段，规模小，资金来源单一，在对借款的认识上仅把其看成是社会主义国家之间的相互帮助。到1960年，中国与苏联关系恶化，苏联单方面撕毁合同，中国利用外资几乎全部停止。从1965年到1978年间，外资的来源转向了西方国家的商业性贷款，且规模大幅度增加；在对外资的管理上，采用了由中央机构做出决策的高度集中的外资配置体制。从1978年党的十一届三中全会以后，中国确定了以积极发展对外经济技术合作、交流和往来，吸引和利用国外资金和先进技术，发展生产力，加速中国社会主义现代化建设进程为宗旨的对外开放政策。这一时期，利用外资的规模迅速扩大。资金来源遍布世界各地。特别是以1992年邓小平南方谈话为开端，中国利用外资的步伐进一步加快，从1992年起吸引外商直接投资额首次超过对外借款，成为中国利用外资最主要的形式。

从改革开放以来，外资的大量流入，对中国的经济增长起到了极其重要的作用。具体表现在以下几个方面：

A. 外资弥补了国内资金的不足

西方国家60年代流行的关于发展中国家利用外资能弥补发展中国家的储蓄和外汇逆差的"双缺口"理论模型认为，引进外资能弥补国内资金的不足，增强出口能力，增加国家的外汇收入，实践证明，外资的进入迅速扩大了就业，改善了中国的国际收支状况。

B. 外资进入有利于改善中国的资产质量

90年代以后，居民储蓄和外汇储备逐年上升，国内资金缺口已不明显。与此同时，由于长期以来投资缺乏规划，存在严重的重复投资和重复引进，固定资产投资过快，使国内生产能力的增长远远超过最终需求的增长，造成中国全社会生产能力大量闲置和产品的严重过剩，而国外企业特别是一些大型跨国公司资金的转移，其观念、管理方法、技术、营销网络等都会随之移向东道国，而随着这些综合因素向国内的合资企业转移，可以改善国内资产存量的质量。另外,外资企业如果通过绿地投资在国内设立新企业,则一般来说,其技术含量要高于中国国内同类企业,可以形成高质量的资本增量。而无论是绿地投资还是并购投资,都可以通过关联产业对国内更多的存量资产及新形成的资产的质量产生积极的影响。

C. 外资进入促进中国技术进步和企业管理水平的提高

在外国直接投资中,外商从自身利益出发,均愿意提供较先进的技术和设备以达到占领市场的目的。截至2001年上半年,世界排名前500名的跨国公司,已有400多家来中国投资。这些大型跨国公司和高新技术企业在华的投资项目的技术水平相对较高,有些世界著名的跨国公司还提供了填补中国空白的技术。而且目前有许多跨国公司已开始在中国建立技术研究与开发机构,定期举办在国内外学术界有影响的学术讨论会和学术讲座,以推动技术在当地的扩散。这些外资的引进使中国的轿车、家电、通讯设备、计算机和医疗器械等行业,在生产技术方面上了一个新台阶,缩小了同国外先进技术水平的差距,提高了中国产品在国际市场上的竞争力。

D. 促进中国产业结构优化

外国直接投资对中国产业结构优化的效应主要表现在两个方面:一方面通过资本、技术等生产要素的流入,改变中国的投资结构,进而直接促进中国的产业结构优化;另一方面因外国直接投资流入而带来的经济增长效应使得中国居民的收入水平提高,改变了中国的消费结构,从而间接地促进了中国的结构优化。还需要考虑的是,跨国公司进入中国市场对当地企业所形成的竞争,也在一定程度上促进中国投资结构优化。跨国公司生产的产品对中国居民的消费需求所带来的引导作用也会在某种程度上促进东道国产业结构优化。

E. 有利于提高中国产品的国际竞争力、扩大出口

中国通过各种形式引进外资,吸收国外先进技术、设备和管理,生产出适销对路、技术含量和质量高的产品,从而提高中国产品在国际市场上的竞争力,带动中国出口商品结构的升级。另外,中国还成功地利用了外商在国际市场的营销渠道,扩大了中国产品的出口量。

从表4-9和图4-3可以看出,中国利用外资增长率的波动是比较剧烈的,利用外资增长率的波动与国民经济整体波动之间的关系表现为:利

用外资增长率的波动剧烈程度强于国民经济整体波动。可以看到，在1992和1993年中国利用外资出现了两个高潮，尤以1993年为甚。这主要是因为以邓小平1992年南方谈话为开端，中国加大了利用外资的力度。而在1998年、1999年和2001年出现了负增长，是因为当时中国的居民储蓄和外汇储备逐年上升，资金缺口已不明显，处于调整阶段。

表4-9 中国自1991年以来实际利用外资增长率

年 份	1991	1992	1993	1994	1995	1996	1997
增长率（％）	12.3	66.2	102.9	10.9	11.4	13.9	17.5
年 份	1998	1999	2000	2001	2002	2003	2004
增长率（％）	－9.1	－10.1	12.7	－16.3	10.7	2.1	13.3

资料来源：根据《中国统计年鉴》各年数据计算。

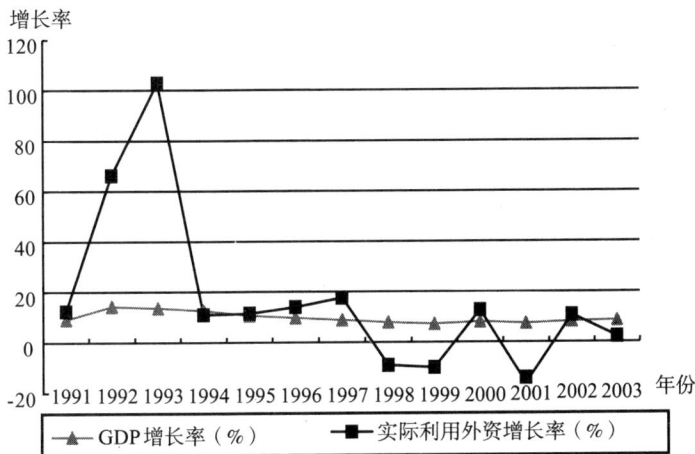

图4-3 20世纪90年代以来中国利用外资增长率与GDP增长率波动曲线图

数据来源：根据《中国统计年鉴》各年数据计算。

（3）对外经济政策对中国经济增长的促进

一般而言，一国的对外经济政策主要包括贸易政策、外资政策、外汇政策等。

首先，在对外贸易政策方面，中国20世纪90年代以来的外贸政策环境的基本特点可以概括为四点：（1）不断深化市场经济体制和外贸体制改

101

革并以此推动对外贸易政策的转变和对外贸易管理体制的改革；（2）整体经济的国际竞争力不断提高；（3）经济发展战略转向出口导向战略；（4）先后积极推进恢复 GATT 缔约国地位和加入 WTO 的谈判。在这种外贸政策环境下，中国的贸易政策由 80 年代的适度保护的贸易政策转向实现逐步开放和自由贸易的贸易政策；在具体实施措施上，逐步实现以经济调节为主，强化法制措施，规范行政管理。在经济日益全球化，贸易日趋自由化的当今世界，自由贸易是国际贸易发展的基本趋势。自由贸易的贸易政策对促进中国对外贸易的增长起着积极的作用。

其次，在外资政策方面，90 年代以来中国政府实施积极的外资政策，改善外商投资环境，扩大外商投资领域，完善利用外资的法律法规和政策措施，以促进外商对华投资。吸收外资促进了中国经济跨越式发展。外商直接投资拉动了中国的经济增长，缓解了就业的压力。近年来，作为中国开放型经济的主力军，外商投资企业对国民经济发展的促进作用明显增强。吸收外商投资给中国经济发展带来效益，无论国家还是普通百姓，都从对外开放、扩大引进外资上受益。

另外，在汇率政策方面，1994 年《中共中央关于加快市场经济体制改革的决定》出台之后，中国取消汇率双轨制，即实行以市场为基础的、单一的、有管理的浮动汇率制，取消外汇留成制度，实行统一结售汇制，实现人民币逐步成为可兑换货币。1994 年后人民币汇率进入有利于促进出口贸易发展的合理范围内，并且随着中国经济的国际竞争力的不断提高，人民币汇率保持稳中略升的态势，为中国对外贸易和国民经济的稳定、持续、健康发展起到了积极作用。

4. 宏观经济政策因素

在上述经济波动过程中，都有政府这只看得见的手通过经济政策对经济扩张或紧缩起作用。政府作为经济发展的推动器与稳定器，采取扩张性经济政策与紧缩性经济政策交替使用的方式来促进国民经济的发展与稳定。无论是在计划经济时代，还是社会主义市场经济时期，经济政策都扮演了一个重要的角色。经济政策作为经济波动的内生变量，对经济波动有着重要影响，因为经济政策首先在宏观上就是经济决策和经济发展的推动力以及制约因素。其次，在微观上经济政策又为经济单位的发展提供了直接的环境和条件。

（1）财政政策

20世纪90年代以来中国的财政收支在国民经济中的作用越来越大。1991年中国的财政收入仅仅为3149.48亿元，占GDP的比重为14.6%；到2004年，财政收入为26396.47亿元，增长达八倍（表4-10）。财政手段在经济中的调节功能越来越受到重视。特别是90年代后期，中国实行的积极财政政策对经济发展具有很大的调控和引导功效。

在中国社会主义市场经济体系下，积极财政政策既可以是扩张性财政政策，也可以是紧缩性财政政策，具有相机抉择的双向调节机能。作为扩张性财政政策，它可以通过直接投资、直接采购、引导社会投资、减税等政策手段来扩张社会总需求和拉动经济增长。作为紧缩性财政政策，它可以通过减少政府采购、控制投资支出、增加税收等政策手段来调节经济增长速度。

表4-10　20世纪90年代以来中国财政收支

年　份	财政收入（亿元）	财政支出（亿元）	收支差额（亿元）	财政收入增长速度（%）	财政支出增长速度（%）	财政收入占GDP的比重（%）
1991	3149.48	3386.62	-237.14	7.2	9.8	14.6
1992	3483.37	3742.20	-258.83	10.6	10.5	13.1
1993	4348.95	4642.30	-293.35	24.8	24.1	12.6
1994	5218.10	5792.62	-574.52	20.0	24.8	11.2
1995	6242.20	6823.72	-581.52	19.6	17.8	10.7
1996	7407.99	7937.55	-529.56	18.7	16.3	10.9
1997	8651.14	9233.56	-582.42	16.8	16.3	11.6
1998	9875.95	10798.18	-922.23	14.2	16.9	12.6
1999	11444.08	13187.67	-1743.59	15.9	22.1	13.9
2000	13395.23	15886.50	-2491.27	17.0	20.5	15.0
2001	16386.04	18902.58	-2516.54	22.3	19.0	16.8
2002	18903.64	22053.15	-3149.51	15.4	16.7	18.0
2003	21715.25	24649.95	-2934.70	14.9	11.8	18.5
2004	26396.47			21.6		

注：在国家财政收支中，价格补贴1985年以前冲减财政收入，1986年以后列入财政支出。为了可比，本表将1985年以前冲减财政收入的价格补贴列在财政支出中。从2000年起，财政支出中包括国内外债务付息支出。

资料来源：《中国统计年鉴》（2004）。

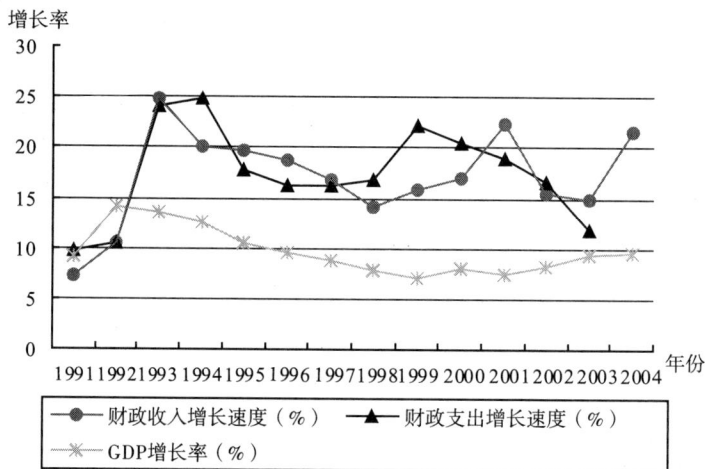

图 4-4 中国财政收支增长率与 GDP 增长率波动曲线图

数据来源：根据《中国统计年鉴》数据计算而得。

从图 4-4 可以看出，90 年代以来，财政收支的波动剧烈程度要强于国民经济整体波动，波动周期在时间上是基本同步的。财政收入和财政支出的波动周期比较一致，波动剧烈程度相差不大。

（2）货币政策

中国随着经济货币化程度的提高，货币因素对经济增长的影响日益明显。货币按流动性程度不同，分为四个层次，即 M_0（流通中的现金）、M_1（现金 + 企业活期存款 + 机关团体存款）、M_2（M_1 + 准货币）和 M_3（M_2 + 财政金库存款 + 汇兑在途资金 + 其他金融机构存款）。这里的货币供应量指标选择 M_2。从图 4-5 和表 4-11 可以看出，90 年代以来，中国的货币供应量增长率经历了两个周期：第一周期是 1991~2000 年的周期，历时八年；第二周期是 2001 年至今的周期。从货币供应量的变化可见，货币供应量增长率在起止时间、持续长度上与经济波动是基本吻合的。但其波动剧烈程度强于国民经济波动的程度。

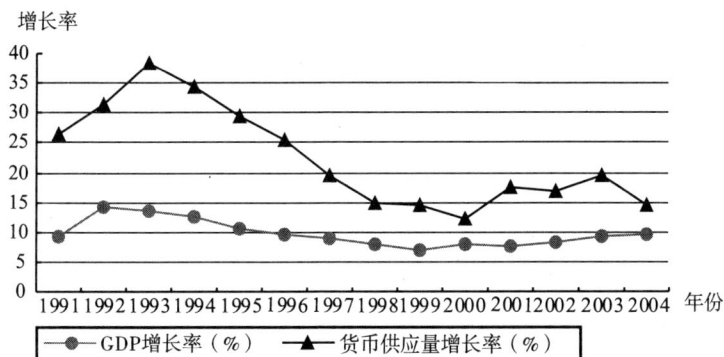

图 4-5 中国货币供应量增长率与 GDP 增长率波动曲线图

数据来源：根据《中国统计年鉴》数据计算。

表 4-11 20 世纪 90 年代以来中国经济波动与货币供应量增长率

年 份	经济增长率（%）	货币供应量同比增长率（%）		
		货币和准货币（M₂）	货币（M₁）	流通中的现金（M₀）
1991	9.2	26.5	24.2	20.2
1992	14.2	31.3	35.9	36.4
1993	13.5			
1994	12.6	34.5	26.2	24.3
1995	10.5	29.5	16.8	8.2
1996	9.6	25.3	18.9	11.6
1997	8.8	19.6	22.1	15.6
1998	7.8	14.8	11.9	10.1
1999	7.1	14.7	17.7	20.1
2000	8	12.3	16	8.9
2001	7.5	17.6	12.7	7.1
2002	8.3	16.8	16.8	10.1
2003	9.3	19.6	18.7	14.3
2004	9.5	14.6	13.6	8.7

注：同期比增长率是按可比口径计算的。1992 年以前口径与 1993 年口径不一致，故 1993 年未计算增长率。

资料来源：根据《中国统计年鉴》各年数据计算。

（二）影响中国经济增长的长期因素

1. 劳动生产率的提高

美国经济学家库兹涅茨认为，现代经济增长的特征是人均产值的高增

105

长率。为了弄清什么是导致人均产值的高增长率的主要因素，库兹涅茨对劳动投入和资本投入对经济增长的贡献进行了长期因素分析。他得出的结论是，以人均产值高增长率为特征的现代经济增长的主要原因是劳动生产率的提高。①

从表 4 - 12 可以看到，自 90 年代以后，中国社会全员劳动生产率实现了较高的增长。从 1990 年的 2864.58 元/人提高到了 2004 年的 18153.59 元/人，增长了 6.34 倍。在开放的经济环境中，中国利用外资，参与国际技术交流，不仅引进新的技术和关键设备，还通过国外技术人员的进入、外资企业的示范作用，人员流动的技术扩散作用和企业间的竞争作用，加速新技术在国内产业的传播，促使国内企业采用新的技术，显著地提高了工业技术的整体水平。此外，对外开放也使国外先进的管理经验在国内得到传播与应用。

表 4 - 12　中国自 1990 年以来社会全员劳动生产率

年　份	国内生产总值 （亿元）	全社会就业人员 （万人）	社会全员劳动生产率 （元/人）
1990	18547.9	64749	2864.58
1991	21617.8	65491	3300.88
1992	26638.1	66152	4026.80
1993	34634.4	66808	5184.17
1994	46759.4	67455	6931.94
1995	58478.1	68065	8591.51
1996	67884.6	68950	9845.48
1997	74462.6	69820	10664.94
1998	78345.2	70637	11091.24
1999	82067.5	71394	11495.01
2000	89468.1	72085	12411.47
2001	97314.8	73025	13326.23
2002	104790.6	73740	14210.82
2003	117251.9	74432	15752.89
2004	136515	75200	18153.59

资料来源：根据《中国统计年鉴》中数据计算而得。

---

① 高鸿业：《西方经济学》，中国经济出版社 1998 年版，第 733 页。

2. 可持续发展因素

人类社会的发展史就是人与自然的关系史。人类与自然环境永远是一个有机的统一体，破坏了这个系统的和谐，人类必然会遭到自然无情的报复。苏美尔文明、地中海文明、玛雅文明等的惨痛失落告诉我们：文明的产生和发展是人与自然环境协调的产物，它依赖于人与自然资源和自然环境之间的劳动及其产出，这种劳动和产出的过程构成人类文明的"生命支持系统"。可持续发展是人类社会发展的必然要求。

中国通过实施可持续发展战略，国民经济实现了健康快速发展。在经济持续快速发展和人民生活水平不断提高的同时，人口过快增长的势头得到控制，使生育水平下降到更替水平以下，基本实现了人口再生产类型从高出生、低死亡、高增长到低出生、低死亡、低增长的历史性转变；人口素质也有很大提高。

自然资源保护和管理成效显著。近五年来，全国共植树造林 2400 万公顷，封山育林 3200 万公顷。大规模组织实施了天然林保护、退耕还林、"三北"和长江流域防护林体系等重点生态体系建设。2000～2001 年，全国共实施 97 个天然草原恢复和建设项目，现有草原围栏面积 1500 万公顷，每年约新增 200 万公顷。建立海洋自然保护区 69 个，总面积达到 13.1 万平方千米。环境保护和生态建设进一步加强并向深度和广度发展，1998～2002 年，全国用于环境保护的投资达到 4900 亿元，相当于 1949～1997 年投资总和的 1.7 倍。建成 20 个国家级园林城市、一批生态环境示范县和 2000 多个生态农业示范点。至 2004 年黄河连续 5 年实现不断流，塔里木河连续 3 年实施向下游台特玛湖应急输水，黑河连续 6 次将水输送到东部沿海。仅 2004 年就完成造林面积 716.7 万公顷。全国共批准国家级生态示范区 166 个，自然保护区达到 2194 个，其中国家级自然保护区 226 个，自然保护区面积 14822.6 万公顷，占国土面积的 14.8%。国家地质公园达 85 个，新建地质遗迹保护区 27 个。综合治理水土流失面积 4.9 万平方公里，实施水土流失地区封育保护面积 11 万平方公里。

工业上推行清洁生产，大批浪费资源、污染环境的企业得到调整改造或关闭，提高了资源利用效率，单位 GDP 的资源消耗和污染排放量降低，按不变价格计算的万元 GDP 能耗由 1990 年的 5.32 吨标准煤降低到 2000

年的 2.77 吨。2000 年年底，23 万多家有污染的企业中，90% 实现达标排放，工业废水排放量比 1995 年减少 1/3。污染排放物初步得到控制，1992～2001 年，污水、固体废物和废气排放量分别下降了 57.2%、33.4% 和 30.5%。

此外，加强防灾减灾、大气保护、固体废物和化学品无害环境管理都取得了明显成绩。全民环保意识进一步增强，全国有 270 多所高等学校新设置了环境保护院、系和学科。全国正式注册的环保非政府组织已超过 2000 个。建立了中央和地方政府多部门参与、多层次运作的组织管理体系，有力推动了中国的可持续发展。

3. 体制因素

（1）市场机制

根据诺斯（1990）的观点，[①] 制度是一个社会的游戏规则，或者说，它是为决定人们的相互关系而人为设定的一些制约。就经济而言，它主要包括产权制度、经济决策方式、组织形式和行为主体利益在经济运行中所起的作用及其相互关系。在本书中，我们认为考虑制度因素对经济波动的影响，就不能不结合考虑政治因素的影响。在中国，政治因素对于经济波动的影响，自然不属于经济的，但它对于经济运行所具有的超经济的影响力，对于中国经济运行来说，又是无法抗拒的。关于政治因素对经济周期的影响，在所有国家都不同程度地存在，而并非仅存于社会主义国家。政治因素作为一个重要因素已构成了经济周期理论的一个重要组成部分。

凯恩斯经济理论中的政府干预是通过政策工具的运用以间接的方式进行的，作为市场经济的一个组成部分，与市场机制的作用并无矛盾与对立。中国在 1992 年确立社会主义市场经济体制以前，还经历了两次制度的变迁，即 1949～1978 年高度集中的计划经济时期，1979～1992 年计划经济向社会主义市场经济转轨的时期（也称为计划与市场并行的双轨制时期）。在这两个时期，没有市场机制，或市场机制的作用受到严格的限制。中国经济运行的主体是指占统治地位的生产资料公有制主体，即公有生产

---

① 在 1990 年出版的《制度、制度变迁与经济绩效》一书中，诺斯集中讨论了制度理论，他对制度的定义被后人广泛引用。

资料的所有者、支配者和使用者。社会主义经济中全民所有制的经济主体是全体人民并由代表全体人民利益的社会主义国家来行使这一权利，国家理所当然地成为全民所有制经济中最高层次的和最具实际意义的主体。实践证明，国家一旦成为经济运行的主体，经济运行中的特有机制就会受到扭曲，非经济力量就会在很大程度上取代经济力量。在这一时期，中国经济经历了从建国初期的复苏阶段到扩张阶段再到文化大革命前的衰退阶段，然后再由计划经济向市场经济转轨时期的稳步扩张阶段到80年代末期的僵持阶段。

1992年，社会主义市场经济体制在中国正式确立，这是建国以来制度变迁过程中具有革命性意义的变革。此次制度上的创新就在于，确立了市场在资源配置中的基础性地位。在新的体制下，政府对经济过程的干预开始由直接向间接转移，市场力量开始显现。但政府宏观调控的方向与力度对整体经济发展趋向依然具有不可替代的宣示性作用。政府的力量完全可以深入到经济过程内部，决定经济的走势，由扩张到收缩的转折，无不受到政策因素和政府意志的直接影响。政府的权威性和计划的约束性尤其见效于紧急制动，经济的起落和政府调控的力度紧密相关，从而经济运行中政策的、政府的以至政治的影响依然存在。近年来，市场机制的重要性正在逐步加强，政府也已经逐步地弱化其直接干预经济的职能。中国的经济模式、运行方式、调控机制发生了巨大的变化，经济运行开始步入规范化的轨道，政治因素对经济过程的影响逐步变小而经济因素逐渐增大。中国经济进入了新一轮的扩张期。

90年代以来中国的体制变迁，是通过确立一种新的产权制度，并对其不断补充和完善。调整制度运行过程中各方的利益，最终促进了经济的增长，保证了经济与社会的协调发展。中国的经济波动是一种市场经济条件下的"高位—平缓"型。经济运行的稳定性增强了，波动也基本趋于平稳。

（2）法律法规

马克思主义关于社会基本矛盾及其推动社会发展的理论认为：社会基本矛盾运动是推动人类社会发展的根本动力。而生产力的发展则是社会基本矛盾运动的原动力，是决定人类社会发展的最终动因，具有永恒的进步性。生产关系和生产力、上层建筑和经济基础的矛盾仍然是社会主义社会的基本矛盾。当上层建筑与经济基础相适应的时候，将促进经济基础的发展，反之则阻碍。

法律法规的变化总是与社会经济形态和政治结构的变革相伴随，它属于上层建筑的范畴。当法律法规与社会的经济基础发展变化相适应时，将推动社会经济的发展。社会主义市场经济是依法规范的竞争经济，要使这种法治经济能实现，就必须要有与之相适应的法律法规的支持，如果没有与之相适应的法律法规的支持，社会主义市场经济的发展必然受制约，社会主义市场经济生活秩序也要受影响。也就是说，法律法规适应社会主义市场经济时，法律法规就能维护社会主义市场经济生活秩序，就能促进社会主义市场经济正常、健康、迅速地发展；当法律法规不适应社会主义市场经济时，就会影响和制约社会主义市场经济的发展。

1992年中国明确宣布走社会主义市场经济的道路后，市场经济立法的步伐明显加快。特别是八届、九届全国人大有计划的市场经济立法活动，一系列有关市场经济的法律法规顺利出台，从而初步建立起与市场经济相适应的法律体系。

A. 宪法的修订

作为国家的根本大法和建立市场经济法律体系的基础和依据，宪法首先对经济体制改革的现实做出了积极的反应，表现在1988年、1993年和1999年连续三次对宪法的修正。上述三次宪法的修改使得有关的规范和内容进一步适应客观实际，为社会的全面发展与进步提供了有力的法律保障，从而更好地发挥其根本法的作用。

B. 市场主体法律制度的制定

市场主体主要是企业，企业立法占有关市场主体立法的绝大部分，为了适应市场经济的要求，中国分别于1993年、1997年、1999年颁布了《公司法》（1999年修订）、《合伙企业法》、《个人独资企业法》三部法律。如此以来，健全了中国有关市场主体的立法。

上述三部法律的颁布实施，标志着中国开始按照社会主义市场经济的要求，构建与社会主义市场经济体制相适应的市场经济主体结构。这样，有利于实现市场主体之间真正的平等，有利于保障交易安全和公平竞争秩序，因而符合市场经济运行的需要。

市场经济是依法规范的竞争经济，市场主体的组织和行为、市场交易行为和秩序、与市场密切相关的劳动、社会保障等规范，都是以市场活动为核心的法律规范。中国在建立市场经济的过程中，不断建立和完善市场经济的法律体系，不仅为市场经济的培育和发展提供了重要的法律条件，而且为公私财产权的保护和公平的市场竞争秩序的建立提供了较为有效和全面的制度保障。

（3）诚信制度

良好的社会信用环境是确保经济金融正常运行和健康发展的根本，是维护社会主义市场经济秩序的保证。建立健全社会信用制度，优化信用环境，对于规范市场经济秩序，切实执行稳健货币政策，加大信贷有效投入，促进国民经济持续增长具有十分重要的意义。随着中国市场经济的不断发展，诚信越来越为企业所重视。市场经济是法治经济、信用经济，也是诚信经济，良好的诚信制度是市场经济平稳运行的根本保障。诚信制度建立是确保有效建立法治经济的重要因素，是构建市场经济制度的基础。

企业是社会主义市场经济的主体，也是诚信制度建设的主体。诚信制度作为企业与经济主体间交往行为的规则，它内化为企业交易准则和秩序，外化为法律、法规等制度，成为整个社会诚信机制的重点。诚信制度虽然不像物质产品那样会给企业带来直接的市场和利润，但它是企业的一种资源，是企业经济发展的一种无形的推动力和保障，对企业的长远发展有巨大的促进作用。

从企业效益角度来讨论，诚信制度属于经济范畴，它是企业长远发展的保障。通过诚信制度的建立使企业做到诚信经营，能减少企业的交易成本和管理费用，加快企业的反应速度，增强企业的应变能力，提高企业的社会认知度。在企业经营活动中，依靠诚信制度做到诚实守信是对企业交易双方合法权益的维护和尊重。

诚信制度是直接产生于社会经济发展的一项制度，其能动性对企业经济发展起着巨大的促进作用。这种促进作用表现在对经济交换过程中的规范作用，即在市场经济体制下，依据诚信制度做到诚信经营的企业可以获得持久的、最大的经济利益。

市场经济是法治经济、信用经济，也是诚信经济，良好的诚信制度是市场经济平稳运行的根本保障。诚信制度的建立是确保有效建立法治经济的重要因素，是构建市场经济制度的基础。

第二节　中国产业结构的变动及其特征

一、中国产业结构变动的基本状况

中国大规模工业化建设始于 20 世纪 50 年代初期。在近五十年的工业化过程中，特别是改革开放后的二十多年里，国民经济总体保持了较高增长速度，产业结构也发生了巨大的变化。

（一）三次产业①占 GDP 比重的变化

从 GDP 结构变动趋势看，第一产业比重下降迅速，第二产业比重上升为经济的主体，第三产业略有上升。统计资料显示（表 4 - 13），从 1952 年到 2004 年，第一产业占 GDP 的份额由 50.50% 下降为 15.20%，第二产业由 20.88% 上升到 53.02%，第三产业的比重也由 28.62% 上升到 31.78%。其中，第二产业收入比重自 20 世纪 60 年代后期超过农业以后，一直处于国民经济首要的产业地位，第三产业在 20 世纪 80 年代中期也超过了农业成为国民经济的第二大产业。从各产业 GDP 增长的速度看，多数年份中第二产业增长最快，第三产业次之，第一产业最低。

值得注意的是，2005 年年底和 2006 年年初，中国国家统计局发布了利用第一次全国经济普查数据对 2004 年和 2004 年以前一定年度 GDP 修订的数据，其结果如下表 4 - 14 所示。从表中数据可以看出，这次修订最大的变化是对第三产业 GDP 数据的调高，其中 2004 年调高了 2.13 万亿元，调高幅度达到 48.7%，并使得第三产业占 GDP 的比重由原来的 31.9% 调高到 40.1%（表 4 - 14 和图 4 - 6）。受此影响，1993 ~ 2004 年期间 GDP 的三次产业构成也发生了较为明显的变化，即第一和第二产业的比重下降而第三产业的比重明显上升（图 4 - 7）。

---

① 本节三次产业的划分方法与《中国统计年鉴》相同，即第一产业包括农业，第二产业包括采崛业、制造业、建筑业、电力及蒸汽、热水生产和供应业，其他为第三产业。

表 4 - 13　1952 ~ 2004 年中国各产业 GDP 总值及其构成

年份	GDP（当年价格，亿元）				构成（%）		
	总值	第一产业	第二产业	第三产业	第一产业	第二产业	第三产业
1952	679.0	342.9	141.8	194.3	50.50	20.88	28.62
1955	910.0	421.0	222.2	266.8	46.26	24.42	29.32
1960	1457.0	340.7	648.2	468.1	23.38	44.49	32.13
1965	1716.1	651.1	602.2	462.8	37.94	35.09	26.97
1970	2252.7	793.3	912.2	547.2	35.22	40.49	24.29
1975	2997.3	971.1	1370.5	655.7	32.40	45.72	21.88
1980	4517.8	1359.4	2192.0	966.4	30.09	48.52	21.39
1985	8964.4	2541.6	3866.6	2556.2	28.35	43.13	28.52
1990	18547.9	5017.0	7717.4	5813.5	27.05	41.61	31.34
1995	58478.1	11993.0	28537.9	17947.2	20.51	48.80	30.69
2000	89468.1	14628.2	44935.3	29904.6	16.35	50.22	33.42
2004	136515.0	20744.0	72387.0	43384.0	15.20	53.02	31.78

　　资料来源：《中国统计年鉴》相关年份；2004 年的估计数来自于《2004 年国民经济和社会发展统计公报》。

　　一方面，虽然第三产业 GDP 数据的调高幅度较大，但并没有达到 GDP 总额的一半，也没有超过第二产业而居于首要地位，即根据调整前的数据进行的分析和判断仍然是适用的；另一方面，这次 GDP 数据调整仅涉及 GDP 层面的一部分指标，而进行产业结构分析所涉及的经济指标范围非常广，此次调整的数据不足以支撑整个产业结构分析数据的相应调整。因此，同时考虑到分析结果的适用性和可比性，本文以下的分析仍然采用调整前的 GDP 数据。

（二）三次产业从业人数的变化

　　按从业人员在三次产业中的分布来衡量，建国以来中国的产业结构的变化也十分明显（表 4 - 15）。第一产业中的从业人数比重由 1952 年的 83.5% 下降为 2003 年的 49.1%，下降了 34.4 个百分点；第二产业中的就从业人数比重由 7.4% 上升到 21.6%，上升了 14.2 个百分点；第三产业中的就业人数比重从 9.1% 上升为 29.3%，上升了 20.2 个百分点。尤其是

表 4 - 14　中国国家统计局根据第一次全国经济

普查数据对 GDP 修订的数据对比

年份	修订前数据				修订后数据			
	GDP	第一产业	第二产业	第三产业	GDP	第一产业	第二产业	第三产业
GDP 总值（亿元）								
1993	34634	6882	16429	11324	35334	6887	16454	11992
1994	46759	9457	22372	14930	48198	9471	22445	16281
1995	58478	11993	28538	17947	60794	12020	28679	20094
1996	67885	13844	33613	20428	71177	13886	33835	23456
1997	74463	14211	37223	23029	78973	14265	37543	27165
1998	78345	14552	38619	25174	84402	14618	39004	30780
1999	82067	14472	40558	27038	89677	14548	41034	34095
2000	89468	14628	44935	29905	99215	14716	45556	38942
2001	97315	15412	48750	33153	109655	15516	49512	44627
2002	105172	16117	52980	36075	120333	16239	53897	50197
2003	117390	16928	61274	39188	135823	17068	62436	56318
2004	136876	20768	72387	43721	159878	20956	73904	65018
GDP 构成（%）								
1993	100.0	19.9	47.4	32.7	100.0	19.5	46.6	33.9
1994	100.0	20.3	47.8	31.9	100.0	19.7	46.6	33.7
1995	100.0	20.5	48.8	30.7	100.0	19.8	47.2	33.0
1996	100.0	20.4	49.5	30.1	100.0	19.5	47.5	33.0
1997	100.0	19.1	50.0	30.9	100.0	18.1	47.5	34.4
1998	100.0	18.6	49.3	32.1	100.0	17.3	46.2	36.5
1999	100.0	17.6	49.5	32.9	100.0	16.2	45.8	38.0
2000	100.0	16.4	50.2	33.4	100.0	14.8	45.9	39.3
2001	100.0	15.8	50.1	34.1	100.0	14.1	45.2	40.7
2002	100.0	15.3	50.4	34.3	100.0	13.5	44.8	41.7
2003	100.0	14.4	52.2	33.4	100.0	12.5	46.0	41.5
2004	100.0	15.2	52.9	31.9	100.0	13.1	46.2	40.7

资料来源：中国国家统计局网站公布数据，http：//www.stats.gov.cn。

进入 20 世纪 90 年代以后，第一产业就业的绝对规模加速降低，第二产业比重相对稳定，第三产业比重明显上升。但第一产业劳动力比例仍然高居三次产业之首，占到劳动力总量的一半左右。从 1994 年起，第三产业的劳动力比重开始超过第二产业，并表现出较快的增长势头。就业结构变动的基本趋势表明，从农业中退出的劳动力大多数进入第三产业，这是工业化过程的一个典型特征。

劳动力从第一产业向第二产业的流动主要出现在 70 年代以后的工业高速增长期，80 年代中期以后趋于稳定；劳动力从第一产业向第三产业的流动则主要出现在 80 年代中期以后的中国经济高速增长期。

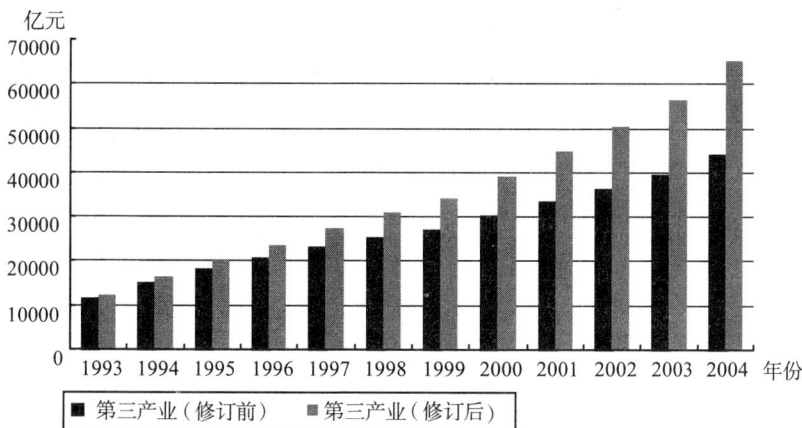

图 4 - 6　1993 ~ 2004 年中国第三次产业 GDP 修订数据的对比

数据来源：中国国家统计局网站，http：//www. stats. gov. cn。

表 4 - 15　1952 ~ 2003 年中国各产业就业人员数及构成

年　份	就业人员（年底数，万人）				构成（%）		
	总就业	第一产业	第二产业	第三产业	第一产业	第二产业	第三产业
1952	20729	17317	1531	1881	83.5	7.4	9.1
1957	23771	19309	2142	2320	81.2	9.0	9.8
1962	25910	21276	2059	2575	82.1	8.0	9.9
1970	34432	27811	3518	3103	80.8	10.2	9.0
1975	38168	29456	5152	3560	77.2	13.5	9.3
1980	42361	29122	7707	5532	68.7	18.2	13.1
1985	49873	31130	10384	8359	62.4	20.8	16.8
1990	64749	38914	13856	11979	60.1	21.4	18.5
1995	68065	35530	15655	16880	52.2	23.0	24.8
2000	72085	36043	16219	19823	50.0	22.5	27.5
2003	74432	36546	16077	21809	49.1	21.6	29.3

资料来源：《中国统计年鉴》相关年份。

百分比

55
50
45
40
35
30
25
20
15
10
1993 1994 1995 1996 1997 1998 1999 2000 2001 2002 2003 2004 年份

第一产业(修订前)　第一产业(修订后)　第二产业(修订前)
第二产业(修订后)　第三产业(修订前)　第三产业(修订后)

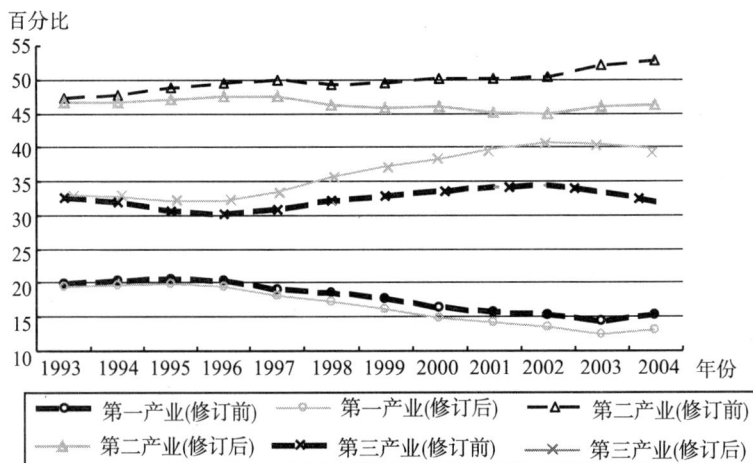

图 4 - 7　1993～2004 年中国三次产业 GDP 比例修订数据的对比

数据来源：中国国家统计局网站，http://www.stats.gov.cn。

（三）工业结构的变化

建国以来，中国的工业结构也发生了很大变化。改革前，中国总体上推行的是片面重工业化的战略。这种战略在导致产业结构和国民经济结构失调的情况下，也在一定程度上奠定了中国重工业的基础。以反映重工业化进程的霍夫曼比例来衡量（表 4 - 16），按工业总产值计算的霍夫曼比例值由 1952 年的 1.82 降低到 1978 年的 0.76，此后又逐渐回升到 1990 年的 0.98，到了 2003 年该比例大幅降低到 0.55。说明工业化过程出现了几次明显的反复，改革开放以前，重工业化的战略使重工业的比重迅速上升，从 1952 年的 35.5% 上升到 1975 年的 55.9%；改革开放以后，工业轻型化趋势日益明显，重工业的比重也相应地下降到 1990 年的 50.6%。但 90 年代以来，中国再度出现重工业化的趋势，不同的是，这次的重工业化更多的是在市场力量的推动下进行的。到 2003 年重工业的比重已经攀升到 64.5%，从而使霍夫曼比值降到 0.55 的历史最低点。

（四）中国产业结构整体效益情况

综合考虑收入结构和就业结构的变化可以看出（表 4 - 17），中国第一

116

产业的比较劳动生产率的相对地位一直低于第二和第三产业。20 世纪 70 年代和 80 年代，三次产业劳动生产率的相对差距逐步减小，但是第一产业

表 4-16　1952~2003 年全国工业总产值及构成

年　份	绝对数（当年价格，亿元）			构成（%）		霍夫曼比值
	总产值	轻工业	重工业	轻工业	重工业	
1952	349	225	124	64.5	35.5	1.82
1957	704	387	317	55.0	45.0	1.22
1963	993	445	548	44.8	55.2	0.81
1965	1402	723	679	51.6	48.4	1.07
1970	2117	976	1141	46.2	53.8	0.86
1975	3207	1413	1794	44.1	55.9	0.79
1980	5154	2430	2724	47.2	52.8	0.89
1985	9716	4575	5141	47.4	52.6	0.90
1990	23924	11813	12111	49.4	50.6	0.98
1995	91894	43466	48428	47.3	52.7	0.90
2000	85674	34095	51579	39.8	60.2	0.66
2003	142271	50498	91774	35.5	64.5	0.55

资料来源：根据《中国工业经济统计年鉴》相关年份数据整理计算。

的比较劳动生产率则出现了长期下降的趋势，这是由于第一产业的产值比重降低的速度高于其劳动力比重降低的速度而形成的。虽然 90 年代中期第一产业的比较劳动生产率出现了回升的势头，但其后随着工业和服务业的迅猛发展，第一产业产值比重迅速下降，导致第一产业的比较劳动生产率再度出现大幅下滑。同时，长期以来，第二、第三产业的比较劳动生产率偏高，这说明我们用了大量的劳动力从事低水平的农业生产来支持其他产业的发展，资源配置极不合理，使得中国产业结构的整体效益水平较低。

　　总的来看，经过几十年的经济发展与结构调整，中国三大产业的比例关系有了明显的改善，产业结构正朝着合理的方向转变。

表 4 - 17 1952 ~ 2003 年中国三次产业比较劳动生产率

年　份	第一产业	第二产业	第三产业
1952	0.60	2.82	3.14
1957	0.50	3.30	3.07
1962	0.48	3.91	2.96
1970	0.47	3.44	3.00
1975	0.46	3.00	2.61
1980	0.47	2.51	1.67
1985	0.48	2.33	1.27
1990	0.47	2.02	1.54
1995	0.52	1.81	1.26
2000	0.41	2.17	1.12
2003	0.33	2.33	1.14

资料来源：根据《中国统计年鉴》相关年份数据计算。

（五）对中国现阶段经济发展阶段的判断

经济发展阶段实际上是与一国工业化的过程相联系的。在经济发展的一定阶段上，工业在占国民收入的相对比重不断上升的同时，劳动力的相对比重增加不多、不快的事实说明，工业在一定的经济发展阶段上是一个国家经济发展的主导部门，因此，人们往往把近代的经济发展过程同工业的发展紧密联系起来，把经济发展过程称为"工业化"过程（杨治，1985）。根据发展经济学的理论，反映工业化阶段演进的内容主要有三个方面：一是人均收入水平（GDP 或 GNP）的变动；二是三次产业的产出结构和就业结构的变动；三是工业内部结构的变动。

1. 人均 GNP 所反映的工业化阶段

美国经济学家钱纳里（钱纳里，1995）等人借助多国模型，按人均 GNP 的变化将经济增长过程划分成六个时期和三个阶段，其中第二阶段是工业化阶段，又分四个时期（表 4 - 18）。据世界银行的数据，1990 年、1995 年、2000 年和 2003 年中国人均 GNP 分别是 370 美元、620 美元、840 美元和 1100 美元。对照表 4 - 18 可知，20 世纪 90 年代以来中国正处于工业化的初级向高级阶段的过渡时期，而在新世纪初期开始步入工业化的中后期阶段。

表 4 – 18　人均 GNP 与经济发展阶段

收入水平（人均 GNP，1970 年美元）	时期	阶　段
140 ~ 280	1	第 1 阶段（初级产品生产）
280 ~ 560	2	第 2 阶段（工业化阶段）
560 ~ 1120	3	
1120 ~ 2100	4	
2100 ~ 3360	5	
3360 ~ 5040	6	第 3 阶段（发达经济）

资料来源：钱纳里等（1995）。

2. 三次产业的产出结构和就业结构所反映的工业化阶段

发展经济学理论认为，随着经济的发展，在工业化初期，第一产业在GDP 中所占的比重将持续下降，第二、三产业在 GDP 中的份额持续上升；当工业化达到一定阶段后，第二产业在 GDP 中的份额也将逐渐下降，而以服务业为主的第三产业的地位将进一步提高，即在工业化后期，经济将开始步入"经济服务化"阶段。从 1990 年到 2003 年，中国的三次产业结构由 27.1 : 41.6 : 31.3 调整为 13.1 : 46.2 : 40.7，三次产业之间的比例关系有了明显改善，经济结构逐渐优化。但是同世界各国的产出结构比较之后发现，2003 年中国三次产业产出在 GDP 中所占比重同中、低收入国家的平均水平较为相似，但同时中国的三次产业结构同发展中国家的平均水平相比还存在着较大的差距，第一、二次产业所占比重偏高而第三次产业所占比重偏低，并且 90 年代以来中国第二产业的比重表现出非常明显的上升趋势。这反映出中国的工业化程度仍处于偏低状态。

从 1990 年到 2000 年，中国劳动就业人员在三次产业间的分布由60.1 : 21.4 : 18.5 调整为 49.1 : 21.6 : 29.3。第一产业从业人员的比重下降约11 个百分点，第二产业仅上升 0.2 个百分点，第三产业上升近 11 个百分点，从业结构逐步趋于合理。但是对比库兹涅茨统计分析的结果发现，中国从业人员的分布所显示出的工业化程度仍然较低。按照库兹涅茨统计分析的标准模式，以第一产业在全部从业人员中的分布作为指标取值，可以将工业化划分为三个阶段。根据库兹涅茨的标准，由表 4 – 19 和表 4 – 20可见，中国仍处于工业化初期向中期阶段过渡的阶段。

表 4 – 19 中国三次产业 GDP 的国际比较

单位：%

产 业	中 国				发达国家	发展中国家	中、低收入国家
	1990 年	1995 年	2000 年	2004 年	2002 年	2002 年	2003 年
第一产业	27.1	19.8	14.8	13.1	1.9	11.4	13
第二产业	41.6	42.7	45.9	46.2	28.6	33.4	36
第三产业	31.3	33.0	39.3	40.7	69.5	55.2	51

资料来源：《国际统计年鉴》1996、1998、2003、2004 年；世界银行《2005 年世界发展报告》。

表 4 – 20 中国三次产业的就业结构与工业化阶段分析

2003 年三次产业的就业结构		第一产业就业比例与工业化阶段	
		第一产业占全部就业人数的比重	工业化阶段
一次产业	49.1	50% 以上	初期
二次产业	21.6	30% 左右	中期
三次产业	29.3	20% 以下	后期

资料来源：《中国统计年鉴》2004 年第 53 页；工业化阶段数据来源于钱纳里等（1995）。

3. 工业内部结构所反映的工业化阶段

首先从霍夫曼比值来看工业内部结构。德国经济学家霍夫曼根据消费资料工业的产值与资本资料工业产值之间的比值，将工业化过程分为四个阶段（表 4 – 21）。由于霍夫曼这里所划分的消费资料工业、资本资料工业与轻、重工业分类法重合度很高，因此霍夫曼比值不断下降的变化规律，实际上反映的就是工业结构由以轻工业为主转向以重工业为主的演化过程，即重工业化过程。从表 4 – 16 中数据可以看出，20 世纪 90 年代以来，中国加快了重化工业的步伐，轻工业产值与重工业产值之比开始从第Ⅲ阶段向第Ⅳ阶段过渡，据此中国正处于工业化中期向后期过渡的阶段。

表 4－21　霍夫曼比值与工业化阶段

工业化阶段 ＼ 霍夫曼比值	消费资料工业（轻工业）产值／资本资料工业（重工业）产值	全国霍夫曼比值
I	5（±1）	—
II	2.5（±1）	—
III	1（±0.5）	0.98（1990 年）
IV	1 以下	0.55（2003 年）

资料来源：钱纳里等（1995）；《中国统计年鉴》2003 年。

其次从制造业加工度水平来看工业内部结构。制造业结构水平的高低与工业化程度具有显著的相关性，制造业高加工度通过深加工度产品与初级产品增加值之间的比例关系，反映了制造业加工程度的高低。制造业加工程度越高，表明工业结构的技术含量越高，因此工业化程度也就越高。这里选择几种具有代表性的深加工产品和初级产品（服装/纺织、印刷/造纸、机械/钢铁），通过它们之间增加值之比来确定一国或一地区制造业加工度水平。计算结果如表 4－22 所示。由表中数据可以看出，中国高加工度产业发展不够成熟，重工业中的加工度差距非常大。由此，制造业加工深度的不足表明中国工业处于高加工度的初期。

表 4－22　中国制造业加工度的国际比较

单位：%

国别或地区	年份	服装/纺织	印刷/造纸	普通机械/钢铁
美　国	2000	0.95	0.88	2.52
	2003	1.15	0.88	2.89
日　本	2000	0.98	1.01	1.39
德　国	1999	1.29	1.06	3.5
印　度	1999	0.27	0.64	0.3
中　国	2000	0.43	0.49	0.47
	2004	0.48	0.49	0.72

注：美国数据依据 NAICS 标准，日本、德国、印度数据依据 ISIC3 标准，中国 2000 年数据依据 ISIC2 标准，2004 年中国数据中"钢铁"指标用"黑色金属冶炼及压延加工业"代替。

资料来源：根据 UNIDO（2003），http：//www.bea.doc.gov/bea/dn2/gdpbyind_ data.htm，《中国工业统计年鉴》2004 年的数据整理计算而成。

4. 对目前中国所处工业化阶段的判断

一般地讲，整个工业化的过程可归纳为三个阶段（杨治，1985）：第一，工业由轻工业为中心的发展向以重工业为中心的发展推进的阶段，即所谓的"重工业化"，其衡量指标是"重工业化率"，即在工业所实现的国民收入中重工业所占的比例。随着工业化的进展，重工业在工业中的比重将不断上升。第二，在重工业化的过程中，工业结构又表现为以原材料工业为中心的发展向以加工、组装工业为中心的发展演进，即所谓的"高加工度化"。第三，在工业结构"高加工度化"的过程中，工业结构将进一步表现出"技术集约化"的趋势，这不仅表现为所有工业各部门将采用越来越高级的技术、工艺和实现自动化，而且表现为技术密集为特征的所谓尖端工业的勃兴。而以上的几点分析和判断依据了不同的标准和评价方式，所得的结论分别有一致和矛盾之处。从人均收入水平和霍夫曼比值来看，中国工业化表现出从中期向后期过渡的特征，但从三次产业的产出结构和就业结构及制造业加工度水平来看，中国工业化却表现出由初期（级）向中期（级）过渡的特征。这种与标准结构的偏离与中国特殊的工业化道路有关。一般认为，收入的变动决定着需求结构的变动从而成为工业化演进的基本动因，所以人均收入水平反映的工业化阶段是一个较为客观的指标。如果以此指标为主，以产业结构水平和工业内部结构水平作为辅助标准，来判断中国的工业化进程所处的阶段，则在表 4 - 18 所示的第三阶段或第六个时期的划分中，中国目前正处于第四个时期，或者说是工业化的中后期。

在这种重工业迅速增长的重化工业阶段，中国的工业发展速度大大超过了第三产业。这既有经济发展的内在规律决定的因素，也有经济体制和经济政策内在矛盾造成的产业结构失衡的原因（曹建海，2005）。但新世纪伊始，中国经济结构的变化更加引人瞩目，尤其是出现了一批新的高增长的主导产业，使中国进入了新的重化工业阶段。经过由 20 世纪 80 年代轻工、纺织等主导行业转向 90 年代前期高增长的基础产业和基础设施、新一代的家电等，到 1997 年以后这些高增长行业开始乏力，这种主导产业"断档"的局面直到 2002 年下半年才发生了实质性变化。新的重化工业阶段并不仅仅表现为重工业比重的上升，其增长机制的变化有着更深刻的意义：第一，作为高增长产业群龙头产业的住宅和汽车产业，近年来其产品的 80%~90% 由居民个人购买；第二，这批高增长产业基本上形成了国有和国有控股企业、中外合资或外商独资、民营企业三足鼎立的格局；第三，以若干龙头产业为先导，按照投入产出的关联关系，相应形成了几个高增长产业群。由此中国开始进入一个适应居民消费结构升级需要、以市场为基础、技术含量和附加价值逐步提高、可持续性较强的新的重化工业阶段（刘世锦，2004）。

二、20 世纪 90 年代以来中国产业结构的变动趋势

（一）第二产业特别是工业发展迅速，重化工业的特征日益明显

20 世纪 90 年代以来，中国国民经济及各个产业发展迅速而不均衡，主要表现为第二产业特别是工业发展迅速，第三产业发展缓慢，由此导致了各个产业之间比例发生了重要变化（表 4-23）。在国民经济内部，第一产业在 GDP 中的比重由 1990 年的 27.1% 下降到 2003 年的 14.6%，平均每年下降 0.96 个百分点；第二产业和制造业占 GDP 的比重由 1990 年的 41.6% 和 37.0% 上升到 52.2% 和 45.3%，平均每年上升 0.82 和 0.64 个百分点；而第三产业所占比重 2003 年比 1990 年仅提高了 1.90 个百分点，为 33.2%。1990 年，第二产业占 GDP 比重比第三产业高出了 14.5 个百分点，到 2003 年，则高出了 37.6 个百分点。在三次产业贡献率方面，除了 1990 年以外，第一产业最低，并且仍然存在下降的趋势，2003 年仅有 4.0%，比 1996 年较高时期的 10.0% 下降了 6 个百分点；相比之下，第三产业贡献率增长较快，90 年代后半期的贡献率比前半期平均高出约 6 个百分点。第二产业对国民经济的贡献最大，大部分年份都在 60% 以上。

与此同时，20 世纪 90 年代以来中国的工业结构也发生了很大的变化。在 90 年代上半期重工业的发展势头就十分明显（表 4-24 和图 4-8），重工业的比重从 1990 年的 50.6% 上升到 1994 年的 53.7%，而轻工业则相应地从 49.4% 下降到 46.3%，轻重工业的差距对比由 90 年代初的旗鼓相当拉大到 90 年代中期的相差 7.4 个百分点。在 90 年代中后期，轻工业的发展速度再次加快，1994~1998 年期间，轻工业总产值的年均增长速度达到 14.1%，比重工业 12.5% 的增速高出 1.6 个百分点，结果到 1998 年轻工业

表 4 – 23　1990～2003 年中国三次产业结构的变化

年份	国内生产总值构成（%）				三次产业贡献率（%）			就业人员构成（%）		
	第一产业	第二产业	工业	第三产业	第一产业	第二产业	第三产业	第一产业	第二产业	第三产业
1990	27.1	41.6	37.0	31.3	—	—	—	60.1	21.4	18.5
1991	24.5	42.1	37.4	33.4	7.1	62.8	30.1	59.7	21.4	18.9
1992	21.8	43.9	38.6	34.3	8.4	64.5	27.2	58.5	21.7	19.8
1993	19.9	47.4	40.8	32.7	8.1	67.7	24.2	56.4	22.4	21.2
1994	20.2	47.9	41.4	31.9	6.8	70.5	22.7	54.3	22.7	23.0
1995	20.5	48.8	42.3	30.7	9.4	67.3	23.2	52.2	23.0	24.8
1996	20.4	49.5	42.8	30.1	10.0	66.4	23.6	50.5	23.5	26.0
1997	19.1	50.0	43.5	30.9	7.1	63.8	29.1	49.9	23.7	26.4
1998	18.6	49.3	42.6	32.1	7.7	62.3	30.0	49.8	23.5	26.7
1999	17.6	49.4	42.8	33.0	6.5	62.9	30.7	50.1	23.0	26.9
2000	16.4	50.2	43.6	33.4	4.8	66.0	29.2	50.0	22.5	27.5
2001	15.8	50.1	43.5	34.1	6.1	56.5	37.4	50.0	22.3	27.7
2002	15.3	50.4	43.7	34.3	5.4	59.6	35.0	50.0	21.4	28.6
2003	14.6	52.2	45.3	33.2	4.0	69.8	26.2	49.1	21.6	29.3

注：本表 GDP 按当年价格计算，就业人员为年底数。

资料来源：《中国统计年鉴》2004，第 54、59、120 页。

比重再次回升到 49.3%，接近 1990 年的水平。但是到了 90 年代末期，重工业的扩张势不可挡，1998～2003 年重工业产值的年均增长速度达到 8.7%，而同期轻工业总产值却每年减少 3.0%，在这种不同增长趋势的强烈对比之下，2000 年重工业的比重达到 60.2%，比 1999 年增加近 10 个百分点，到了 2003 年又进一步扩大到 64.5%，比轻工业 35.5% 的比重已高出 29 个百分点。

表 4 - 24　工业产值结构

年份	轻工业	重工业	年份	轻工业	重工业
1990	49.4	50.6	1997	49	51
1991	48.4	51.6	1998	49.3	50.7
1992	46.6	53.4	1999	49.2	50.8
1993	46.5	53.5	2000	39.8	60.2
1994	46.3	53.7	2001	39.4	60.6
1995	47.3	52.7	2002	39.1	60.9
1996	48.1	51.9	2003	35.5	64.5

资料来源:《中国工业统计年鉴》2004 年,第 24 页。

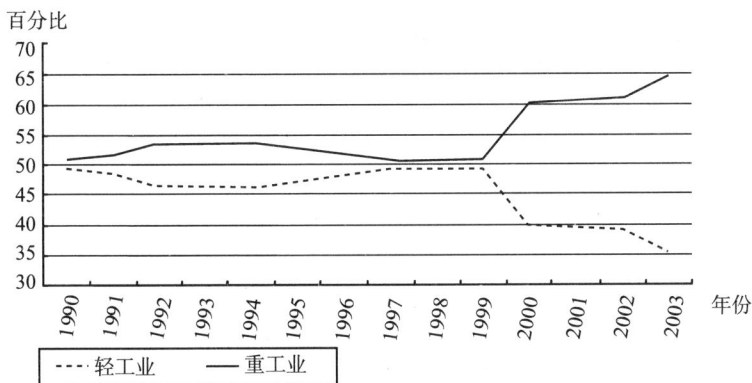

图 4 - 8　1990～2003 年中国轻重工业比重的变动

数据来源:《中国工业统计年鉴》2004,第 24 页。

　　从制造业内部结构来看,产值、增加值和就业都占各行业之前列的产业包括电子及通信设备制造业、交通运输设备制造业、电气机械及器材制造业、化学原料及化学制品制造业、纺织业、黑色金属冶炼及压延加工业、普通机械制造业和非金属矿物制造业,这八个行业产值之和占制造业的 62.7%,增加值之和占 56.2%,就业占 56.48%,可以说这八个行业的发展特点决定了中国制造业现阶段的主要特征和发展趋势。在这增长最快的八个行业中有六个行业都属于重工业,其中电子及通信设备制造业、交通运输设备制造业和电气机械及器材制造业三个行业在三项指标的增长幅

125

度上都名列前茅。从这些行业强劲的增长态势来看，随着制造业产业升级的深化，重工业的比重还将继续增加。

这些现象表明，中国经济正在进入重化工业发挥特殊重要作用的阶段。这样的特征并不是随机和短期的，而具有中长期特征（曹建海，2005）。

（二）农业劳动力加速向第三产业转移，劳动密集型行业仍是就业主力

从就业情况来看，90年代以来第一产业的就业人数下降幅度最大（表4－25），1996年最低时比1990年净减了4094万人，此后则逐渐增长，到2003年就业人数达到3.65亿人，占中国就业人数的半数左右，仍然为三次产业中就业最多的产业。同期第二产业的就业人数缓慢增长，1998年达到最高的1.66亿人，比1990年增加了2744万人，此后又呈略微下降的趋势，到2003年在第二产业就业的人员达到1.61亿，比最高年份减少了523万人。就业增长最快的是第三产业，在90年代前半期第三产业就业的增加与第一产业就业的大幅减少相对应，1996年比1990年的就业人数多出5948万人，也就是说在这一时期不仅第一产业转移出来的劳动力大部分被第三产业所吸引，而且新增的劳动力也基本在第三产业就业。

表4－25　1990～2003年中国三次产业就业人数及其比重的变化

年份	就业人员数（年底数）（万人）				比重（%）		
	总计	第一产业	第二产业	第三产业	第一产业	第二产业	第三产业
1990	64749	38914	13856	11979	60.1	21.4	18.5
1991	65491	39098	14015	12378	59.7	21.4	18.9
1992	66152	38699	14355	13098	58.5	21.7	19.8
1993	66808	37680	14965	14163	56.4	22.4	21.2
1994	67455	36628	15312	15515	54.3	22.7	23
1995	68065	35530	15655	16880	52.2	23	24.8
1996	68950	34820	16203	17927	50.5	23.5	26
1997	69820	34840	16547	18432	49.9	23.7	26.4
1998	70637	35177	16600	18860	49.8	23.5	26.7
1999	71394	35768	16421	19205	50.1	23	26.9
2000	72085	36043	16219	19823	50	22.5	27.5
2001	73025	36513	16284	20228	50	22.3	27.7
2002	73740	36870	15780	21090	50	21.4	28.6
2003	74432	36546	16077	21809	49.1	21.6	29.3

资料来源：《中国统计年鉴》2004，第120页。

各产业就业增长速度的差异导致三次产业间就业结构的显著变化。90年代以来，第二产业就业比重从1990年的21.4%上升到1997年的23.7%，2003年又下降到21.6%，总体来看相对稳定。第一产业就业比重则出现大幅度下降，尤其是1996年比1990年减少了9.6个百分点，而同期第三产业比重则上升了7.5个百分点。此后第三产业就业比重的增加与第一和第二产业就业比重的减少相伴随，到2003年三次产业就业比例为49.1:21.6:29.3，在全部就业中第三产业的地位得到提高。

从制造业就业结构的变化来看，劳动密集型行业继续承担着吸纳劳动力的重任。劳动力份额上升的有15个制造业行业，劳动力份额减少的有13个行业。在劳动力份额增加行业中，以劳动密集型产业为主，像服装及其他纤维制品制造业、皮革、毛皮、羽绒及其制品业、文教体育用品制造业、塑料制品业、家具制造业等行业以及一部分医药制造业，这些都是生产轻工消费品的劳动密集型产业。在资本技术密集型产业中，只有电子及通信设备制造业、电气机械及器材制造业、有色金属冶炼及压延加工业和交通运输设备制造业部门的劳动力份额上升较为显著，但与其产业结构份额上升的幅度相比仍然偏低。因此，虽然重工业在1995年以后重新表现出了强劲的发展势头，但吸纳劳动力主要在劳动密集型产业。同时劳动密集型行业在90年代的发展并非简单的数量扩张，而是规模扩大和效率提高的结果。总体来看，劳动密集型产业对经济增长的带动作用已经逐步让位于生产资本品和中间产品的资本技术密集型产业，但在吸纳社会剩余劳动力和为重工业发展提供积累方面仍发挥着极为重要的作用。

而从服务业就业结构来看，服务部门的就业仍然集中在劳动密集型行业，同时就业综合增长较快的行业如批发零售贸易餐饮业、社会服务业也均是劳动密集型行业，而知识、技术密集型的行业如金融保险业、科学研究与综合技术服务业等就业增长则非常缓慢，甚至出现就业人数的绝对下降。这表明，一方面劳动力资源丰富的特征决定了传统的劳动密集型行业仍然是90年代以来中国服务业吸纳劳动力的主要渠道，另一方面中国劳动力整体素质偏低制约了知识、技术密集型新兴服务行业就业的增长。

（三）农业结构优化，但基础地位仍然脆弱

在三次产业结构总体优化升级的同时，第一产业内部的结构特征也发生了重要变化。从产值结构变动的一般趋势看，农业比重稳步下降，2003年占第一产业总产值的比重达到 50.08%，与 1990 年相比平均每年下降 1.12 个百分点；林业比重维持在 3%～4% 之间，基本保持不变；而牧业和渔业的比重分别从 1990 年的 25.67% 和 5.36% 上升到 2003 年的 32.13% 和 10.57%。这基本上反映了需求结构变动带动生产结构转变的结果。从农业内部结构看，产品和品种结构调整的进展较快。一是经济作物种植面积扩大，2000 年占农业总播种面积的比重已经上升到 30% 以上，此后又逐渐扩大，2003 年比重接近 35%。其中蔬菜生产增长最快，其比重已经从 1995年的 6.35% 上升到 2003 年的 11.78%。二是农业机械化水平逐步提高，2003 年机耕、机播和机收面积分别占耕地、播种和收获面积的 46.84%、26.71% 和 19.02%，传统农业向现代农业转变的趋势加强。

但与中国经济总体水平相比，农业投入不足，科技进步速度缓慢，农村社会化服务体系落后，这使得农业劳动生产率提高缓慢。以单位劳动力的农业增加值为计算口径，1988～1990 年中国农业生产率平均为 227 美元，到 2000～2002 年增长到 338 美元，仅提高了 111 美元，虽然其增长幅度在发展中国家中名列前茅，但与发达国家不能相提并论。90 年代以来大多数发达国家农业生产率在原有较高的水平上又实现了大幅度的提高，尤其是德国、意大利、美国和西班牙均增长了 1 倍左右。目前，总体来看，中国农业劳动生产率仍然很低，2000～2002 年荷兰、法国、美国每个劳动力创造的附加值高达 59476、59243、53907 美元，澳大利亚和德国也达到了 36327、33686 美元，而中国只有 338 美元，差距之大，令人瞠目。同时，中国农产品的加工水平还比较低，总体来看是大路产品多、优质产品少、低档产品多、高档产品少、普通产品多、专用产品少、初级产品多、深加工产品少，不能适应国际国内市场需求的变化。当前的农产品结构不仅存在着低水平下的结构性、地区性生产过剩，而且农业生产主要是在外延扩大再生产基础上的高消耗、高成本和低效益。总之，目前中国农业劳动生产率低下、农业生产的稳定性差的情况表明，农业在国民经济中的基础地位仍然非常脆弱。

（四）技术密集型制造业的发展带动工业结构升级

在工业增长的不同阶段，衡量工业结构升级的主要指标是不同的。从近年来中国工业发展情况看，工业结构升级的重点在于技术密集型产业和高新技术产业的发展速度（《经济研究参考》，2003）。因此可以用这些产业在工业和制造业中的比重变化来了解工业结构调整升级的进展。从1995年以来工业增长的基本情况看，劳动密集型产业在制造业中的比重相对稳定或有所下降，而技术相对密集产业的比重有所上升（表4-26）。其中纺织业产值所占比重下降很快，从1995年的8.38%下降到2003年的5.43%，降低了近3个百分点，其增加值所占比重也从5.82%下降到4.54%；服装业基本保持稳定。技术密集度高或具有高新技术产业特征的医药制造业、交通运输设备制造业、电气机械及器材制造业、电子及通讯设备制造业占工业总产值的比重明显上升，2003年分别比1995年增加了1.28、3.26、2.29和12.78个百分点，在工业增加值中所占比重也分别提高了0.73、1.69、0.91和4.18个百分点，其中电子及通讯设备行业的比重升幅最大，2003年其产值已经占到全部工业总产值的17.39%以上，增加值所占比重也上升到8.29%。

表4-26 1995~2003年四类技术密集型产业产值变动情况

行　业	工业总产值比重（%）			增加值比重（%）		
	1995	2000	2003	1995	2000	2003
医药制造业	1.75	2.93	3.03	1.71	2.50	2.44
交通运输设备制造业	6.01	7.27	9.27	5.21	5.21	6.90
电气机械及器材制造业	4.72	6.91	7.01	3.91	4.85	4.82
电子及通信设备制造业	4.61	14.25	17.39	4.11	7.18	8.29
纺织业	8.38	6.36	5.43	5.82	5.01	4.54
服装及其他纤维制品制造业	2.68	2.76	2.42	2.25	2.33	2.18

资料来源：根据《中国工业经济统计年鉴》相关年份计算。

从制造业的效益结构来看，无论从劳动生产率还是从增加值率的增长方面，90年代后期以来制造业各行业都有比较大幅度的改善，其中尤其以技术密集型产业为最。90年代以来制造业劳动生产率年均增长率在6%以上，增长最快的行业是交通运输设备制造业，平均每年增长高达19.1%，其他增长较快的行业还有印刷业、记录媒介的复制、电子及通信设备制造业、仪器仪表及文化办公用机械制造、专用设备制造业、普通机械制造业、电气机械及器材制造业等行业，劳动生产率的年均增长也都在 15% 以上。从增加值率来看，1995～2003 年间增长最快的行业分别是烟草加工业、医药制造业和食品制造业，其增加值率的增长均在 7 个百分点以上，而专用设备制造业、交通运输设备制造业、电气机械及器材制造业、化学原料及化学制品制造业的增加值率也有不同程度的提高。

与此同时，20 世纪 90 年代中期以来，中国积极参与国际高技术产业竞争，大力发展高技术产业，使得高技术产业迅速扩张，其总产值平均每年增长 22.70%，2003 年达到 2.1 万亿元，是 1996 年 4909 亿元的约 4.2 倍；高新技术产业的增加值也以年均 21.72% 的速度增长，2003 年实现 5034 亿元。随着高技术产业规模不断扩大，高技术产业增加值占制造业的比重逐年上升。1996 年中国高新技术产业增加值仅为制造业增加值的 6.6%，占 GDP 的比重更低，还不足 2%；但 2003 年这两项数字均更新为 10.5% 和 4.32%。如果考虑到同期中国 GDP 的高速增长，那么这两项指标的发展速度是相当可观的。高新技术产业的快速发展也使高新技术产品进出口迅速增长，1996～2004 年年均增长速度分别高达 27.95% 和 37.90%，2004 年进口和出口额分别达到 1614.3 亿美元和 1655.4 亿美元。按汇率折算，2001 年中国高技术产业的产值规模约为 1480 亿美元，仅低于美国和日本在世界排第 3 位，略高于排在第 4 和第 5 位的德国和英国（高昌林，2003）。这表明中国高技术产业已经初具一定规模，在世界上占有一席之地。

以上分析表明，90 年代以来，以电子通讯设备制造业为重心的技术密集型产业和高新技术产业的快速增长是带动工业结构升级的主要力量。

（五）服务业适应需求结构变化而快速调整

从 90 年代以来第三产业内部各行业增加值比重变化的情况看（表 4－27），上升的行业依次为社会服务业、邮电通讯业、教育文化产业及广播电影电视业、科学研究和综合技术服务业，其中社会服务业从 1991 年的 6.19% 上升到 2002 年的 12.10%，增加了近 6 个百分点。其次是邮电通信业，同期增长了 5.48 个百分点。比重下降较大的行业有交通运输和仓储业、批发和零售贸易餐饮业、金融保险业，这三个行业在 90 年代初期是第三产业中最大的三大行业，其增加值之和占到第三产业增加值总额的 60%以上，但到 2002 年已经下降到 50% 左右，其中下降幅度最大的是交通运输和仓储业，12 年间其比例下降了 7.19 个百分点。第三产业内部出现的这种结构变化基本上是在市场调节下进行的，反映了服务业生产结构适应需求结构变化而调整的态势。但同时也要看到，中国第三产业的发展不是很快，不仅在国内生产总值中的比重低，而且内部结构仍以传统的服务业为主，新兴行业和要素市场的发展不足。

表 4 - 27   1991 ~ 2002 年结构变动较大服务业的增加值比重变化（%）

行　　业	1991	1995	1999	2002
交通运输和仓储业	17.46	13.25	11.31	10.27
批发和零售贸易餐饮业	28.88	27.48	25.56	23.50
金融保险业	17.82	19.41	17.93	16.49
社会服务业	6.19	8.62	10.70	12.10
邮电通信业	2.05	3.77	5.19	7.53
教育文化产业及广播电影电视业	6.29	6.27	7.76	8.57
科学研究和综合技术服务业	1.35	1.54	2.06	2.22

注：本表按当年价格计算。

资料来源：根据《中国统计年鉴》相关年份数据计算。

总体来看，服务业内部结构呈现出由低级向高级发展的态势，批发和零售贸易餐饮业和交通运输业等传统服务业的发展远远落后于邮电通信业等新兴服务行业。特别是随着居民生活水平的提高，消费结构发展显著的变化，从而使得为生活配套的服务业增长更加迅速，而社会服务业的快速发展就是例证。社会服务业虽然产业关联度小，但涉及范围比较广，不仅包括家政家教服务、医疗保健服务、老年活动服务、美容美发服务等，还包括修理、装修装潢、信息咨询、代购代销等家居服务。由于社会服务业方便、快捷，服务时域较宽，很符合现代生活的需要。随着中国国民经济和居民生活水平的提高，对社会服务的需求必然快速增长。同时，为生产配套的服务业也出现了升级换代的现象，能够满足现代企业运营需求的邮电通信服务业、科学研究和综合技术服务业的发展得到了充分的重视，具有较大的发展空间。

（六）产业结构升级中市场力量增强，国际竞争因素加大

20世纪80年代以来，随着对外开放的不断深入发展，市场力量增强，产业结构调整升级的动力机制和方式发生重要变化：一方面，经济运行态势的变化加强了市场需求在产业结构调整和升级中的调节作用，需求制约已成为产业结构调整升级的重要机制；另一方面，体制改革的推进提高了市场机制在产业结构调整和升级过程中的调节功能（杨建龙，2003）。

随着中国经济发展日益融入全球经济体系之中，从20世纪90年代中期开始，中国工业化过程也发生了一系列深刻的变化，呈现出一些新的特征（金碚，2000）。中国在积极参与国际分工和国际竞争的同时，也不断创造条件促使国内市场和国际市场趋向一体化，使国内市场开放成为国际市场的组成部分。在这一时期，中国以不断降低关税（少数产业的有限保护）和有管理的浮动汇率（汇价保持基本稳定）等方式，推进工业经济的国际化，增强了整体经济的国际竞争力。

（七）资源与环境对产业发展的约束日益明显

随着中国经济步入重化工业发展阶段，资源与环境对产业发展的约束也日益明显。尤其是新世纪初期，中国经济的增长主要依赖于一批新的高增长产业的带动，其中处在"龙头"位置上的是住宅、汽车、电子通讯和房地产等行业，这些行业拉动钢铁、有色金属、机械、建材、化工等一批中间投资品行业的发展，而这两个方面又带动了电力、煤炭、石油等能源行业的发展。在这种增长格局中，国内能源和主要原材料消费明显上升。2003年中国创造的GDP按现行官方汇率计算，仅相当于世界的4%，但消耗的原油、原煤、铁矿石、钢材、氧化铝和水泥分别约为世界消费量的7.4%、31%、30%、27%、25%和40%；同时中国能源自给能力在逐年下降，自1993年起，中国石油产量已不能满足国内市场需求，石油进口量逐年上升，到2002年中国石油进口量已占石油消费量的34%（曹建海，2005）。随着经济发展速度的加快和经济总量的增长，资源不足以及由过度的资源消耗引起的环境恶化问题逐步显现出来。

小　结

20世纪90年代以来，中国宏观经济运行环境发生了深刻的变化，经济由供给约束变为需求约束。从而经济波动也呈现出新的特征：经济体系的稳定性增强，波动幅度大大减小、波动时间大大延长，不再像90年代以前那样"大起大落"、"短起短落"。在影响中国经济增长的因素中，投资因素一直是中国经济波动的主要决定因素，且投资波动与国民经济基本上是同步的；随着中国对外开放步伐的不断加快，国际贸易和国际投资已成为影响中国经济发展的重要因素；中央政府通过实施财政和货币政策，较好地发挥了其作为经济发展的推动器与稳定器的作用，而且为经济发展提供了良好的宏观经济环境；劳动生产率的提高是经济增长的内在动力；可持续发展因素和体制因素，即市场经济体制在经济运行中的作用不断加强，对中国经济波动的平缓作用显著。

中国的产业结构变化情况是经济高速发展、市场经济体制不断完善以及全社会生产技术水平快速提高的必然反映。进入20世纪90年代以后，这种变化趋势同时表明中国已经进入了重化工业阶段，即工业化的中后期阶段，而且这种趋势具有中长期的特征。在这一过程中，中国产业结构变动呈现出以下趋势：（1）第二产业特别是工业发展迅速，重化工业特征日益明显；（2）农业劳动力加速向第三产业转移；（3）农业结构优化，但基础地位仍然脆弱；（4）中国技术密集型产业和高新技术产业获得了较快发展，并带动了工业结构的升级；（5）服务业也适应需求结构变化而快速调整；（6）随着中国对外开放步伐的不断加快，中国经济发展日益融入全球经济体系之中，受国际因素影响的程度也不断加深；（7）此外，资源与环境对产业发展的约束日益明显。

参考文献

1. 曹建海：《中国产业前景报告2005》，中国时代经济出版社2005年版，第1页。

2. 崔友平、金玉国、张远超："我国经济周期的历史考察及宏观对策"，《中国三农信息》2005 年 3 月 10 日。

3. 金碚："中国的新世纪战略从工业大国走向工业强国"，《中国工业经济》2000 年第 5 期。

4. 杨建龙："我国产业结构调整的状况、趋势和政策取向"，《经济研究参考》2003 年第 1 期。

5. 刘金全、王大勇："中国经济增长：阶段性、风险性和波动性"，《经济学家》2003 年第 4 期。

6. 刘恒：《当代中国经济周期波动及形成机理研究》，西南财经大学出版社 2003 年版，第 203～208 页。

7. 刘恒、陈述云："中国经济周期波动的新态势"，《管理世界》2003 年第 3 期。

8. 刘世锦等：《2004 中国产业发展报告》，华夏出版社 2004 年版，第 4～6 页。

9. 刘树成：《中国经济周期波动的新阶段》，上海远东出版社 1996 年版。

10. 刘树成："中国经济波动的新轨迹"，《经济研究》2003 年第 3 期。

11. 潘利：《中国经济周期研究》，安徽大学硕士学位论文 2003 年。

12. 钱纳里等：《工业化和经济增长的比较研究》，三联书店上海分店、上海人民出版社 1995 年版。

13. 孙可娜：《中国经济周期波动问题研究》，天津人民出版社 1995 年版。

14. 王洛林：《经济周期研究》，经济科学出版社 1998 年版。

15. 杨治：《产业经济学导论》，中国人民大学出版社 1985 年版，第 58～59 页。

16. 张二震、马野青、方勇：《贸易投资一体化与中国的战略》，人民出版社 2004 年版。

17. 张蔚、徐晨、陈宇玲：《国际投资学》，北京大学出版社 2002 年版。

18. 张岩贵：《国际直接投资及其波动性》，经济科学出版社 2000

年版。

19. 中国社会科学院工业经济研究所:《中国工业发展报告 2004:中国工业技术创新》,经济管理出版社 2004 年版,第 119～125 页。

20. 中华人民共和国国家统计局:《第三次全国工业普查主要数据公报》2002 年版,http://www.stats.gov.cn/tjgb/gypcgb/qggypcgb/t20020331_15501.htm。

21. 庄宗明:"中国经济增长对美国经济的依存性分析",《经济学家》2004 年第 1 期。

22. UNIDO (United Nations Industrial Development Organization): Internatioanl Yearbook of Industrial Statistics. Aldershot, England ; Brookfield, Vt. , USA : Edward Elgar, 2003, p. 34, p. 40.

第五章 中美贸易对中国经济发展的影响

　　本章和下一章是本书的重点研究内容。本章研究中美贸易对中国经济增长和产业结构变动的影响。本章第一节从一般理论上阐述对外贸易与经济增长及产业结构变动的关系；第二节运用计量经济方法等数量分析方法对中国对外贸易（即同所有国家的贸易）同中国经济增长与产业结构变动之间的关系进行实证分析，为第三节提供比较分析的基础；第三节运用数量分析方法研究中美贸易对中国经济增长及产业结构变动的影响，并以第二节的分析结果作为比较分析法的比较参照系，将第三节的研究结果同第二节的结果进行比较，得出第三节的分析结论。

第一节 对外贸易与经济增长及产业结构变动的关系

　　对外贸易与经济增长之间的关系主要包括对外贸易分别对短期经济增长和长期经济增长的影响；对外贸易是影响一国产业结构变动的重要因素，而产业结构的变动又会影响到对外贸易的发展。下面分别阐述对外贸易与经济增长以及对外贸易与产业结构变动之间的一般理论关系。

一、对外贸易与经济增长的关系

（一）对外贸易与短期经济增长

1. 对外贸易对短期经济增长的影响

（1）凯恩斯主义的对外贸易乘数理论

凯恩斯主义认为，净出口是总需求的重要组成部分，净出口的变化将导致国民收入的短期波动。对外贸易与短期经济波动的关系可用公式表示为：

$$GDP = C + I + G + (X - M) \qquad (5.1)$$

其中 GDP 为国内生产总值，C、I、G 分别为总消费、总投资和政府支出，（X - M）为净出口。根据凯恩斯理论，投资 I、政府支出 G 和出口 X 一般为短期经济的外生变量；总消费函数为：

$$C = C_0 + MPC\ GDP \qquad (5.2)$$

其中 C_0 为自主消费，MPC 为边际消费倾向。总进口函数为：

$$M = M_0 + MPM\ GDP \qquad (5.3)$$

其中 M_0 为自主进口，MPM 为边际进口倾向。将（5.2）、（5.3）代入（5.1）式可得：

$$GDP = [1/(1 - MPC + MPM)](C_0 - M_0 + I + G + X) \qquad (5.4)$$

其中 $k = 1/(1 - MPC + MPM)$ 就是国民收入乘数，这里的 k 既是投资乘数和政府支出乘数，也是对外贸易乘数。对外贸易乘数的含义是指出口增加 ΔX，国民收入 GDP 将增加 ΔX 的 k 倍。一般来说，$0 < MPC < 1$，$0 < MPM < 1$，并且 $MPC > MPM$，故 $k > 1$。根据凯恩斯的对外贸易乘数理论，可以通过扩大出口来促进短期经济增长，即在国民收入乘数 k 已知的情况下，通过扩大出口 X，可以达到扩大总需求和提高短期国民收入 GDP 的作用。

（2）对外贸易对于短期经济增长的贡献率分析

根据（5.1）式，可以计算出从总需求角度看本期国民收入较上期增加额的各个构成部分，即

$$\Delta GDP = \Delta C + \Delta I + \Delta G + (\Delta X - \Delta M) \qquad (5.5)$$

其中（$\Delta X - \Delta M$）为本期净出口较上期的增加额。在过去的一个时期

137

里对外贸易即净出口对国民收入增长的贡献率 G_{trade} 为：

$$G_{trade} = (\Delta X - \Delta M) / \Delta GDP \qquad (5.6)$$

根据（5.6）式可知，只有净出口而非单纯的出口才是促进短期经济增长的重要因素之一。我们可以认为，从足够长的时间跨度来说，国际贸易收支总是要实现平衡的，即从长期来看，（$\Delta X - \Delta M$）这一项必定为零，因此，从长期来看，根据（5.6）似乎对外贸易对经济增长的贡献为零，但是，这是一种从总需求角度进行的静态分析。对外贸易对于长期经济增长的作用是非常巨大的，这一点应该从总供给而不是总需求角度来进行动态分析。

2. 短期经济增长对进出口贸易的影响

理论上，一国的短期经济波动主要影响其短期内的进口量或进口结构，（5.3）式反映了短期经济波动对短期进口量的影响关系。由于短期经济波动影响到短期内的居民可支配收入，从而影响到消费结构，最终可能影响到进口结构。

一般来说，出口主要决定于影响经济发展和增长的长期因素，而不受短期经济下降的影响，短期经济下降反而是政府寻求扩大出口的根源。另一方面，如果一国在短期内出现经济过热，在高通货膨胀率的作用下，国内供给及其增长的限制可能导致出口的下降，并且有可能改变出口商品结构。

（二）对外贸易与长期经济增长

1. 对外贸易对长期经济增长的影响

长期经济增长主要受到两个方面的影响：总要素投入的增加和单位要素投入的产出的增加。对外贸易通过以下几个方面影响总要素投入的增加和单位要素投入的产出增加，从而影响长期经济增长。

（1）对外贸易对国内生产要素供给的影响

① 资本品的进口可以增加国内要素供给

进口贸易的发展，通过引进国外的先进技术设备和国内短缺的生产资料，增加国内的有效供给，从而促进经济增长。实际上，从总供给来说，进口资本品是促进经济增长的国内投资或资本形成的一部分，或者说，是总量生产函数中的资本的一部分。我们据此可以认为，在一定的经济环境下，进口资本品同国内总投资之间存在较强的相关关系，即：

$$I = \alpha_1 + \beta_1 IM_c \qquad (5.7)$$

其中 IM_c 为进口资本品，I 为国内总投资，α_1、β_1 分别为参数。

② 出口贸易发展带动国内就业增加

按照比较优势原理，劳动力禀赋相对丰富的国家通过出口劳动密集型产品，可以扩大劳动就业，提高福利水平。美国学者安妮·克鲁格在《发展中国家的贸易与就业》一书中充分论证了发展中国家通过发展出口贸易对于扩大就业以及促进经济增长的重要作用。据此，我们也认为，在一定的经济条件下，国内就业同出口贸易之间也存在较强的相关关系，即

$$\ln L = \alpha_2 + \beta_2 \ln EX \qquad (5.8)$$

其中 L 为国内就业量，EX 为国内出口总额，α_2、β_2 分别为参数。

③ 出口贸易的发展可以带动国内外投资的增加

出口贸易的发展可能引发更多的 FDI，从而增加国内的资本投入，促进经济增长。我们认为，在一定的经济条件下，FDI 同出口贸易之间也存在较强的相关关系，即

$$FDI = \alpha_3 + \beta_3 EX \qquad (5.9)$$

其中 FDI 为外商直接投资额，EX 为国内出口总额，α_3、β_3 分别为参数。

（2）对外贸易发展提高国内全要素生产率

① 对外贸易的发展优化国内资源配置

对外贸易通过优化国内资源配置，提高资源配置效率，提高单位要素投入的产出，从而促进经济增长。其中对外贸易通过优化产业结构促进经济增长的作用将在下面进一步讨论。

② 对外贸易的发展促进规模经济的形成

新贸易理论从这方面充分论证了发展对外贸易通过实现企业内的规模经济和实现产业内贸易对于长期经济增长的作用；另一方面，对外贸易通过发挥行业规模经济从而促进经济发展的作用也得到人们的普遍重

视。另外，出口贸易带动相关产业的发展，为相关产业形成规模经济创造条件。

③ 对外贸易的发展加快国内的知识进展

对外贸易通过引进国外先进的科学技术和管理经验，提高国内科技发展水平和管理水平，提高有效劳动的产出水平，从而促进经济增长。

④ 对外贸易的发展促进制度创新

对外贸易的发展有利于国内制度创新，而制度创新又有利于国内资源的优化配置以及促进国内的技术创新，从而推动长期经济增长。

综合上述四点，我们认为全要素生产率（TFP）同进出口贸易之间也应存在较强的相关关系，即

$$TFP \ = \alpha_4 + \beta_4 \ EX \ + \ \gamma_4 \ IM \qquad (5.10)$$

其中各符号含义同上。

（3）对外贸易的非协调发展将会对经济增长造成负面的影响

① 长期的过度出口可能造成"贫困化增长"

当一国长期的过度出口使得该国贸易条件严重恶化，从而本国出口的增加使得本国出口商品的国际购买力反而下降，这种出口增长就有可能使得该国的净福利水平出现恶化，这种增长就是美国经济学家巴格沃蒂（J. Bhagwati）所说的"贫困化增长"。虽然现实中贫困化增长的例子不多见，但是，在制定贸易发展战略时，不可忽视防止出口贫困化增长的问题。

② 过度进口将导致进口竞争部门的"投资挤出"和就业下降

由于国内市场需求总是存在一定的市场容量限制，当某种进口品过度增加进口时必定会冲击到相应的进口竞争部门，从而对该部门造成投资挤出效应，并使该部门的就业下降。一定时期内的过度进口是完全可能的，但由于大部分国家都具有保障措施方面的立法，长期的过度进口的可能性就比较小。

③ 国内供给不足的商品或要素的短期过度出口可能诱发通货膨胀

当某些基础性商品（如农产品、食品、燃料、原材料等）的国内供给本身不足时，这些商品的过度出口不仅会造成这些商品自身的国内供求失

衡，从而推动这些商品价格的持续上涨，而且还会促使相应的工业制成品的价格的持续上涨，从而最终导致国内一般物价水平的持续上涨，即诱发通货膨胀。

2. 长期经济增长对对外贸易的影响

（1）长期经济增长提升一国在世界贸易中的地位

一国的长期经济增长使得该国的国际竞争力不断提高，并促使该国成为贸易大国和贸易强国，贸易地位的上升反过来又有利于该国的长期经济增长。

（2）长期经济增长将促使一国贸易依存度不断下降

随着一国的长期经济增长，人均收入不断提高，国内资本积累越来越多，从而促使该国开放经济的重点由商品进出口贸易转向贸易与对外投资并重的开放模式，甚至是对外投资的重要性超过商品贸易的重要性。在市场经济条件下，随着一国的长期经济增长，贸易依存度将相对下降，国内因素对于经济增长的促进作用显得相对更重要，但是，对外贸易仍然不可或缺。

总结以上（1）、（2）两点，我们可以认为进出口贸易同经济增长之间存在较大的相关关系，这些关系可以表达为：

$$GDP = \alpha_5 + \beta_5\, IM \qquad\qquad (5.11)$$

$$IM = \alpha_6 + \beta_6\, GDP \qquad\qquad (5.12)$$

$$GDP = \alpha_7 + \beta_7\, EX \qquad\qquad (5.13)$$

$$EX = \alpha_8 + \beta_8\, GDP \qquad\qquad (5.14)$$

$$GDP = \alpha_9 + \beta_9\, EX + \gamma_9\, IM \qquad\qquad (5.15)$$

其中 GDP 为国内生产总值，其他符号的含义同上。

二、对外贸易与产业结构变动的关系

（一）对外贸易的发展对产业结构变化的影响

1. 对外贸易的发展有利于产业结构优化

在开放经济的市场竞争压力下，社会资源将由低效率和低效益的部门流向高效率和高效益的部门，从而促使各经济部门都能够提高资源的配置效率和效益；对外贸易推动资源在各经济部门的重新配置，自然就促进了产业结构的合理化。另一方面，出口厂商在国内外市场竞争的压力下，将

141

不断提高产品质量，降低成本，加大研究与开发的投入，促进产业升级。

2. 出口部门的发展将带动相关产业的发展

出口部门的发展将一方面通过"向后关联效果"带动原材料和半成品行业的发展，另一方面通过"向前关联效果"推动最终产品行业的发展，因此，出口扩张能够带动相关产业的发展，甚至促进相关产业规模经济的形成。

3. 资本品的进口促进生产技术水平的提高和国内产业升级

先进技术设备的进口显然可以提高生产技术水平，即能够提高生产的效率、产品的档次和质量，从而提高产品的竞争力和企业的经济效益。从社会的角度来看，对于一些资本技术密集型产业，先进技术设备的进口甚至包括一些关键的原材料或零部件的进口能够使得一些主导产业得以建立和发展，从而促进国内产业升级。发展中国家通过进口先进技术设备或关键的原材料、零部件来促进产业升级已经是普遍的现象。

（二）产业结构变化对对外贸易发展的影响

1. 产业结构的优化是进出口商品结构优化的基础

一方面，产业结构的合理化将促使进出口商品结构的合理化。对于劳动力禀赋丰富的国家，劳动密集型产业的发展将是其按照比较优势原则增加劳动密集型产品出口的基础，而资本和技术禀赋丰富的国家，资本技术密集型产业的发展是增加资本技术密集型产品出口的基础。各国根据其资源禀赋的特点，重点发展相应的产业并出口相应的产品，将提高该国的福利水平。另一方面，产业结构的升级将促进出口商品结构的升级，不断提高出口商品的国际竞争力以及该国在世界贸易中的地位；没有产业结构升级的前提，出口商品结构升级就不可能。

2. 产业结构的优化提高对外贸易的经济效益

产业结构优化通过这几个方面促进对外贸易经济效益的提高：第一，提高资源配置效率，降低出口商品成本；第二，促使出口商品结构合理化，从而提高出口商品的价格竞争力；第三，产业结构优化意味着资源配置的合理性，即实现了机会成本最低的资源配置，这样，通过进口机会成本较高的商品，可以节约国内社会劳动，提高了宏观经济效益；第四，产业结构优化意味着对外贸易服务水平的提高和服务成本的下降，从而提高对外贸易的微观经济效益。

第二节　中国对外贸易与经济增长及产业结构变动的实证分析

一、中国对外贸易发展的主要特征

（一）20 世纪 80 年代以来中国对外贸易的增长趋势及其特点

可以从不同指标看出，20 世纪 80 年代以来中国对外贸易总体上呈现出高速增长的态势，这种增长态势具有以下主要特点：

第一，按照当年价格计算，1980～2003 年中国的进出口总额、出口额、进口额的年均增长率分别高达 23.30%、23.72%、22.89%，高于同期国内生产总值的年均增长率 15.21%，更是高于同期世界出口总额的年均增长率 5.47%。[①]　图 5-1 和表 5-1 反映了 1980～2004 年中国的 GDP、出口额、进口额、进出口总额的绝对额和它们的基本增长趋势。

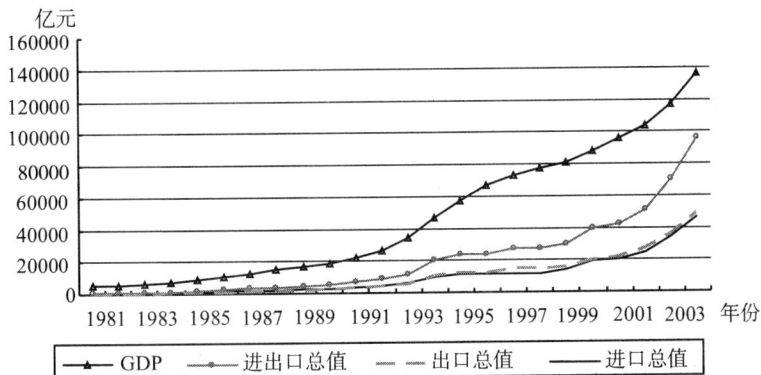

图 5-1　1981～2004 年中国对外贸易与 GDP 的增长情况

资料来源：2005 年的《中国统计年鉴》和中国海关统计数据。

第二，出口占 GDP 的比重由 1981 年的 7.56% 上升到 2004 年的 35.97%，该指标总体上也呈现出上升的趋势（图 5-2 和表 5-2），说明

---

① 世界出口总额的年均增长率根据 2004 年的《中国对外经济统计年鉴》中的数据计算。

中国经济发展对国际市场的依赖性在增加，中国经济发展已经深度融入世界经济发展之中。

表 5-1 1981~2004 年中国对外贸易与 GDP 的增长情况

单位：亿元

年　份	GDP	进出口	出口	进口	年　份	GDP	进出口	出口	进口
1981	4860.3	735.3	367.6	367.7	1993	34560.5	11271.0	5284.8	5986.2
1982	5301.8	771.4	413.8	357.5	1994	46670.0	20381.9	10421.8	9960.1
1983	5957.4	860.2	438.3	421.8	1995	57494.9	23499.9	12451.8	11048.1
1984	7206.7	1201.0	580.6	620.5	1996	66850.5	24133.9	12576.4	11557.4
1985	8989.1	2066.7	808.9	1257.9	1997	73142.7	26967.2	15160.7	11806.6
1986	10201.4	2580.4	1082.1	1498.3	1998	76967.2	26849.7	15223.5	11626.1
1987	11954.5	3084.2	1470.0	1614.2	1999	80579.4	29896.2	16159.8	13736.5
1988	14922.3	3821.8	1766.7	2055.1	2000	88254.0	39273.3	20634.4	19638.8
1989	16917.8	4155.9	1956.1	2199.9	2001	95727.9	42183.6	22024.4	20159.2
1990	18598.4	5560.1	2985.8	2574.3	2002	103935.3	51378.2	26947.9	24430.3
1991	21662.5	7225.8	3827.1	3398.7	2003	116603.2	70483.5	36287.9	34195.6
1992	26651.9	9119.6	4676.3	4443.3	2004	136515.0	95539.1	49103.3	46435.8

资料来源：2005 年《中国统计年鉴》和中国海关统计数据。

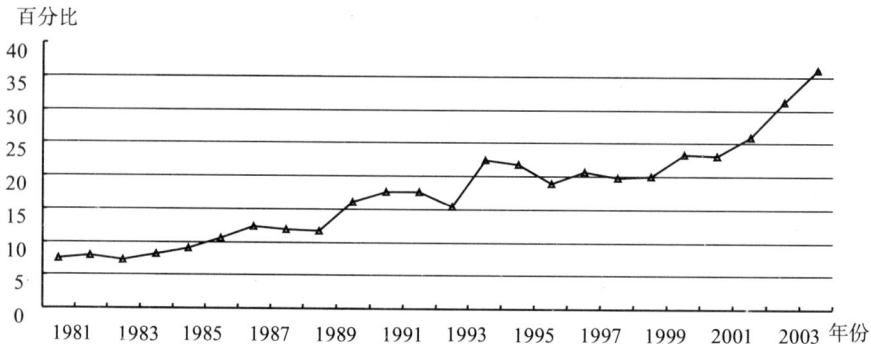

图 5-2 1981~2004 年中国出口总额占 GDP 比重

资料来源：根据表 5-1 的数据计算。

表 5 - 2   1981~2004 年中国出口总额占 GDP 比重

单位：%

年份	比重	年份	比重	年份	比重	年份	比重
1981	7.56	1987	12.30	1993	15.29	1999	20.05
1982	7.81	1988	11.84	1994	22.33	2000	23.38
1983	7.36	1989	11.56	1995	21.66	2001	23.01
1984	8.06	1990	16.05	1996	18.81	2002	25.93
1985	9.00	1991	17.67	1997	20.73	2003	31.12
1986	10.61	1992	17.55	1998	19.78	2004	35.97

资料来源：根据表 5 - 1 的数据计算。

第三，图 5 - 3 和表 5 - 3 反映出，中国出口额占世界出口总额的比重由 1981 年的 1.19% 提升到 2003 年的 5.86%，同时中国出口额占世界出口总额的位次由 1980 年的第 26 位上升到 2003 年的第 4 位，1980 年以来中国对外贸易的高速增长使中国现在已经成为世界贸易的大国。

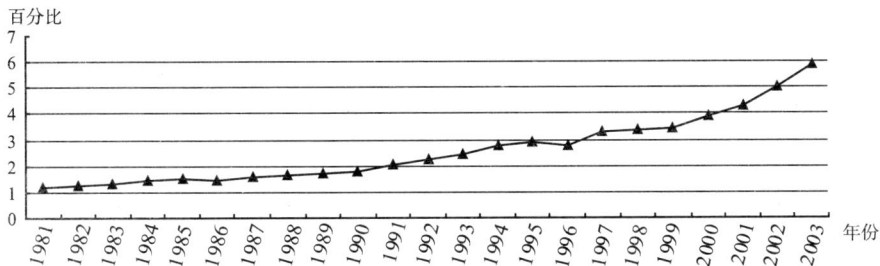

图 5 - 3   1981~2003 年中国占世界出口总值的比重

数据来源：根据 1995、2004 年《国际统计年鉴》和中国海关统计数据整理。

第四，80 年代中国多数年份存在贸易逆差，90 年代除了 1993 年之外均有贸易顺差，尤其是 1995 年以来始终保持高额的贸易顺差，反映出 90 年代以来中国对外贸易的高速增长具有良好的出口贸易发展的基础，中国对外贸易的高速增长是有潜力的增长。

145

表 5 – 3   1981～2003 年中国出口总额占世界出口总额的比重

单位：%

年份	比重	年份	比重	年份	比重	年份	比重
1981	1. 19	1987	1. 58	1993	2. 43	1999	3. 42
1982	1. 28	1988	1. 62	1994	2. 80	2000	3. 87
1983	1. 31	1989	1. 73	1995	2. 88	2001	4. 30
1984	1. 45	1990	1. 80	1996	2. 80	2002	5. 03
1985	1. 50	1991	2. 04	1997	3. 28	2003	5. 86
1986	1. 45	1992	2. 26	1998	3. 34		

资料来源：根据 1995、2004 年《国际统计年鉴》和中国海关统计数据整理。

（二）出口商品结构不断优化

从 1980 年到 2004 年，中国出口总额中初级产品所占比重由 1980 年的 50.3%下降到 2004 年的 6.58%，工业制成品所占比重由 49.7%上升到 93.4%（表 5 – 4）。在工业制成品出口总额中，1991 年劳动和资源密集型产品所占比重达到了 62.2%的顶峰后，资本和技术密集型产品的出口增速强劲，所占工业制成品出口的比重从 1990 年的 15%提高到 2000 年的 47.4%[①]。自 1990 年以来，中国工业制成品出口实现了以出口轻纺产品为主向出口机电化工、高新技术产品等重化工产品为主的转变，这些重化工产品的特点是具有一定程度的附加值、一定程度的技术含量、加工精度和加工深度。

表 5 – 4   中国出口商品构成的变化

年 份	出口总额（亿美元）	初级产品		工业制成品	
		金额（亿美元）	比重（%）	金额（亿美元）	比重（%）
1980	181. 2	91. 1	50. 3	90. 1	49. 7
1985	273. 5	138. 1	50. 6	135. 4	49. 5
1990	620. 9	158. 9	25. 6	461. 8	74. 4
1995	1487. 8	214. 9	14. 4	1272. 8	85. 6
2000	2492. 0	254. 6	10. 2	2237. 5	89. 8
2004	5933. 7	390. 5	6. 58	5543. 2	93. 4

资料来源：海关统计数据。

---

① 数据来源于中华人民共和国商务部网站。

（三）加工贸易快速发展并成为牵动对外贸易增长的重要因素

1990 年之前，在中国出总额中加工贸易出口所占比重远低于一般贸易出口所占比重。1990 年之后，中国加工贸易出口快速发展，在中国出口总额中加工贸易出口所占比重快速上升，并超过一般贸易出口在中国出口总额中所占的比重，成为推动中国对外贸易增长的重要因素。到 2004 年，在中国出口总额中加工贸易出口所占比重达到了 55.28%，而一般贸易出口所占比重只有 41.06%（表 5-5）。

表 5-5　中国一般贸易和加工贸易所占出口贸易比重对比表

年　份	出口总值（亿美元）	一般贸易		加工贸易	
		出口值（亿美元）	比重（%）	出口值（亿美元）	比重（%）
1985	273.5	237.3	86.8	32.3	11.77
1990	620.9	354.6	57.1	254.2	40.9
1995	1488.0	713.6	47.9	737.2	49.4
2000	2492.0	1051.8	42.2	1376.3	55.2
2004	5933.7	2436.3	41.06	3279.9	55.28

资料来源：海关统计数据。

（四）市场多元化战略取得积极进展

20 世纪 90 年代初，中国出口市场表现为高度集中，44.7% 的出口集中于我国香港，32.7% 的出口分别为日本、欧盟、美国所占有，四大市场占中国出口总额的 77.4%，而对拉美、苏联和东欧国家、非洲、大洋洲的出口不足 6.3%。至 2000 年中国出口市场分布已发生较大变化，集中度有所下降。虽然超过 70% 的出口份额仍然集中于美国、中国香港、日本、欧盟，但已比 1991 年下降 6.6%，而且四者之间份额也渐趋平衡。其中美国市场份额从 8.6% 上升到 20.9%，增长 12.3%；欧盟从 9.8% 上升到 15.3%，增长 5.5%；日本从 14.3% 上升到 16.7%，增长 2.4%；中国香港则从 44.7% 跌至 17.9%，下降 26.8%。20 世纪 90 年代初期中国提出以降低出口市场集中度、减少风险为主要内容的 "市场多元化战略"，经过 10 年努力已初步取得成效。目前中国出口市场已形成以美国、日本、欧盟、中国港台地区为重点，遍布全球的多元化格局。

147

（五）外商投资企业进出口迅猛发展

1990～2004 年，中国外商投资企业出口的年均增长率高达 30.89%，而中国出口贸易总额的年均增长率只有 17.50%；同期中国外商投资企业进口的年均增长率高达 26.33%，而中国进口贸易总额的年均增长率只有 18.31%，外商投资企业进出口增长率远高于中国全部进出口贸易的增长率，外商投资企业进出口贸易的发展非常迅猛。与此同时，中国外商投资企业出口占中国出口总额的比重由 1990 年的 12.58% 提高到 2004 年的 57.07%，外商投资企业进口占中国进口总额的比重由 1990 年的 23.07% 提高到 2004 年的 57.81%（表 5－6），外商投资企业已经成为推动中国对外贸易发展的主力军。

表 5－6　中国外商投资企业进出口的基本情况表

年　份	出　口			进　口		
	全国（亿美元）	外商投资企业（亿美元）	外商投资企业比重（%）	全国（亿美元）	外商投资企业（亿美元）	外商投资企业比重（%）
1990	620.9	78.14	12.58	533.5	123.06	23.07
1991	719.1	120.47	16.75	637.9	169.07	26.50
1992	849.4	173.56	20.43	805.9	263.71	32.72
1993	917.4	252.37	27.51	1039.6	418.33	40.24
1994	1210.1	347.13	28.69	1156.1	529.34	45.79
1995	1487.8	468.76	31.51	1320.8	629.43	47.65
1996	1510.5	615.06	40.72	1388.3	756.04	54.46
1997	1827.9	749.00	40.98	1423.7	777.21	54.59
1998	1837.1	809.62	44.07	1402.4	767.17	54.70
1999	1949.3	886.28	45.47	1657.0	858.84	51.83
2000	2492.0	1194.41	47.93	2250.9	1172.73	52.10
2001	2661.0	1332.35	50.07	2435.5	1258.63	51.68
2002	3256.0	1699.37	52.19	2951.7	1602.86	54.30
2003	4383.7	2403.4	54.83	4128.4	2319.1	56.17
2004	5933.7	3386.1	57.07	5614.2	3245.7	57.81

资料来源：（1）1990～2003 年全国进出口数据来源于 2004 年《中国对外经济统计年鉴》；（2）1990～1999 年外商投资企业进出口数据来源于 2000 年《中国对外经济统计年鉴》；（3）2000～2002 年外商投资企业进出口数据来源于 2003 年《中国对外经济贸易年鉴》；（4）2003、2004 年外商投资企业进出口数据来源于中华人民共和国商务部网站。

除了以上主要特点以外，中国的沿海地区是对外贸易的主要基地，同时近几年以来中国中西部地区的对外贸易也获得了快速发展；中国大经贸格局已经基本上形成。

二、实证分析的数据说明及经济变量的平稳性检验

（一）经济变量的选择及其数据说明

以下将对中国对外贸易及其长期经济增长、中美贸易与中国经济长期增长的关系进行实证分析，其中所涉及的经济变量包括：中国出口总额、中国进口总额、中国国内生产总值、中国资本形成总额、中国三次产业就业人员总数、中国年末外商投资企业投资总额、中国对美国出口额、中国自美国进口额等8个经济变量。表5-7对这些经济变量的符号及其自然对数的符号、计量单位和样本区间进行了具体的规定。这8个经济变量的数据分别来自《中国对外经济贸易年鉴》、《中国商务年鉴》、《中国统计年鉴》和中国的海关统计（表5-8和表5-9）。所有经济变量均采用当年价格的数据。

（二）经济变量的平稳性检验

鉴于大多数经济时间序列数据是非平稳的，在协整检验前必须进行平稳性的单位根检验。根据表5-8和表5-9的数据，这里采用 ADF 检验，结果如表5-10所示。从检验结果可见，lnEX、lnIM、lnEXA、lnIMA、lnL和 lnIFDI 在5%的显著性水平是一阶单整序列；lnGDP 和 lnI 在10%的显著性水平是一阶单整序列。

表5-7　对外贸易与长期经济增长实证分析的主要经济变量

变量名称	变量代码	变量的自然对数	单位	样本区间
中国出口总额	EX	lnEX	亿美元	1980～2004
中国进口总额	IM	lnIM	亿美元	1980～2004
中国国内生产总值	GDP	lnGDP	亿元人民币	1980～2004
中国资本形成总额	I	lnI	亿元人民币	1980～2004
中国三次产业就业人员总数	L	lnL	万人	1980～2004
年末外商投资企业投资总额	IFDI	lnIFDI	亿美元	1981～2003
中国对美国出口额	EXA	lnEXA	亿美元	1980～2004
中国自美国进口额	IMA	lnIMA	亿美元	1980～2004

表 5－8　中国对外贸易与中美贸易数据

年　份	中国出口总额 EX	中国进口总额 IM	中国对美国出口额 EXA	中国自美国进口额 IMA
1980	181.2	200.2	9.81	38.30
1981	220.1	220.1	15.06	43.83
1982	223.2	192.8	16.19	37.17
1983	222.3	213.9	17.06	23.22
1984	261.4	274.1	23.00	36.63
1985	273.5	422.5	26.52	43.73
1986	309.4	429.0	24.66	35.27
1987	394.4	432.1	29.63	38.09
1988	475.2	552.8	32.10	50.52
1989	525.4	591.4	38.68	61.22
1990	620.9	533.5	48.15	49.93
1991	719.1	637.9	61.59	80.08
1992	849.4	805.9	85.94	89.01
1993	917.4	1039.6	169.65	106.87
1994	1210.1	1156.2	214.61	139.70
1995	1487.8	1320.8	247.11	161.18
1996	1510.5	1388.4	266.85	161.55
1997	1827.9	1423.7	326.95	162.98
1998	1837.1	1402.4	379.76	169.61
1999	1949.3	1657.0	419.46	194.80
2000	2492.0	2250.9	521.04	223.63
2001	2661.0	2435.5	542.83	262.02
2002	3255.7	2952.0	699.51	272.30
2003	4383.7	4128.4	924.74	338.61
2004	5933.7	5614.2	1249.48	446.79

资料来源：1980～1990 年数据来源于 1992 年《中国对外经济贸易年鉴》；1991～2003 年数据来源于 2004 年《中国商务年鉴》；2004 年数据为海关统计数据。

表 5 - 9　中国的 GDP、资本形成、就业和 FDI 数据

年份	中国 GDP	资本形成总额 I	三次产业就业 人员总数 L	年末外商投资企业 投资总额 IFDI
1980	4517.8	1590	42361	—
1981	4860.3	1581	43725	1.3248
1982	5301.8	1760.2	45295	6.5085
1983	5957.4	2005	46436	17.6747
1984	7206.7	2468.6	48197	43.4644
1985	8989.1	3386	49873	164.1154
1986	10201.4	3846	51281	214.0438
1987	11954.5	4322	52784	264.1308
1988	14922.3	5495	54334	378.0628
1989	16917.8	6095	55330	469.0829
1990	18598.4	6444	64749	545.737
1991	21662.5	7517	65491	717.8332
1992	26651.9	9636	66152	1784.555
1993	34560.5	14998	66808	3823.8877
1994	46670.0	19260.6	67455	4907.2446
1995	57494.9	23877	68065	6390.0854
1996	66850.5	26867.2	68950	7153.2202
1997	73142.7	28457.6	69819	7534.701
1998	76967.2	29545.9	70637	7742.2942
1999	80579.4	30701.6	71394	7785.6752
2000	88254.0	32499.8	72085	8246.7505
2001	95727.9	37460.8	73025	8750.1079
2002	103935.3	42304.9	73740	9818.9328
2003	116741.2	51554.7	74432	11173.5062
2004	136584.3	62875.3	75200	—

　　资料来源：中国 GDP、中国资本形成总额、中国三次产业就业人员总数数据来源于《中国统计年鉴》2005 年；年末外商投资企业投资总额数据来源于 2004 年《中国商务年鉴》。

表 5 - 10　经济变量的单位根检验结果

变量	水平或差分	类型	ADF	5% 临界值	10% 临界值	是否平稳
lnEX	lnEX	C, 1, 1	-2.4896	-3.6219	-3.2474	否
	Δ（lnEX）	C, 1, 0	-4.6473	-3.6219	-3.2474	是
lnIM	lnIM	C, 1, 1	-3.1011	-3.6219	-3.2474	否
	Δ（lnIM）	C, 0, 1	-4.5249	-3.0038	-2.6417	是

变量	水平或差分	类型	ADF	5%临界值	10%临界值	是否平稳
lnEXA	lnEXA	C, 1, 1	-2.5002	-3.6219	-3.2474	否
	Δ（lnEXA）	C, 0, 0	-4.0203	-2.9969	-2.6381	是
lnIMA	lnIMA	C, 1, 5	-3.2225	-3.6746	-3.2762	否
	Δ（lnIMA）	C, 0, 2	-4.6313	-3.0114	-2.6457	是
lnGDP	lnGDP	C, 1, 1	-2.6967	-3.6219	-3.2474	否
	Δ（lnGDP）	C, 0, 1	-2.8087	-3.0038	-2.6417	是
lnI	lnI	C, 1, 1	-2.6080	-3.6219	-3.2474	否
	Δ（lnI）	C, 0, 0	-2.9462	-2.9969	-2.6381	是
lnL	lnL	C, 1, 0	-0.9794	-3.6118	-3.2418	否
	Δ（lnL）	C, 1, 0	-5.1085	-3.6219	-3.2474	是
lnIFDI	lnIFDI	C, 1, 4	-0.1091	-3.6920	-3.2856	否
	Δ（lnIFDI）	C, 1, 3	-4.6266	-3.6920	-3.2856	是

说明：Δ（·）表示变量（·）的一阶差分。

三、进口贸易发展与国内要素供给增加的关系

（一）模型与数据说明

根据（5.7）式即 $I = \alpha_1 + \beta_1 IM_c$，考虑以下两个变量：国内的投资总额与资本品的进口额 IM_c。这里我们将中国的资本形成总额 I 作为国内的投资总额。由于中国 1984 年之后在贸易统计中将原来按照"生活资料进口和生产资料进口"的统计分类改为国际贸易标准分类法，因此，1984 年之后的生产资料进口数据不可获得。另一方面，中国进口中生产资料进口一直占据较大比重，因此，我们这里的资本品进口额 IM_c 直接使用进口总额 IM 来代替。实证分析的数据见表 5 - 8 和表 5 - 9。技术分析采用 Engle 和 Granger 于 1987 年提出的 EG 两部法进行检验。

（二）计量检验

1. 协整分析

由表 5 - 10 可见，lnIM 在 5% 的显著性水平是一阶单整序列；lnI 在 10% 的显著性水平是一阶单整序列，两者可以进行协整分析。考虑协整方

程 $\ln I = \alpha_1 + \beta_1 \ln IM + u_1$，对 $\ln I$ 和 $\ln IM$ 进行协整分析可得回归结果（括号内为 t 值，下同）：

$$\ln I = 0.9836 + 1.2264 \ln IM + u_1 \qquad (5.16)$$
$$(2.9339)\ (24.8335)$$
$$R^2 = 0.9640,\ \text{调整}\ R^2 = 0.9624,\ DW = 0.37$$

对回归残差进行 ADF 检验，结果如下：

类型	ADF 值	5%临界值	1%临界值	平稳与否
0，0，5	−2.8654	−1.9602	−2.6251	是

从回归结果可见，在 1%的显著性水平下，残差通过了检验，可以认为残差是平稳的。因此，中国进口贸易与资本形成之间存在长期的动态均衡关系。

2. Granger 因果性检验

既然中国进口贸易与资本形成之间存在长期的动态均衡关系，就可以将两者进行 Granger 因果检验。资本形成总额 I 与进口总额 IM 之间的 Granger 因果性检验结果（下表）表明，在 5%的显著性水平，我们可以拒绝"进口总额不是资本形成总额的 Granger 原因"的原假设，同时可以接受"资本形成总额不是进口总额的 Granger 原因"的原假设。由此可以得出结论：中国进口贸易总额的增加是中国资本形成总额增加的原因，即中国以资本品进口为主的进口贸易的发展增加了国内的资本供给。

Granger 因果检验结果

样本：1980 ～ 2004 年

滞后期	零假设	观察数	F 统计量	概率	结果
2	IM 不是 I 的 Granger 原因	23	7.98733	0.00329	拒绝原假设
	I 不是 IM 的 Granger 原因		1.84857	0.18614	接受原假设

（三）结果分析

建国以来，中国作为一个资本短缺的发展中国家，生产资料进口占进口总额的比重一直很高。1953~1960年该比重一直在90%以上，即使在1960~1963年的三年自然灾害时期，中国生产资料进口占进口总额的比重也保持在50%以上；80年代前期，该比重始终保持在70%以上。虽然1984年后中国贸易统计分类发生变化，缺乏比较准确的资本品进口资料，但据业内人士估计，中国资本品进口占进口总额的比重仍然很高，大致仍然保持在70%以上。上述Granger因果性检验表明，中国进口贸易发展是国内投资增长的Granger原因，同时中国进口贸易与资本形成之间存在长期的动态均衡关系，这其实不足为奇。今后，进一步通过进口资本品特别是从发达国家进口先进技术设备以促进中国有效资本的形成，仍然是中国今后进口贸易发展战略的重点内容。

四、出口贸易发展与国内就业增加的关系

（一）计量检验

根据（5.8）式即 $\ln L = \alpha_2 + \beta_2 \ln EX$，考虑两个变量：中国三次产业的就业人员总数 L 和出口总额 EX。技术分析采用 EG 两部法进行检验。

1. 观测 lnEX—lnL 的散点图并作结构变异的检验

通过观察取自然对数后的数据即 lnEX—lnL 的散点图（图5-4）可以发现，1980~1989年和1990~2004年两个不同的时期，lnEX—lnL 的关系在结构上发生了明显的变化。另外，用虚拟变量进行结构变化检验，也可以证实这一点。考虑以下模型：

$$\ln L = \alpha_2 + \beta_2 \ln EX + \gamma_2 D_1 + \delta_2 D_2 \ln EX + u_2$$

其中 D_1、D_2 为虚拟变量，其取值如下：

$$D_1 = 0，1980 \sim 1989 年；D_1 = 1，1990 \sim 2004 年。$$
$$D_2 = 0，1980 \sim 1989 年；D_2 = 1，1990 \sim 2004 年。$$

上述模型回归结果如下：

$$\ln L = 9.3868 + 0.2482\ln EX + 1.2249D_1 - 0.1755D_2 \ln EX + u_2$$
$$(96.2328)\quad(14.4622)\quad(10.8905)\quad(-9.3753)$$

$$(5.17)$$

$$R^2 = 0.9919，调整 R^2 = 0.9907，DW = 0.73$$

由回归结果可见，D_1、D_2 的系数非常显著，因此，我们可以得出结论：1980～1989 年和 1990～2004 年两个不同的时期，lnEX—lnL 的关系在结构上发生了明显的变化。

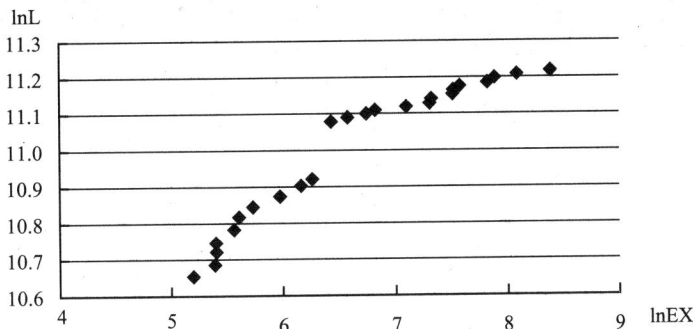

图 5-4　出口额对数与就业人数对数的散点图

2. 协整分析

对三次产业的就业人员总数 L 和出口总额 EX 分别取自然对数后的数据即 lnL 和 lnEX，进行经济时间序列平稳性的 ADF 检验，结果如表 5-10 所示。从结果可见，lnL 和 lnEX 同为一阶单整序列，可以进行协整分析。

考虑协整方程 $lnL = \alpha_2 + \beta_2 \, lnEX + \gamma_2 \, D_1 + \delta_2 \, D_2 \, lnEX + u_2$，运用表 5-8、表 5-9 数据可以得出（5.17）式的回归结果。对（5.17）的回归残差进行 ADF 检验，结果如下：

类型	ADF 值	5%临界值	1%临界值	平稳与否
0，0，3	-4.2038	-1.9583	-1.6242	是

可见，在 1% 的显著性水平下，残差通过了检验，可以为残差是平稳的。由（5.17）可见，lnEX 的系数具有正的符号。因此可以得出结论：中国的出口贸易与劳动就业之间存在长期的动态均衡关系。

3. Granger 因果性检验

既然中国的出口贸易与劳动就业之间存在着长期的动态均衡关系，两者之间就可以进行 Granger 因果检验。在前面的理论分析中我们说过，出

155

口贸易的发展可以促进劳动就业的增加。为此，我们运用表 5 - 8 和表 5 - 9 数据进行中国的出口 EX 与就业 L 之间的 Granger 因果性检验，检验结果如下表所示。由检验结果可知，在 5% 的显著性水平，中国的出口贸易 EX 与劳动就业 L 之间不存在 Granger 因果关系。

Granger 因果检验结果

样本：1981 ~ 2004 年

滞后期	零假设	观察数	F 统计量	概率	结果
3	L 不是 EX 的 Granger 原因	22	1. 0453	0. 4012	接受原假设
	EX 不是 L 的 Granger 原因		0. 0128	0. 9979	接受原假设

（二）结果分析

中国改革开放以来，特别是 1994 年进行全面的社会主义市场经济体制建设以来，中国充分发挥了劳动密集型产业的比较优势，不断扩大劳动密集型产品的出口贸易，因此出口的扩张推动了中国就业的增加，这一结论得到了上述实证分析的支持。不过，要着重关注的是，在（5.17）中，D_1 系数具有正的符号，而 D_2 系数并不小，而且具有负的符号。这一点我们必须引起足够的重视，因为这样的系数及其符号反映出随着中国 90 年代就业人数不断趋于高水平的情况下，中国出口贸易扩张推动就业增加的作用在弱化。同时，Granger 因果检验表明，中国的出口贸易与劳动就业之间不存在因果关系。在现实中，我们可以直接观察到导致出口扩张促进就业作用弱化的两个方面因素：（1）随着劳动密集型产品在国际市场上竞争日益激烈，劳动密集型产品出口扩张的潜力有限；（2）随着生产技术的发展，劳动密集型产业的资本密集度也在上升，由此使得单位资本所需要配置的劳动力数量在下降。因此，中国今后就业的进一步增加还不能对劳动密集型产品出口扩张有太多的依赖性。

五、外商直接投资与出口贸易的关系

（一）计量检验

1. 协整分析

根据（5.9）式即 $FDI = \alpha_3 + \beta_3 EX$ 所反映的外商直接投资同出口贸易之间的相关关系，考虑两个变量：中国的出口总额 EX 和外商直接投资额

FDI。这里的外商直接投资额 FDI 使用历年年末外商投资企业投资总额IFDI 来代替。对中国出口总额 EX 和历年年末外商投资企业投资总额 IFDI 取自然对数后的 lnEX 和 lnIFDI 进行经济时间序列平稳性的 ADF 检验，结果如表 5－10 所示。可见，lnIFDI、lnEX 同为一阶单整序列，可以进行协整分析。

考虑协整方程 $lnEX = \alpha_3 + \beta_3 lnIFDI + u_3$，运用表 5－8 和表 5－9 数据可以得出如下回归结果：

$$lnEX = 4.4585 + 0.3355\, lnIFDI + u_3 \qquad (5.18)$$
$$(19.2704)\ (10.4554)$$
$$R^2 = 0.8388，调整\ R^2 = 0.8311，DW = 0.2793$$

对回归残差进行 ADF 检验，结果如下：

类型	ADF 值	5%临界值	10%临界值	平稳与否
C，1，0	－3.8086	－3.6330	－3.2535	是

在 5% 的显著性水平下，残差通过了检验，可以认为残差是平稳的。由此我们可以得出结论：中国的出口贸易与外商直接投资之间存在着长期的动态均衡关系。

2. Granger 因果性检验

既然中国的出口贸易与外商直接投资之间存在着长期的动态均衡关系，两者之间就可以进行 Granger 因果检验。在前面的理论分析中我们说过，出口贸易的发展可以引致更多的 FDI，为此，我们运用表 5－8 和表 5－9数据进行出口 EX 与 IFDI 之间的 Granger 因果性检验，检验结果如下表所示。由检验结果可知，中国的 IFDI 是出口贸易发展的 Granger 原因，反之则不是。

Granger 因果检验结果

样本：1981~2003 年

滞后期	零假设	观察数	F 统计量	概率	结果
4	IFDI 不是 EX 的 Granger 原因	19	5.2701	0.0151	拒绝原假设
	EX 不是 IFDI 的 Granger 原因		1.9908	0.1720	接受原假设

（二）结果分析

从中国的经验来看，FDI 的主要决定因素是国内低廉的劳动成本、潜在的巨大市场和良好的投资环境，上述 Granger 因果检验并不支持有些学者提出的出口贸易的发展可以引致更多 FDI 的观点。另一方面，FDI 的进入对于出口来说是一把双刃剑，既可能促进出口，同时也可能抢占国内企业的出口市场。但是，上述 Granger 因果检验表明，中国的外商直接投资是其出口贸易发展的原因，这说明在中国，即使外资企业会抢占国内企业的出口市场，但外资的进入更重要的是促进了中国出口贸易的发展。从各年外商投资企业的出口情况来看，中国外商投资企业出口占出口总额的比重由 1980 年的 0.05% 逐步提高到 2002 年的 52.19%（图 5 - 5，20 世纪 90 年代以来的数据参见表 5 - 6）。对于中国来说，增强中国出口产品的国际竞争力一方面要依靠中国企业自身不断创新，另一方面，可能还有赖于中国引进技术水平较高的 FDI。总的来说，中国的经验表明，FDI 不仅与出口贸易两者之间存在着长期的动态均衡关系，而且 FDI 是中国出口贸易发展的重要促进因素；当前外商投资企业出口在中国出口贸易发展中具有重要的影响和地位。

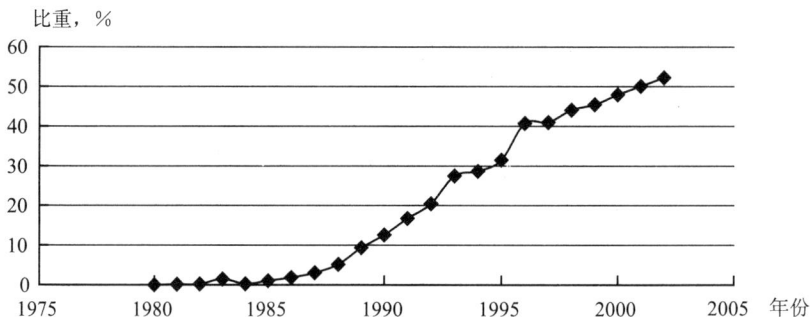

图 5 - 5 1980 ~ 2002 年外商投资企业出口占中国出口总额的比重

六、进口贸易与经济增长的关系

（一）计量检验

根据经济总量与进口额的相互关系即 $GDP = \alpha_5 + \beta_5 IM$ 和 $IM = \alpha_6 +$

158

β_6 GDP,考虑两个变量：进口额 IM 与国内生产总值 GDP，其中的经济总量用国内生产总值 GDP 的绝对额来表示。技术分析采用 EG 两部法进行检验。

1. 协整分析

对中国进口总额 IM 和国内生产总值 GDP 取自然对数后的 lnIM 和 lnGDP进行经济时间序列平稳性的 ADF 检验，结果如表 5 – 10 所示。由检验结果可见，lnIM 在 5% 的显著性水平是一阶单整序列，lnGDP 在 10% 的显著性水平是一阶单整序列，两者可以进行协整分析。我们分别对协整方程 $\ln GDP = \alpha_5 + \beta_5 \ln IM + u_4$ 和 $\ln IM = \alpha_6 + \beta_6 \ln GDP + u_5$ 运用表 5 – 8 和表 5 – 9 的数据进行回归分析，可以得出下面的回归结果。

① GDP 总量对进口总量回归的结果：

$$\ln GDP = 2.4879 + 1.1476 \ln IM + u_4 \qquad (5.19)$$
$$(7.1416) \quad (22.3632)$$
$$R^2 = 0.9560，调整 R^2 = 0.9541，DW = 0.37$$

对回归残差进行 ADF 检验，结果如下：

类型	ADF 值	5%临界值	1%临界值	平稳与否
0，0，4	– 2.1485	– 1.9592	– 2.6889	是

在 5% 的显著性水平下，残差通过了检验，可以为残差是平稳的。

② 进口总量对 GDP 总量回归的结果：

$$\ln IM = -1.7770 + 0.8330 \ln GDP + u_5 \qquad (5.20)$$
$$(-4.6483) \quad (22.3631)$$
$$R^2 = 0.9560，调整 R^2 = 0.9541，DW = 0.3938$$

对回归残差进行 ADF 检验，结果如下：

类型	ADF 值	5%临界值	1%临界值	平稳与否
0，0，4	– 2.2387	– 1.9592	– 2.6889	是

159

在 5% 的显著性水平下，残差通过了检验，可以认为残差是平稳的。根据上述回归结果，我们可以断定，在 1980~2004 年的样本期内，中国的进口贸易与经济增长存在长期的动态均衡关系。

2. Granger 因果性检验

这里运用表 5-8 和表 5-9 的 GDP 和进口总额 IM 数据，对这两者之间进行 Granger 因果性检验，结果如下表所示。由检验结果可见，在 1980~2004 年的样本期内，在 5% 的显著性水平，中国的 GDP 同进口额 IM 之间存在双向的 Granger 因果关系。

Granger 因果检验结果

样本：1980~2004 年

滞后期	零假设	观察数	F 统计量	概率	结果
2	IM 不是 DGP 的 Granger 原因	23	9.0381	0.0190	拒绝原假设
	GDP 不是 IM 的 Granger 原因		4.9816	0.0019	拒绝原假设

（二）结果分析

有关进口贸易与经济增长之间的关系问题的研究存在不少文献。[①] 这里挑选具有代表性的由范柏乃与王益兵所做的研究结果进行评价（范柏乃、王益兵，2004）。

范柏乃与王益兵以 1952~2001 年为样本区间，以国家统计局发布的中国 GDP 和进口贸易额数据为基础。GDP 和进口贸易额均以当年价格计算，单位为亿元人民币。原文在这些条件下直接对中国 GDP 和进口贸易额两者进行了 Granger 因果性检验，结果 2~13 滞后期的 F 值非常显著，都通过了 5% 显著性水平的检验，表明在 1952~2001 年样本期间，中国进口贸易同 GDP 之间存在十分明显的双向因果关系。虽然范柏乃与王益兵同本文所采用的样本区间不同，但是他们的这一实证分析结果同我们上面的结果没有差异。由于本文的样本区间较小，而范柏乃与王益兵所采用的样本区间较大，因此，单从 Granger 因果性检验的角度来看，范柏乃与王益兵的实证结果似乎具有更高的可信度。

---

① 有关实证研究的方法可以参见：熊启泉、杨十二："重新审视进口在经济增长中的作用——基于中国的实证研究"，《国际贸易问题》2005 年第 2 期；张远鹏："进口贸易与美国的经济增长"，《国际贸易问题》2005 年第 5 期。

另外，范柏乃与王益兵在原文中省略了经济时间序列的平稳性检验，[①]但他们的最终分析结果同本文是一致的，即中国进口贸易与 GDP 之间存在长期的动态均衡关系。他们的回归分析结果如下：

① GDP 总量对进口总量回归的结果：

$$\text{GDP}（1952 \sim 2001）= 2066.8699 + 5.4419875\text{IMP} +$$
$$[\text{AR}（1）= 0.95477742，\text{AR}（2）= -0.92852452] \quad (5.21)$$

② 进口总量对 GDP 总量回归的结果：

$$\text{IMP}（1952 \sim 2001）= -346.409 + 0.161421\text{GDP} +$$
$$[\text{AR}（1）= 0.959777，\text{AR}（2）= -0.983289] \quad (5.22)$$

现在的关键问题是，在市场经济条件下，进口贸易同经济增长之间是否具有稳定的双向因果关系呢？从一些经验研究的结果来看，选择不同的样本区间，可能会产生不同的分析结果。这里暂且对实证结果不做进一步的分析，下面概述我们在理论上的基本观点：（1）对于不同的国家或者同一国家的不同时期，如果进口贸易中投资品所占比重较大，则进口增加将促进有效资本的形成，从而进口贸易将间接地促进长期经济增长；相反，如果进口贸易中资本品所占比重较小，则进口增加对国内要素增加或全要素生产力提高都不会产生积极的影响，从而也不会影响长期经济增长。（2）如果一国的经济发展需要外国的资本品投资的配套支撑，则经济增长必然要求进口贸易的发展和增长，否则，经济增长未必要求进口贸易的配套增长；另一方面，在经济增长和人均收入水平提高的情况下，如果本国的消费偏好不变，则进口贸易也必然增长，相反，如果在经济增长和人均收入水平提高的情况下，如果本国的消费者更偏好本国产品，则经济增长也未必导致进口贸易增长。综合以上两点，我们可以认为，理论上进口贸

---

① 范柏乃与王益兵原文经济时间序列的 ADF 检验结果如下（本文根据原文数据补充）：

变量	类型	ADF 值	5% 临界值	10% 临界值	平稳与否
ΔGDP	C，0，1	-3.4340	-3.5066	-3.1828	是
ΔIM	C，0，1	-4.7790	-3.5066	-3.1828	是

由此结果可见，IM 在 5% 的显著性水平下为一阶单整序列，而 GDP 在 10% 的显著性水平下为一阶单整序列；两者之间可以进行协整分析。

易与 GDP 之间的双向因果关系是不确定的。鉴于在迄今为止的中国经济发展中，进口行为具备更多的投资行为成分，而消费行为的成分相对较少，同时，中国经济发展也确实对国外资本品存在着大量的配套需求，因此，我们的实证分析结果以及范柏乃与王益兵的实证分析结果都是可信的。

七、出口贸易与经济增长的关系

（一）计量检验

根据经济总量与出口额的相互影响关系，即 $GDP = \alpha_7 + \beta_7 EX$ 和 $EX = \alpha_8 + \beta_8 GDP$，考虑两个变量：出口额 EX 与国内生产总值 GDP，其中的经济总量用国内生产总值 GDP 的绝对额来反映。技术分析采用 EG 两部法进行检验。

1. 协整分析

分别对中国出口总额 EX 和国内生产总值 GDP 取自然对数后的 lnEX 和 lnGDP 进行经济时间序列平稳性的 ADF 检验，结果如表 5 – 10 所示。由此结果可见，在 10% 的显著性水平 lnGDP 为一阶单整系列，在 5% 的显著性水平 lnEX 为一阶单整序列，两者可以进行协整分析。

我们分别对协整方程 $lnGDP = \alpha_7 + \beta_7 lnEX + u_6$ 和 $lnEX = \alpha_8 + \beta_8 lnGDP + u_7$ 运用表 5 – 8 和表 5 – 9 的数据进行回归分析，可以得出下面的回归结果。

① GDP 总量对出口总量回归的结果：

$$lnGDP = 2.9525 + 1.0756\, lnEX + u_6 \qquad (5.23)$$
$$(12.1670)\ (30.2159)$$
$$R^2 = 0.9754，调整 R^2 = 0.9743，DW = 0.3556$$

对回归残差进行 ADF 检验，结果如下：

类型	ADF 值	5% 临界值	10% 临界值	平稳与否
0, 0, 3	– 1.6980	– 1.9583	– 1.6242	是

在 10% 的显著性水平下，残差通过了检验，可以为残差是平稳的。

② 出口总量对 GDP 总量回归的结果：

$$lnEX = -2.5118 + 0.9068\, lnGDP + u_7 \qquad (5.24)$$

$$（-8.1553）（30.2159）$$

$$R^2 = 0.9754，调整 R^2 = 0.9743，DW = 0.3639$$

对回归残差进行 ADF 检验，结果如下：

类型	ADF 值	5%临界值	10%临界值	平稳与否
0，0，3	-1.5570	-1.9583	-1.6242	是

由以上检验结果看见，在 10% 的显著性水平残差是不显著的，但在稍微高于 10% 的显著性水平，残差能够通过检验。因此，在稍微高于 10% 的显著性水平可以认为残差是平稳的。根据上述回归结果，我们可以认为，在 1980～2004 年的样本期内中国的出口贸易与经济增长存在长期的动态均衡关系。

2. Granger 因果性检验

运用表 5-8 和表 5-9 的 GDP 和出口总额 EX 数据对这两者之间进行 Granger 因果性检验，结果如下表所示。由检验结果可见，在 1980～2004 年的样本期内，在 5% 的显著性水平，中国的 GDP 同出口额 EX 之间存在双向的 Granger 因果关系。

Granger 因果检验结果

样本：1980～2004 年

滞后期	零假设	观察数	F 统计量	概率	结果
4	EX 不是 DGP 的 Granger 原因	21	7.1183	0.0036	拒绝原假设
	GDP 不是 EX 的 Granger 原因		9.7653	0.0009	拒绝原假设

（二）结果分析

研究出口贸易与经济增长关系的基本方法可以分为四类：（1）通过国民经济支出法核算恒等式计算出口对经济增长的贡献；（2）利用总量生产函数分析出口对经济增长的促进作用（Balassa，B，1978；Feder，G，1983）；（3）利用向量自回归误差修正模型和 Granger 因果性检验研究出口对经济增长的贡献（高峰、范炳全、王金田，2005）；（4）利用投入产出表分析出口对经济增长的影响（许亦平，2000；陈锡康，2002；沈利生、吴振宇，2003）。无论采用哪种方法，迄今为止，经济学理论对出口与经济增长之间的关系大致有四种观点：（1）出口为因，经济增长为果；（2）经济增长（生产率）是因，出口是果；（3）出口与经济增长之间互为因果关系；（4）出口与经济增长之间无因果关系。[①] 本文运用 Granger 因果性检验的结果表明，1980～2004 年期间中国的出口与经济增长之间存在互为因果关系；协整分析表明，中国出口与经济增长之间存在长期的动态均衡关系。实际上，中国改革开放以来，一方面中国经济实力和国际竞争力的不断提高促使中国出口竞争力不断提高，中国出口商品在国外市场所占有的份额也不断提高，这同我们在第二章表 2 - 4 所分析的结果是一致的；另一方面，中国出口贸易的发展通过优化资源配置、提高劳动生产率等途径，促进了中国的经济发展。因此，今后进一步发展出口贸易仍然是促进中国经济增长的重要途径。

八、中国对外贸易与产业结构变化的实证分析

（一）贸易结构升级带动产业结构升级

从三次产业构成来看，进出口商品结构升级带动三次产业结构升级。[②] 改革开放以来，中国出口总额中工业制成品所占比重总体上呈现上升的趋

---

① 出口与经济增长之间的这四种关系的实证分析结果可以参见：尹翔硕、朱春生："中国的出口增长与经济增长：回归分析中的问题"，《世界经济文汇》1997 年第 5 期；杨全发、舒元："中国出口贸易对经济增长的影响"，《世界经济与政治》1998 年第 8 期；林毅夫、李永军：《对外贸易与经济增长关系的再考察》，北京大学中国经济研究中心讨论稿，2001 年；宋泓明、赵陵、骆蔚峰："中国出口导向型经济增长假说的适用性分析"，《东北财经大学学报》2001 年第 2 期；刘晓鹏："中国进出口与经济增长的实证分析——从增长率看外贸对经济增长的促进作用"，《中国经济问题》2001 年第 4 期；李军、李阳："中国进口、出口与经济增长关系的协整检验"，《预测》2001 年第 4 期；许和连、赖明勇："中国出口与经济增长关系分析"，《湖南大学学报（社会科学版）》2001 年 9 月；刘金全和李玉蓉："中国经济增长出口驱动假说的实证检验"，《数量经济技术经济研究》2002 年第 10 期；赖明勇、许和连和包群：《出口贸易与经济增长——理论、模型及实证》，上海三联书店 2003 年 8 月第 1 版；等等。

② 有关（进）出口商品按照要素含量进行分类的问题至今仍然是一个难题。从层面上看，有一些文章中的分类似乎非常科学，但遗憾的是，这类文章只是就贸易结构而论述贸易结构问题，不能或没有将贸易结构同产业结构的变化联系起来进行分析。因此，仔细思考可以发现，这些貌似科学的分类实际上不能或没有解决实际问题。相关文献可以参考：魏浩、毛日昇、张二震："中国制成品出口比较优势及贸易结构分析"，《世界经济》2005 年第 2 期。

势。图 5-6 和表 5-11 表明,中国出口总额中工业制成品所占比重除了1984、1985 年略有下降外,出口总额中工业制成品所占比重一直呈现上升的势头,自 1986 年的 63.6% 上升到 2003 年的 92.1%;相反,初级产品在出口总额中所占比重从 1986 年的 36.4% 下降到 2003 年的 7.9%。在进口方面,工业制成品在进口总额中一直占有较高的比重,图 5-7 和表 5-12 反映出自1984 年以来,中国进口总额中工业制成品所占比重基本上维持在 80% 以上,而初级产品所占比重则一直维持在 20% 以下。随着改革开放以来特别是 90年代以来中国出口商品结构的升级以及始终保持工业制成品在进口总额中较高的比重,中国的三次产业结构也发生了明显的变化。由图 5-8 和表 5-13

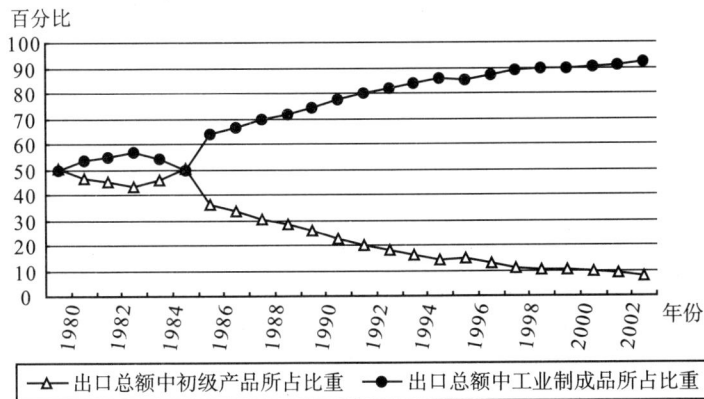

图 5-6　中国按国际贸易标准分类的出口商品构成

数据来源:1980~1990 年数据来源于 1992 年《中国对外经济贸易年鉴》;1991~2003 年数据来源于 2004 年《中国商务年鉴》。

表 5-11　中国按国际贸易标准分类的出口商品构成

单位:%

年份	初级产品	工业制成品	年份	初级产品	工业制成品	年份	初级产品	工业制成品
1980	50.28	49.72	1988	30.28	69.72	1996	14.52	85.48
1981	46.57	53.43	1989	28.68	71.32	1997	13.09	86.91
1982	45.03	54.97	1990	25.59	74.41	1998	11.21	88.79
1983	43.23	56.77	1991	22.46	77.54	1999	10.22	89.78
1984	45.60	54.40	1992	20.01	79.99	2000	10.22	89.78

165

年份	初级产品	工业制成品	年份	初级产品	工业制成品	年份	初级产品	工业制成品
1985	50.49	49.51	1993	18.17	81.83	2001	9.90	90.10
1986	36.43	63.57	1994	16.29	83.71	2002	8.75	91.25
1987	33.52	66.48	1995	14.44	85.56	2003	7.94	92.06

资料来源：1980～1990 年数据来源于 1992 年《中国对外经济贸易年鉴》；1991～2003 年数据来源于 2004 年《中国商务年鉴》。

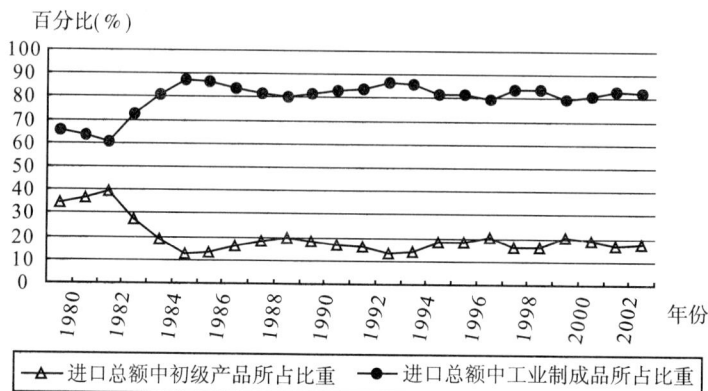

图 5 - 7　中国按国际贸易标准分类的进口商品构成

数据来源：1980～1990 年数据来源于 1992 年《中国对外经济贸易年鉴》；1991～2003 年数据来源于 2004 年《中国商务年鉴》。

表 5 - 12　中国按国际贸易标准分类的进口商品构成

单位：%

年份	初级产品	工业制成品	年份	初级产品	工业制成品	年份	初级产品	工业制成品
1980	34.8	65.2	1988	18.2	81.8	1996	18.3	81.7
1981	36.5	63.5	1989	19.9	80.1	1997	20.1	79.9
1982	39.5	60.5	1990	18.5	81.5	1998	16.4	83.6
1983	27.2	72.8	1991	17.0	83.0	1999	16.2	83.8
1984	19.0	81.0	1992	16.5	83.5	2000	20.8	79.2
1985	12.5	87.5	1993	13.7	86.3	2001	18.8	81.2
1986	13.1	86.9	1994	14.2	85.8	2002	16.7	83.3
1987	16.0	84.0	1995	18.5	81.5	2003	17.6	82.4

资料来源：1980～1990 年数据来源于 1992 年《中国对外经济贸易年鉴》；1991～2003 年数据来源于 2004 年《中国商务年鉴》。

百分比(%)

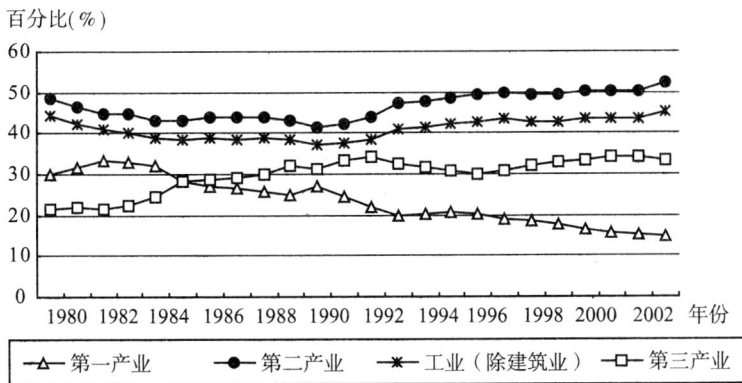

图 5-8   中国国内生产总值构成

数据来源：2004 年《中国统计年鉴》。

表 5-13   中国国内生产总值构成

单位：%

年份	第一产业	第二产业	工业（除建筑业）	第三产业	年份	第一产业	第二产业	工业（除建筑业）	第三产业
1980	30.1	48.5	44.2	21.4	1992	21.8	43.9	38.6	34.3
1981	31.8	46.4	42.1	21.8	1993	19.9	47.4	40.8	32.7
1982	33.3	45.0	40.8	21.7	1994	20.2	47.9	41.4	31.9
1983	33.0	44.6	40.0	22.4	1995	20.5	48.8	42.3	30.7
1984	32.0	43.3	38.9	24.7	1996	20.4	49.5	42.8	30.1
1985	28.4	43.1	38.5	28.5	1997	19.1	50.0	43.5	30.9
1986	27.1	44.0	38.9	28.9	1998	18.6	49.3	42.6	32.1
1987	26.1	43.9	38.3	29.3	1999	17.6	49.4	42.8	33.0
1988	25.7	44.1	38.7	30.2	2000	16.4	50.2	43.6	33.4
1989	25.0	43.0	38.3	32.0	2001	15.8	50.1	43.5	34.1
1990	27.1	41.6	37.0	31.3	2002	15.3	50.4	43.7	34.3
1991	24.5	42.1	37.4	33.4	2003	14.6	52.2	45.3	33.2

资料来源：2004 年《中国统计年鉴》。

可见，自 1990 年以来，在中国的国内生产总值中，第二产业、工业、第三产业占 GDP 的比重总体上呈现上升的趋势，三者占 GDP 的比重分别从 1990 年的 41.6%、37.0%、31.3% 上升到 2003 年的 52.2%、45.3%、33.2%；相反，第一产业占 GDP 的比重从 1990 年的 27.1% 下降到 2003

年的 14.6% 。中国对外贸易的发展在通过不断实现资源的重新优化配置的过程中，促进了三次产业结构的显著变化；中国进出口商品结构的升级带动了三次产业结构的升级。

（二）出口总额中重工业品出口比重上升推动了重工业发展

中国对外贸易的发展不仅推动了中国三次产业结构的升级，而且推动了工业内部结构的不断升级。从工业内部来看，中国出口总额中重工业品出口比重的上升推动了重工业的发展。近几年以来在中国工业品的出口总额中轻工业产品所占比重呈现出下降的趋势，而重工业产品所占的比重则呈现出上升的趋势。表 5－14 中的数据反映出，虽然中国出口总额中轻工业产品所占比重从 1998 年 1 至 11 月的 28.2% 略为上升到 2003 年 1 至 11 月的 28.39%，但是"轻工业产品出口额：重工业产品出口额"在同期由 1:2.15 上升到 1:2.24。可见，在工业品出口中轻工产品所占比重明显下降，而重工业产品所占比重明显上升。与此对应，在中国的工业总产值中，轻工业所占比重明显下降，而重工业所占比重明显上升。表 5－15 反映出中国"轻工业总产值：重工业总产值"由 1998 年的 1:1.33 上升到 2003 年的 1:1.82。

表 5－14　中国轻、重工业产品出口额之比值及其变化

年　　月	轻工业产品出口额（亿美元）	轻工业产品出口额占出口总额的比重（%）	轻工业产品出口额：重工业产品出口额
1998 年 1 至 11 月	492.71	28.20	1:2.15
1999 年 1 至 12 月	584.06	29.96	1:2.00
2000 年 1 至 8 月	460.84	28.92	1:2.11
2001 年 1 至 12 月	745.01	28.00	1:2.22
2002 年 1 至 6 月	402.57	28.34	1:2.22
2003 年 1 至 11 月	828.40	28.39	1:2.24

注："轻工业产品出口额：重工业产品出口额"系根据制成品和轻工业产品出口额计算得出。
资料来源：1998 年数据来源于 http://www.taxchina.cn/StatuteLib_ StatuteDetail.asp? StatuteId = 157703（中税网）；1999 年数据来源于 http://101.stock888.net/001212/100, 101, 119167, 00. shtml（中金在线）；2000 年数据来源于 2000 年 10 月 8 日人民网；2001 年数据来源于中国工商协会网；2002 年数据来源于 2002 年 8 月 19 日《经济日报》；2003 年数据来源于 http://203.192.15.114/web/webportal/W4697491/A5452509.html。

表 5 – 15　中国轻、重工业产值及其比值的变化

单位：亿元

年份	轻工业总产值（当年价格）	重工业总产值（当年价格）	轻工业总产值∶重工业总产值
1998	29081.79	38655.35	1∶1.33
1999	30514.98	42192.06	1∶1.38
2000	34094.51	51579.15	1∶1.51
2001	37636.93	57812.05	1∶1.54
2002	43355.74	67420.74	1∶1.56
2003	50497.50	91773.72	1∶1.82

注：表中数据为全部国有及规模以上非国有工业企业的工业产值。

资料来源：2004 年《中国统计年鉴》。

由此可见，中国近年来工业部门的出口结构同产值构成具有相同的变化趋势。同上面一样的道理，中国对外贸易的发展在通过不断实现资源的重新优化配置的过程中，促进了工业内部结构的显著变化；中国工业品出口商品结构的升级带动了工业内部结构的升级。

（三）加工贸易推动制造业就业的作用在弱化

近 10 多年来中国加工贸易在对外贸易中占有重要的地位。加工贸易的发展增加了中国的就业机会，但其推动制造业就业增加的作用在弱化。由表 5 – 16 可见，中国加工贸易出口占出口总额的比重由 1992 年的 46.6%上升到 1998 年的 56.9%，然后又下降到 2003 年的 55.2%，但 1996 年以来加工贸易出口占出口总额的比重始终保持在 50%以上。据估计，目前中国加工贸易行业所吸收的就业人员数在 3000 万人以上，其中广东省 1.7 万家加工贸易企业吸收中国 1300 万人劳动就业。可见，加工贸易的发展增加了中国的就业机会。

加工贸易的发展增加了中国的就业机会，但其推动制造业就业增加的作用在弱化。一方面，由表 5 – 16 可见，自 1997 年以来中国加工贸易进口占进口总额的比重一直在下降，特别是进口总额中外资企业进口设备所占比重在显著下降。前者由 1997 年的 49.3%下降到 2003 年的 39.5%，后者由 1997 年的 12.6%持续下降到 5.1%。这两个指标的下降说明，随着中国重工业的发展以及由此产生的对加工贸易所使用的原材料和设备的进口替

代程度的增加，中国加工贸易行业的资本密集度和劳动生产率得到不断提高。另一方面，中国就业人员总数中第二产业和制造业所占的比重都在下降，图5-9和表5-17反映出在中国就业人员总数中第二产业所占的比重由1996年的23.5%下降到2002年的21.4%，同时，制造业就业人员数所占比重由1996年的14.2%下降到2002年的11.3%。结合这两方面分析可见，随着中国加工贸易行业的资本密集度和劳动生产率的不断提高，虽然中国加工贸易的发展在一定程度上增加了中国的就业机会，但其推动制造业就业增加的作用在弱化。

表5-16　中国进出口总额中加工贸易所占比重

单位：%

年份	出口总额中加工贸易所占比重	进口总额中加工贸易所占比重	进口总额中外资企业进口设备所占比重	年份	出口总额中加工贸易所占比重	进口总额中加工贸易所占比重	进口总额中外资企业进口设备所占比重
1992	46.6	39.1	9.9	1998	56.9	48.9	10.3
1993	48.2	35.0	16.0	1999	56.9	44.4	6.7
1994	47.1	41.1	17.5	2000	55.2	41.1	5.8
1995	49.5	44.2	14.2	2001	55.4	38.6	6.0
1996	55.8	44.9	17.9	2002	55.3	41.4	5.8
1997	54.5	49.3	12.6	2003	55.2	39.5	5.1

资料来源：（1）1995~2003年数据来源于中华人民共和国海关总署编：《中国海关统计年鉴》，1995~2003年各年；（2）1992~1994年数据来源于1994、1996年《中国对外经济统计年鉴》；（3）比重数据根据上述数据计算得出。

表5-17　中国就业人员总数中三次产业和制造业所占比重

单位：%

年份	第一产业	第二产业	制造业	第三产业	年份	第一产业	第二产业	制造业	第三产业
1980	68.7	18.2	13.9	13.1	1992	58.5	21.7	13.8	19.8
1981	68.1	18.3	14.0	13.6	1993	56.4	22.4	13.9	21.2
1982	68.1	18.4	14.0	13.4	1994	54.3	22.7	14.3	23.0
1983	67.1	18.7	14.0	14.2	1995	52.2	23.0	14.4	24.8

年份	第一产业	第二产业	制造业	第三产业	年份	第一产业	第二产业	制造业	第三产业
1984	64.0	19.9	14.6	16.1	1996	50.5	23.5	14.2	26.0
1985	62.4	20.8	14.9	16.8	1997	49.9	23.7	13.8	26.4
1986	60.9	21.9	15.6	17.2	1998	49.8	23.5	11.8	26.7
1987	60.0	22.2	15.8	17.8	1999	50.1	23.0	11.4	26.9
1988	59.4	22.4	15.9	18.3	2000	50.0	22.5	11.2	27.5
1989	60.0	21.6	15.4	18.3	2001	50.0	22.3	11.1	27.7
1990	60.1	21.4	13.3	18.5	2002	50.0	21.4	11.3	28.6
1991	59.7	21.4	13.5	18.9	2003	49.1	21.6	—	29.3

资料来源：三次产业数据来源于 2004 年《中国统计年鉴》；制造业就业人员数 1980～1984 年来源于 1994 年《中国统计年鉴》；1985～1988 年数据来源于 1999 年《中国统计年鉴》；1989～2003 年来源于 2004 年《中国统计年鉴》；目前还不能找到 2002 年之后的制造业就业人员数的较为准确的统计数据。

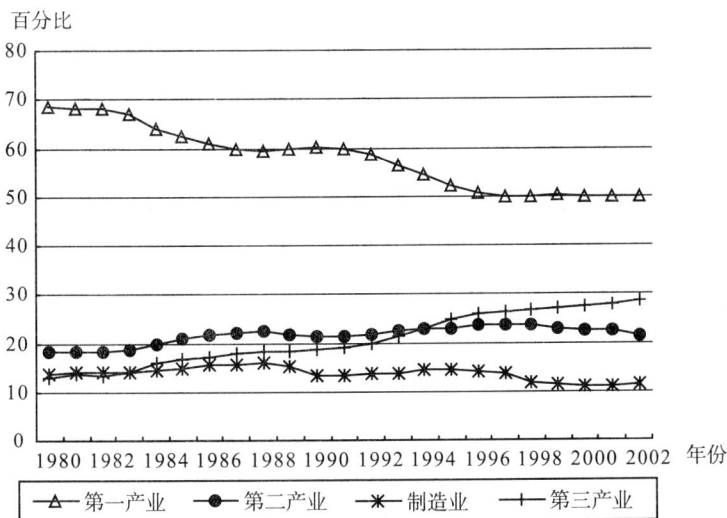

图 5-9　中国就业人员总数中三次产业和制造业所占比重

数据来源：三次产业及合计数来源于 2004 年《中国统计年鉴》；1980～1984 年制造业就业人员数来源于 1994 年《中国统计年鉴》；1985～1988 年数据来源于 1999 年《中国统计年鉴》；1989～2002 年制造业就业人员数来源于 2004 年《中国统计年鉴》。

第三节　中美贸易对中国经济增长及
产业结构变动的影响

一、中国对美国净出口对中国 GDP 增长率的贡献

根据国民收入的总需求构成公式：国内生产总值 GDP = 总消费 C + 总投资 I + 政府支出 G + 出口 X - 进口 M，可以计算出净出口（X - M）对国民收入（GDP）增长的贡献率及其拉动度，以此反映对外贸易对经济增长的短期影响。表 5 - 18 计算了 1981 ~ 2004 年各年份中美贸易的中国净出口对中国 GDP 增长的贡献率及其拉动度，图 5 - 10 显示出 1981 ~ 2004 年各年份中美贸易中国净出口对中国 GDP 增长的贡献率和中国 GDP 增长率之间的关系，从中可以发现两个明显的特点：

表 5 - 18　中美贸易中国净出口对中国经济增长的贡献率及其拉动度

项目	GDP	GDP 较上年增加额	GDP 较上年增长率	中国对美国出口额	中国自美国进口额	中美贸易中国的净出口	中国净出口较上年增加额	中国净出口对 GDP 增长贡献率	中国净出口对 GDP 增长拉动度
单位	亿元人民币（1980 年价格）		%	亿元人民币（当年价格）		亿元人民币（1980 年价格）		%	%
符号	A	B	C	D	E	F	G	H	I
1980	4517.80	—	—	14.68	57.17	- 42.48	—	—	—
1981	4755.37	237.57	5.26	25.15	73.18	- 46.90	- 4.42	- 1.86	- 0.10
1982	5183.79	428.41	9.01	30.02	68.88	- 37.24	9.66	2.26	0.20
1983	5748.51	564.73	10.89	33.63	45.78	- 11.47	25.77	4.56	0.50
1984	6620.91	872.40	15.18	51.11	82.93	- 29.23	- 17.76	- 2.04	- 0.31
1985	7512.79	891.88	13.47	78.42	130.20	- 43.69	- 14.46	- 1.62	- 0.22
1986	8178.78	665.99	8.86	86.26	123.16	- 29.37	14.32	2.15	0.19
1987	9125.18	946.40	11.57	110.42	142.31	- 23.66	5.71	0.60	0.07
1988	10153.37	1028.19	11.27	119.34	187.85	- 42.88	- 19.23	- 1.87	- 0.21
1989	10566.20	412.83	4.07	143.99	227.71	- 44.49	- 1.61	- 0.39	- 0.02

172

项目	GDP	GDP 较上年增加额	GDP 较上年增长率	中国对美国出口额	中国自美国进口额	中美贸易中国的净出口	中国净出口较上年增加额	中国净出口对 GDP 增长贡献率	中国净出口对 GDP 增长拉动度
单位	亿元人民币 (1980 年价格)		%	亿元人民币 (当年价格)		亿元人民币 (1980 年价格)		%	%
符号	A	B	C	D	E	F	G	H	I
1990	10971. 24	405. 04	3. 83	231. 56	240. 91	− 4. 87	39. 62	9. 78	0. 37
1991	11979. 96	1008. 72	9. 19	327. 76	426. 65	− 50. 03	− 45. 15	− 4. 48	− 0. 41
1992	13685. 82	1705. 86	14. 24	473. 12	490. 74	− 8. 46	41. 57	2. 44	0. 35
1993	15531. 88	1846. 07	13. 49	977. 27	615. 37	153. 48	161. 93	8. 77	1. 18
1994	17498. 69	1966. 80	12. 66	1848. 34	1203. 59	224. 69	71. 21	3. 62	0. 46
1995	19336. 96	1838. 28	10. 51	2068. 16	1348. 24	218. 54	− 6. 14	− 0. 33	− 0. 04
1996	21190. 82	1853. 86	9. 59	2221. 83	1344. 90	250. 92	32. 37	1. 75	0. 17
1997	23064. 15	1873. 33	8. 84	2711. 72	1351. 57	386. 11	135. 20	7. 22	0. 64
1998	24867. 37	1803. 23	7. 82	3146. 97	1406. 10	507. 38	121. 27	6. 72	0. 53
1999	26643. 34	1775. 96	7. 14	3477. 33	1614. 87	559. 56	52. 18	2. 94	0. 21
2000	28773. 71	2130. 38	8. 00	4314. 33	1851. 80	751. 13	191. 56	8. 99	0. 72
2001	30931. 35	2157. 64	7. 50	4492. 84	2168. 82	714. 52	− 36. 60	− 1. 70	− 0. 13
2002	33497. 93	2566. 58	8. 30	5789. 37	2253. 75	1101. 44	386. 92	15. 08	1. 25
2003	36679. 86	3181. 93	9. 50	7657. 33	2805. 24	1512. 87	411. 42	12. 93	1. 23
2004	40165. 58	3485. 72	9. 50	10346. 37	3701. 45	2015. 48	502. 61	14. 42	1. 37

计算方法：B = A_{t+1} − A_t；C = （A_{t+1}/A_t − 1）·100% .；F = （ D − E ）/（ 当年商品零售价格指数/ 1980 年商品零售价格指数 ）；G = F_{t+1} − F_t；H = （G/B）·100%，依据是总需求公式 GDP = C + I + G + （X − M）或者 ΔGDP = ΔC + ΔI + ΔG + Δ（X − M）；I = C · H。

资料来源：历年《中国对外经济统计年鉴》和中经网经济统计数据库中的数据或根据其中的数据计算得出。

第五章 中美贸易对中国经济发展的影响

百分比

图 5 – 10　中美贸易中国净出口对中国经济增长的贡献率

数据来源:《中国对外经济统计年鉴》和中经网经济统计数据库中的数据或根据其中的数据
计算得出。

（1）1981～2004 年各年份，中美贸易中国净出口对中国 GDP 增长的
贡献率与中国 GDP 增长率两者之间没有明显的波动联系，两者的简单相关
系数只有 – 0.1573，这表明两者在 1981～2004 年期间仅存在微弱的负相关
关系。其实，这种微弱的负相关关系是不难理解的。一方面，相关系数为
负值表明每当中国经济增长因受到国内总需求不足的约束时，就寻求国外
市场通过扩大出口来刺激经济增长；另一方面，相关关系的微弱性表明中
国经济增长从总需求来说，净出口并非主要的决定因素；对中国总需求构
成的全面分析表明，从总需求来说，决定中国经济增长的第一因素实际上
是投资因素，第二因素是消费因素。

（2）自 2001 年之后，中美贸易中国净出口对中国 GDP 增长的贡献率
创出了自 1981 年以来的历史新高纪录，并始终维持在高水平。为什么会出
现这种现象呢？这其实并非偶然现象。通过详细分析中国 2001 年后对美国
出口数量和出口商品结构变化的具体情况可以发现，其中最主要的原因在
于中国于 2001 年年底成为世界贸易组织的正式成员国之后，一方面美国对
中国出口商品的贸易壁垒逐步减少了，极大地有利于中国扩大对美国的出
口；另一方面，美国对出口中国的技术产品的限制政策又没有发生变化，

在此情况下，美国对中国的出口即中国自美国的进口并没有随着中国对美国出口的快速增长而同比例增长。这两方面的因素导致 2001 年之后在中美贸易中，中国的贸易顺差快速增加并维持在较高的水平，从而促使中美贸易中国净出口对中国 GDP 增长的贡献率创出了自 1981 年以来的历史新高纪录，并始终维持在高水平。总的来说，这种现象的产生是中国加入世界贸易组织的必然结果。2005 年 1 月 1 日国际多种纤维协定的终止与中国对美国的纺织品出口的高速增长，进一步证实了这种论证结果。

以上对于中美贸易中国净出口对中国经济增长的贡献及其拉动度的分析，只是从总需求角度所进行的静态的、短期的分析。从长期经济增长来说，我们必须要考虑到，任何两个国家之间的贸易差额必然将会达到平衡。因此，在这个长期经济增长过程中，净出口对经济增长的贡献率必将为零。然而，这并不意味着在长期内进出口贸易同经济增长之间没有内在的联系，更不意味着对外贸易对长期经济增长没有促进作用；恰恰相反，本文认为，相对于短期的、静态的作用而言，对外贸易对经济增长的长期的、动态的作用是更为本质性的、更为重要的。

二、中美贸易与中国经济长期增长的关系

（一）中国自美国进口资本品与中国资本形成的关系

1. 协整分析

计量经济模型从（5.7）式变化而来，即 $I = \alpha_{1a} + \beta_{1a} IMA$，其中 I 为中国的资本形成总额，IMA 为中国自美国进口额。技术分析采用 EG 两步法进行检验。在表 5 - 10 中，中国资本形成总额 I 和从美国进口额 IMA 的时间序列数据的 ADF 检验结果表明，lnIMA 在 5% 的显著性水平是一阶单整序列；lnI 在 10% 的显著性水平是一阶单整序列。两者可以进行协整分析。运用表 5 - 8 和表 5 - 9 的数据可以得到协整方程 $\ln I = \alpha_{1a} + \beta_{1a}\ln IMA + u_8$ 的如下 OLS 回归结果：

$$\ln I = 2.9978 + 1.3737 \ln IMA + u_8 \qquad (5.25)$$
$$(8.5527) \quad (18.0718) \qquad （括号内为 t 值）$$
$$R^2 = 0.9342，调整 R^2 = 0.9313，DW = 0.7295$$

对回归残差进行 ADF 检验，结果如下：

类型	ADF 值	5%临界值	1%临界值	平稳与否
0，0，1	-3.6799	-1.9566	-2.6700	是

在 1% 的显著性水平下，残差通过了检验，可以为残差是平稳的。因此，中国资本形成总额同中国从美国的进口额之间存在长期的动态均衡关系。

2. Granger 因果性检验

中国资本形成总额 I 同中国从美国的进口额 IM 之间的 Granger 因果性检验结果如下表所示。由检验结果可见，我们能够拒绝"中国从美国的进口不是中国资本形成的原因"的原假设，同时可以接受"中国的资本形成不是中国自美国进口增加的原因"的原假设（选择 1~2 年的滞后期）。由此我们断定，中国从美国的进口额的增加是中国资本形成总额增加的 Granger 原因。这一结论同前面我们得出的"中国进口总额的增加是中国资本形成总额增加的 Granger 原因"的结论是基本一致的。

Granger 因果检验结果

样本：1980~2004 年

滞后期	零假设	观察数	F 统计量	概率	结果
2	IMA 不是 I 的 Granger 原因	23	4.3475	0.0288	拒绝原假设
	I 不是 IMA 的 Granger 原因		0.9730	0.3970	接受原假设

3. 结果分析

为了将中国进口总额和中国从美国的进口总额分别对中国资本形成的影响进行比较，我们将（5.16）式和（5.25）式消除自相关的影响后得到新的回归结果分别如下：

$$\ln I = 8.9142 + 0.3619 \ln IM + [AR(1) = 1.3779, AR(2) = -0.4096]$$
$$(4.5966)\ (3.4321) \qquad\qquad (7.7007) \qquad\qquad (-2.3285)$$
$$(5.16A)$$

176

$$R^2 = 0.9966 \qquad 调整\ R^2 = 0.9960 \qquad\qquad DW = 1.79$$

$$\ln I = 12.5485 + 0.1289\ \ln IMA + [AR\ (1)\ = 1.3902,\ AR\ (2)\ = -0.4132]$$
$$(3.7760) \qquad (1.7159) \qquad\qquad (7.5057) \qquad\qquad (-2.2600)$$

$$(5.25A)$$

$$R^2 = 0.9952 \qquad 调整\ R^2 = 0.9945 \qquad DW = 1.85$$

在 1980～2004 年期间，中国自美国进口额占中国全部进口总额比重的平均值为 10.12%。在其他因素不变的情况下，由（5.25A）可见，中国自美国进口的增长率每提高 1%，中国的资本形成总额的增长率将平均提高约 0.13%;[1] 另一方面，由（5.16A）式可见，中国的全部进口总额的增长率每提高 1%，中国的资本形成总额的增长率将平均提高约 0.36%。根据 $\ln I = \alpha_1 + \beta_1 \ln IM + u_1$ 和 $\ln I = \alpha_{1a} + \beta_{1a} \ln IMA + u_8$ 这两个模型可以发现，在进口增长率同时提高 1% 的情况下，占中国进口总额平均比重只有 10.12% 的自美国进口增长率的提高所引起的资本形成总额增长率的提高，占到了全部进口总额增长率提高所引起的资本形成总额增长率提高的 36.11%（即 0.13%/0.36%）。这充分说明，相对于其他国家的平均情况来说，中国自美国进口对于中国资本形成的作用相对较强。换言之，中国自美国进口的货物（包括资本设备）比从其他国家进口的货物（包括资本设备）更能够促进中国的资本形成。同时，Granger 因果性检验结果也表明，中国自美国进口的增加是其资本形成总额增加的原因。遗憾的是，第二章通过对表 2－5 的分析表明，自 20 世纪 80 年代初以来中国自美国进口占中国进口总额的比重总体上呈现出下降的趋势，这同前面所分析的美国对其出口中国高技术产品实施限制措施必然具有很大的关系。

（二）中国国内就业的增加促进了对美出口贸易的发展

1. 计量检验

（1）协整分析

---

[1] 通过对（5.25A）式两边对时间求导，我们可以发现，对该式的分析有两种意义完全相同的表述方法：（1）中国自美国进口的增长率每提高 1%，中国的资本形成总额的增长率将平均提高约 0.13%；（2）中国自美国进口每增长 1%，中国的资本形成总额将平均增长约 0.13%。本书统一使用第（1）种表述方法，下面类似的分析不再另作说明。

经济计量模型由（5.8）式转变而来，即 $\ln L = \alpha_{2a} + \beta_{2a} \ln EXA$，其中 L 为中国三次产业的就业人员数，EXA 为中国对美国出口额。技术分析采用 EG 两步法进行检验。

分别对三次产业就业人员数 L 和中国对美国出口总额 EXA 取自然对数后的序列 lnL、lnEXA 进行经济时间序列平稳性的 ADF 检验，结果如表5 - 10 所示。从检验结果可见，在 5% 的显著性水平下，lnL、lnEXA 同为一阶单整系列，两者间可以进行协整分析。

同前面第二节分析中国出口额同中国三次产业就业人员数的协整关系一样，我们通过观察取自然对数后的序列 lnEXA - lnL 的散点图可以发现，1980 ~ 1989 年和 1990 ~ 2004 年两个不同的时期，lnEXA - lnL 的关系在结构上也发生了明显的变化。另外，用虚拟变量进行结构变化检验，也可以证实这一点。考虑以下模型：

$$\ln L = \alpha_{2a} + \beta_{2a} \ln EXA + \gamma_{2a} D_{1a} + \delta_{2a} D_{2a} \ln EXA + u_9$$

其中 D_{1a}、D_{2a} 为虚拟变量，其取值如下：

$$D_{1a} = 0，1980 \sim 1989 \text{ 年}；D_{1a} = 1，1990 \sim 2004 \text{ 年}。$$
$$D_{2a} = 0，1980 \sim 1989 \text{ 年}；D_{2a} = 1，1990 \sim 2004 \text{ 年}。$$

上述模型回归结果如下：

$$\ln L = 10.1305 + 0.2160 \ln EXA + 0.7433 D_{1a} - 0.1667 D_{2a} \ln EXA$$
$$(239.2140)(15.8165) \qquad (14.7452) \quad (-11.5211)$$

$$(5.26)$$

$$R^2 = 0.9930 \qquad 调整 R^2 = 0.9920 \qquad DW = 1.44$$

对上面的回归残差进行 ADF 检验，结果如下：

类型	ADF 值	5%临界值	1%临界值	平稳与否
0，0，1	-2.7890	-1.9566	-2.6700	是

在 1% 的显著性水平下，残差通过了检验，可以为残差是平稳的。另外，更值得我们注意的是，（5.26）式 D_{1a}、D_{2a} 系数的 t 值非常显著，说明

1980～1989年和1990～2004年两个不同的时期，lnEXA – lnL 的关系在结构上确实发生了明显的变化。

（2）Granger 因果性检验

中国三次产业就业人员数与中国对美国出口总额之间的 Granger 因果性检验结果如下表所示。从检验结果可见，选择1～6年的滞后期，我们能够在5%的显著性水平下，拒绝"劳动就业增加不是对美出口增加的原因"的原假设，同时，可以接受"对美国出口增加不是中国劳动就业增加的原因"的原假设。由此我们可以得出结论：中国的劳动就业是中国对美出口贸易发展的 Granger 原因。

Granger 因果检验结果

样本：1980～2004 年

滞后期	零假设	观察数	F 统计量	概率	结果
2	lnL 不是 lnEXA 的 Granger 原因	23	3.9740	0.0372	拒绝原假设
	lnEXA 不是 lnL 的 Granger 原因		0.1774	0.8389	接受原假设

2. 结果分析

先看 Granger 因果关系检验结果。在第二章分析中美贸易规模变化的趋势时我们指出，中国出口产品占美国进口市场的份额由1995年的6.3%上升到2002年的11.1%，超过了日本出口产品所占的美国进口市场份额，这充分体现出中国对外贸易和整体经济的国际竞争力在不断上升。而在这里，我们得出了"中国就业人员数的增加是对美出口增加的原因"的结论，这一结论同第二章的结论其实具有异曲同工之妙。从前后的实证分析看，我们确实可以下这样的结论，即中国对美国出口的增加的原因在于中国在就业、技术进步等各个方面的因素的有利配合下、在中国经济的国际竞争力不断增强的前提下而取得的。这种结论同"出口促进就业"的命题似乎是相反的。

再看中国对美国出口同中国就业的联系。将（5.17）和（5.26）消除自相关后可以分别得到下面新的回归结果：

$$lnL = 11.0385 + 0.0424lnEX + 0.4517D_1 - 0.0492D_2lnEX +$$
$$(38.4299) \ (2.9243) \ (4.4473) \ (-3.0765)$$

（5.17A）

179

$$[AR(1) = 1.3004, AR(3) = -0.3145]$$
$$(9.1624) \qquad (-2.5780)$$
$$R^2 = 0.9996 \qquad 调整 R^2 = 0.9995 \qquad DW = 1.75$$
$$\ln L = 11.1360 + 0.0239\ln EXA + 0.2460D_{1a} - 0.0287D_{2a}\ln EXA +$$
$$(85.3975) \quad (2.6552) \qquad (6.2666) \qquad (-2.7310)$$

$$(5.26A)$$

$$[AR(1) = 1.2842, AR(3) = -0.3049]$$
$$(9.6025) \qquad (-2.5717)$$
$$R^2 = 0.9996 \qquad 调整 R^2 = 0.9994 \qquad DW = 1.76$$

将（5.17A）和（5.26A）对时间求导数，便可以计算出中国出口总额增长率每提高1%所带动的就业增长率提高的百分比以及中国对美国出口额的增长率每提高1%所带动的就业增长率提高的百分比。将这些计算结果汇总如下表5-19所示。对比表中的数据可发现以下特点：

（1）中国出口对就业带动的作用非常弱，而且这种带动作用越来越弱。1980～1989年期间，出口总额增长率每提高1%，就业增长率仅仅平均提高0.0424%，就业增长率几乎没有提高；而在1990～2003年期间，出口总额增长率每提高1%，就业增长率反而平均下降0.0068%；中国对美国出口与国内就业的关系同样如此。可见，中国出口对就业的带动作用非常弱。通过具体分析中国三次产业就业构成的变化，我们可以看出，20世纪80年代中国就业的增加主要依靠的是面向国内市场的工业和服务业的发展，而90年代就业的增加主要依靠的是第三产业的发展。

表5-19　中国的出口增长、对美出口增长与劳动就业增长的联系对比

	计算公式	1980～1989年	1990～2004年
中国出口总额增长率提高1%带动就业增长率提高的百分比（%）	(5.17A)	0.0424	-0.0068
对美出口额增长率提高1%带动就业增长率提高的百分比（%）	(5.27A)	0.0239	-0.0048

（2）相对于中国的全部出口来说，中国对美出口同中国三次产业就业的联系更强一些。在1980～2004年期间中国对美国出口额占中国全部出口总额比重的平均值为18.39%。在1980～1989年期间，在其他因素不变的情况下，对美出口增长率每提高1%，就业增长率平均提高0.0239%；而

中国出口总额增长率每提高1%，就业增长率仅仅平均提高0.0424%，由此可见，在出口增长率同时提高1%的情况下，占中国出口总额平均比重只有18.39%的对美国出口所引起的就业增长率的提高占全部出口所引起的就业增长率提高的56.37%（即0.0239%／0.0424%），这充分说明相对于全部出口来说，中国对美国出口对于中国就业增长的作用更强。在1990～2003年期间，中国出口总额增长率每提高1%，就业增长率仅仅平均下降了0.0068%，而对美出口增长率每提高1%，就业增长率平均下降0.0048%。由此可见，在出口增长率同时提高1%的情况下，占中国出口总额平均比重仅有18.39%的对美国出口所引起的就业增长率的下降占全部出口所引起的就业增长率下降的70.59%（即0.0048%／0.0068%）。这也说明了相对于全部出口来说，中国对美国出口对于中国就业影响的作用更强。综合上面对两个时期的分析可见，相对于中国的全部出口来说，中国对美出口与中国三次产业就业的联系更强一些，其中的主要原因在于，相对于中国的全部出口来说，中国对美国出口中劳动密集型产品和加工贸易出口所占比重较大。

（三）中国从美进口贸易与中国经济增长的关系

1. 计量检验

（1）协整分析

经济总量与进口额的相互影响关系为 $GDP = \alpha_{5a} + \beta_{5a} IMA$ 或 $IMA = \alpha_{6a} + \beta_{6a} GDP$，其中 GDP 为国内生产总值，IMA 是中国自美国进口总额。技术分析采用 EG 两部法进行检验。将 GDP 和 IMA 分别取自然对数后的 lnGDP 和 lnIMA 进行 ADF 检验，结果如表 5-10 所示。由检验结果可见，在10%的显著性水平上 lnGDP 为一阶单整序列，在5%的显著性水平上 lnIMA 为一阶单整序列；在10%的显著性水平两者可以进行协整分析。

分别对协整方程 $lnGDP = \alpha_{5a} + \beta_{5a} lnIMA + u_{10}$ 或者 $lnIMA = \alpha_{6a} + \beta_{6a} lnGDP + u_{11}$ 运用表 5-8 和表 5-9 的数据进行分析，可以得出下面的回归结果：

① 中国 GDP 总额对中国自美进口总额回归的结果：

$$lnGDP = 4.3561 + 1.2890 \, lnIMA + u_{10} \qquad (5.27)$$

181

$$（12.9794）（17.7102）$$

$$R^2 = 0.9317，调整 R^2 = 0.9287，DW = 0.69$$

对回归残差进行 ADF 检验，结果如下。在 1% 的显著性水平下，残差通过了检验，可以为残差是平稳的。

类型	ADF 值	5% 临界值	1% 临界值	平稳与否
0，0，1	-3.4364	-1.9566	-2.6700	是

② 中国自美进口总额对中国 GDP 总额回归的结果：

$$lnIMA = -2.8387 + 0.7228 \, lnGDP + u_{11} \quad\quad （5.28）$$

$$（-6.7776）（17.7102）$$

$$R^2 = 0.9317，调整 R^2 = 0.9287，DW = 0.74$$

对回归残差进行 ADF 检验，结果如下：

类型	ADF 值	5% 临界值	1% 临界值	平稳与否
0，0，1	-2.8617	-1.9566	-2.6700	是

在 1% 的显著性水平下，残差通过了检验，可以为残差是平稳的。由此我们可以认为，中国 GDP 总额同中国自美国进口总额之间存在长期动态的均衡关系。

（2）Granger 因果性检验

中国 GDP 总额与中国自美进口总额之间的 Granger 因果性检验结果如下表所示。由检验结果可见，选择 1~4 年的滞后期，在 5% 的显著性水平，我们可以得出"中国经济增长是中国自美国进口增加的原因"而反之则不是的结论。这一点同前面第二节分析所得出的"中国进口总量同中国 GDP 之间存在双向的 Granger 因果关系"的结论并不完全相同。

滞后期	零假设	观察数	F 统计量	概率	结果
2	lnGDP 不是 lnIMA 的 Granger 原因	23	4.9773	0.0190	拒绝原假设
	lnIMA 不是 lnGDP 的 Granger 原因		0.1703	0.8447	接受原假设

2. 结果分析

为将"中国 GDP 与自美国进口额 IMA 的联系"同"中国 GDP 与中国进口总额 IM 的联系"进行对比，现将（5.19）、（5.20）和（5.27）、（5.28）式消除自相关，得到以下新的回归结果：

$$lnGDP = 11.2847 + 0.1888 \, lnIM +$$
$$(6.2274) \quad (3.3735)$$
$$[AR (1) = 1.6719, \, AR (2) = -0.6882] \quad (5.19A)$$
$$(11.6325) \qquad (-4.8736)$$
$$R^2 = 0.9987, \text{调整} \, R^2 = 0.9985, \, DW = 1.57$$

$$lnIM = -8.9530 + 1.4684 \, lnGDP +$$
$$(-1.4791) \quad (3.0046)$$
$$[AR (1) = 1.3081, \, AR (2) = -0.3741] \quad (5.20A)$$
$$(6.2408) \qquad (-1.8740)$$
$$R^2 = 0.9841, \text{调整} \, R^2 = 0.9816, \, DW = 1.83$$

$$lnGDP = 13.1968 + 0.0897 \, lnIMA +$$
$$(5.5012) \quad (2.5241)$$
$$[AR (1) = 1.6223, \, AR (2) = -0.6375] \quad (5.27A)$$
$$(10.5581) \qquad (-4.2206)$$
$$R^2 = 0.9984, \text{调整} \, R^2 = 0.9982, \, DW = 1.65$$

$$lnIMA = -4.0889 + 0.8402 \, lnGDP + [AR (1) = 0.6124] \quad (5.28A)$$
$$(-3.4803) \quad (7.6150) \qquad\qquad (3.4439)$$
$$R^2 = 0.9615, \text{调整} \, R^2 = 0.9578, \, DW = 2.14$$

将（5.19A）、（5.20A）和（5.27A）、（5.28A）式对时间求导数，我们可以得出中国 GDP、中国进口总额 IM 同中国自美国进口额 IMA 等指标

183

第五章

中美贸易对中国经济发展的影响

的增长率之间的关系，现将这些数据汇总如下表：

表 5 - 20　中国 GDP 同进口总额 IM、自美国
进口额 IMA 的增长率之间的关系

	进口额增长率每提高1%引起GDP增长率的变化（%）	GDP增长率每提高1%引起进口额增长率的变化（%）
中国 GDP 与进口总额	0.19	1.47
中国 GDP 与自美国进口总额	0.09	0.84

根据第二节的 $\ln GDP = \alpha_5 + \beta_5 \ln IM + u_4$ 和 $\ln IM = \alpha_6 + \beta_6 \ln GDP + u_5$ 以及前面的 $\ln GDP = \alpha_{5a} + \beta_{a5} \ln IMA + u_{10}$ 和 $\ln IMA = \alpha_{6a} + \beta_{6a} \ln GDP + u_{11}$ 等计量经济模型，通过比较上表的数据，可以得出以下结论：

（1）在 1980~2004 年期间，中国自美国进口额占中国全部进口总额比重的平均值为 10.12%。在其他因素不变的情况下，中国全部进口总额增长率每提高 1%，当年中国 GDP 的增长率平均仅提高 0.19%，而中国自美国的进口额增长率每提高 1%，当年中国 GDP 的增长率平均就能提高 0.09%。由此可见，在进口增长率同时提高 1% 的情况下，占中国进口总额平均比重只有 10.12% 的自美国进口的增长率提高所引起的 GDP 增长率提高，占到了全部进口增长率提高所引起的 GDP 增长率提高的 47.37%（即 0.09%/0.19%）。这充分说明，相对于中国的全部进口来说，中国自美国进口对于中国经济增长的促进作用特别强。换言之，中国自美国进口的货物（包括资本设备）比从其他国家进口的货物（包括资本设备）更能够促进中国的经济增长。

（2）在 1980~2004 年期间，在其他因素不变的情况下，中国 GDP 增长率每提高 1%，中国全部进口总额的增长率平均提高 1.47%，而中国自美国进口增长率平均提高 0.84%。由此可见，在中国 GDP 增长率提高 1% 的情况下，中国自美进口增长率的提高达不到全部进口增长率提高的平均水平，前者只有后者的 57.14%（即 0.84%/1.47%）。这充分说明，相对于中国的全部进口来说，中国经济增长对中国自美进口的影响作用要弱得多。换言之，中国的经济增长使得中国相对较多地从其他国家增加进口，相对较少地从美国增加进口。结合第二章的分析，我们认为，这种情况的出现同美国对其出口中国高技术产品实施限制的措施具有很大的关系。

总结以上（1）、（2）点可以得出结论：相对于中国的全部进口贸易来说，

中国自美国的进口贸易更能够促进中国的经济增长，但是反过来，中国的经济增长使得中国相对较多地从其他国家增加进口，相对较少地从美国增加进口。

（四）中国对美国的出口贸易与中国的经济增长

1. 计量检验

经济总量与出口额的相互影响关系为 $GDP = \alpha_{7a} + \beta_{7a} EXA$ 或 $EXA = \alpha_{8a} + \beta_{8a} GDP$，其中 GDP 为中国国内生产总值，EXA 为中国对美国出口额。技术分析采用 EG 两部法进行检验。将 GDP 和 EXA 序列分别取自然对数后的 lnGDP 和 lnEXA 进行 ADF 检验，结果如表 5-10 所示。在 10% 的显著性水平 lnGDP 为一阶单整序列，在 5% 的显著性水平 lnEXA 为一阶单整序列，两者可以进行协整分析。

（1）协整分析

分别对协整方程 $lnGDP = \alpha_{7a} + \beta_{7a} lnEXA + u_{12}$ 和 $lnEXA = \alpha_{8a} + \beta_{8a} lnGDP + u_{13}$ 运用表 5-8 和表 5-9 的数据进行分析，可以得出下面的回归结果：

① 中国 GDP 总额对中国对美出口额回归的结果：

$$lnGDP = 6.7438 + 0.7477 \, lnEXA + u_{12} \qquad (5.29)$$
$$(60.8567) \quad (32.7534)$$
$$R^2 = 0.9790, \text{调整} R^2 = 0.9780, DW = 0.44$$

对回归残差进行 ADF 检验，结果如下。在 5% 的显著性水平下，残差通过了检验，可认为残差是平稳的。

类型	ADF 值	5%临界值	1%临界值	平稳与否
0，0，1	-2.0766	-1.9566	-2.6700	是

② 中国对美出口额对中国 GDP 总额回归的结果：

$$lnEXA = -8.7331 + 1.3094 \, lnGDP + u_{13} \qquad (5.30)$$
$$(-21.2865) \quad (32.7534)$$
$$R^2 = 0.9790, \text{调整} R^2 = 0.9781, DW = 0.45$$

对回归残差进行 ADF 检验，结果如下：

类型	ADF 值	5%临界值	10%临界值	平稳与否
0，0，1	-1.8345	-1.9566	-1.6235	是

185

在10%的显著性水平下，残差通过了检验，可以为残差是平稳的。根据上述协整分析，我们可以得出结论：中国经济增长同中国对美国出口贸易之间存在长期的动态均衡关系。

（2）Granger 因果性检验

中国 GDP 同中国对美出口 EXA 之间的 Granger 因果性检验结果如下表所示。由结果可见，在5%的显著性水平，中国对美国的出口贸易与中国 GDP 之间并不存在 Granger 因果关系。

Granger 因果检验结果

样本：1980~2004 年

滞后期	零假设	观察数	F 统计量	概率	结果
3	GDP 不是 EXA 的 Granger 原因	22	1.9405	0.1665	接受原假设
	EXA 不是 GDP 的 Granger 原因		2.4218	0.1064	接受原假设

2. 结果分析

为将"中国 GDP 增长与对美国出口额 EXA 增长的联系"同"中国 GDP 增长与中国出口总额 EX 增长的联系"进行对比，现将（5.23）、（5.24）和（5.29）、（5.30）式消除自相关，得到以下新的回归结果：

$$lnGDP = 12.0753 + 0.1460\ lnEX\ +$$
$$(4.7406)\quad (1.4970)$$
$$[AR\ (1)\ = 1.5926,\ AR\ (2)\ = -0.6102] \quad\quad (5.23A)$$
$$(9.9634)\quad\quad\quad (-3.8896)$$
$$R^2 = 0.9981，调整\ R^2 = 0.9979，DW = 1.62$$

$$lnEX\ =\ 0.9613\ +\ 0.4467\ lnGDP\ +\ [AR\ (1)\ = 1.0699] \quad (5.24A)$$
$$(0.6312)\ (1.6810)\quad\quad\quad\quad\quad (17.7210)$$
$$R^2 = 0.9929，调整\ R^2 = 0.9922，DW = 2.20$$

$$lnGDP\ =\ 12.9235\ +\ 0.1028\ lnEXA\ +$$
$$(5.0031)\quad (1.1569)$$
$$[AR\ (1)\ = 1.5589,\ AR\ (2)\ = -0.5763] \quad (5.29A)$$
$$(9.6660)\quad\quad\quad (-3.6251)$$
$$R^2 = 0.9981，调整\ R^2 = 0.9979，DW = 1.70$$

$$\ln EXA = -9.1750 + 1.3562 \ln GDP + \left[AR\,(1) = 0.8099 \right] \quad (5.30A)$$
$$(-5.3418) \quad (8.5720) \qquad\qquad (5.4094)$$
$$R^2 = 0.9902,\ \text{调整 } R^2 = 0.9893,\ DW = 1.38$$

将（5.23A）、（5.24A）和（5.29A）、（5.30A）式对时间求导数，我们可以得出中国 GDP、中国出口总额 EX 同中国对美国出口额 EXA 等指标的增长率之间的关系，现将这些数据汇总如下表：

表 5 – 21　中国 GDP 同出口总额 EX、对美国出口额 EXA 的增长率之间的关系

	出口额增长率每提高1%引起 GDP 增长率的变化（%）	GDP 增长率每提高1%引起出口额增长率的变化（%）
中国 GDP 与出口总额	0.15	0.45
中国 GDP 与对美国出口总额	0.10	1.36

根据第二节的 $\ln GDP = \alpha_7 + \beta_7 \ln EX + u_6$ 和 $\ln EX = \alpha_8 + \beta_8 \ln GDP + u_7$ 以及前面的 $\ln GDP = \alpha_{7a} + \beta_{7a} \ln EXA + u_{12}$ 和 $\ln EXA = \alpha_{8a} + \beta_{8a} \ln GDP + u_{13}$ 等计量经济模型，通过比较上面表 5 – 21 的数据，可以得出以下结论：

（1）在 1980 ~ 2004 年期间，中国对美国出口额占中国全部出口总额的比重的平均值为 18.39%。在其他因素不变的情况下，中国出口总额增长率每提高 1%，中国 GDP 增长率平均提高约 0.15%，而中国对美国出口额增长率每提高 1%，中国 GDP 增长率仅平均提高约 0.10%。由此可见，在出口增长率同时提高 1% 的情况下，占中国出口总额平均比重只有 18.39% 的对美国出口增长率提高所引起的 GDP 增长率提高占到全部出口增长率提高所引起的 GDP 增长率提高的 66.67%（即 0.10% ／ 0.15%）。这充分说明，相对于全部出口来说，中国对美国出口对于中国经济增长的作用强得多。换言之，相对于中国的全部出口来说，中国对美国的出口更能够促进中国的经济增长。

（2）在 1980 ~ 2004 年期间，在其他因素不变的情况下，中国 GDP 增长率每提高 1%，中国出口总额增长率将平均提高约 0.45%，而中国对美国出口总额增长率平均提高约 1.36%。由此可见，在中国 GDP 增长率提高 1% 的情况下，中国对美国出口增长率的提高比中国全部出口增长率大提高大得多（即 1.36% 比 0.45% 大得多）。这种情况说明，相对于其他国家的平均情况来说，中国经济增长对于中国对美国出口的促进作用要特别强。换言之，中国的经济增长使得中国相对较多地增加对美国的出口，相

187

对较少地增加对其他国家的出口。

总结以上（1）、（2）点可以得出结论：相对于中国的全部出口贸易来说，中国对美国的出口贸易更能够促进中国的经济增长，反过来，中国的经济增长又更能够促进中国对美国出口贸易的发展；换言之，相对于中国全部出口贸易来说，中国对美国的出口贸易同中国经济增长具有更加紧密的联系。

中美贸易与中国经济增长关系的总结：相对于中国同所有国家进行贸易的平均情况来说，一方面，中美贸易对于中国经济增长的促进作用较强；另一方面，中国经济增长对于中国对美国出口的促进作用要强得多，而中国经济增长对中国自美国进口的促进作用要弱得多，这种情况的出现同美国对其出口中国高技术产品实施限制的措施具有很大的关系。

三、美国经济增长与中国对美国出口贸易的关系

（一）美国经济增长与中国对美出口之间的一般理论关系

中国对美国的出口 EXA 是美国进口 IM_{USA} 的一部分。按照进口贸易 IM 同国民收入（这里用国内生产总值 GDP 指标来衡量）的一般理论关系来说，国民收入是进口的主要决定因素，即 $IM = \alpha_{10} + \beta_{10} GDP$。按照这种一般关系，那么中国对美国的出口 EXA 同美国国民收入 GDP_{USA} 应该具有以下一般关系：

$$EXA = \alpha_9 + \beta_9 \, GDP_{USA} \qquad (5.31)$$

这里要特别强调的是系数 β_{10} 具有预期的正的符号。下面开始进行实证分析。

（二）实证分析的数据说明和经济变量的平稳性检验

以下将对中国对美国出口与美国经济增长的关系进行实证分析，其中所涉及的经济变量包括：中国对美国出口额 EXA、美国国内生产总值 GDP_{USA} 及其增长率 $GGDP_{USA}$ 等 3 个经济变量，这 3 个经济变量的数据及其来源如表 5 - 22 所示。所有经济变量均采用当年价格的数据。

鉴于大多数经济时间序列数据是非平稳的，在协整检验前必须进行平稳性的单位根检验。根据表 5 - 22 的数据，将中国对美国出口额 EXA 进行季节调整，然后将经过季节调整的中国对美国出口额 EXASA、美国 GDP_{USA}（原始数据已经过季节调整）及其增长率 $GGDP_{USA}$ 进行平稳性检验。这里采用 ADF 检验，结果如下表 5 - 23 所示。从检验结果可见：

（1）经过季节调整的 EXASA 和 GDP_{USA} 在 1% 的显著性水平同为二阶单整序列，两者可以进行协整分析；

（2）经过季节调整的 EXASA 取自然对数后的 lnEXASA 在 5% 的显著性水平为一阶单整序列，美国 GDP_{USA} 取自然对数后的 $lnGDP_{USA}$ 在 10% 的显著性水平为一阶单整序列，lnEXASA 与 $lnGDP_{USA}$ 两者可以进行协整分析；

（3）$GGDP_{USA}$ 在 5% 的显著性水平为水平平稳序列，因此，$GGDP_{USA}$ 同 EXASA 或 lnEXASA 都不存在协整关系。

（三）协整分析：EG 两步法

1. 中国对美国出口 EXASA 与美国 GDP_{USA} 的协整分析

运用表 5 – 22 的数据对协整方程 $EXASA = \alpha_{10} + \beta_{10} GDP_{USA} + u_{14}$ 进行 OLS 回归的结果如下：

表 5 – 22　中国对美国出口额 EXA、美国国内生产
总值 GDP_{USA} 及其增长率 $GGDP_{USA}$

年份与季度	中国对美国出口额 （亿美元）EXA	美国 GDP（10 亿美元） GDP_{USA}	美国 GDP 增长率 $GGDP_{USA}$
1994. 1	34. 63	6911. 0	0. 0162936
1994. 2	51. 36	7030. 6	0. 0173057
1994. 3	58. 68	7115. 1	0. 0120189
1994. 4	69. 94	7232. 2	0. 0164580
1995. 1	49. 19	7298. 3	0. 0091397
1995. 2	62. 84	7337. 7	0. 0053985
1995. 3	68. 41	7432. 1	0. 0128651
1995. 4	66. 68	7522. 5	0. 0121635
1996. 1	46. 44	7624. 1	0. 0135061
1996. 2	61. 75	7776. 6	0. 0200024
1996. 3	75. 18	7866. 2	0. 0115217
1996. 4	83. 48	8000. 4	0. 0170603
1997. 1	58. 98	8113. 8	0. 0141743
1997. 2	81. 85	8250. 4	0. 0168355
1997. 3	91. 66	8381. 9	0. 0159386
1997. 4	94. 47	8471. 2	0. 0106539
1998. 1	72. 47	8586. 7	0. 0136344
1998. 2	94. 35	8657. 9	0. 0082919
1998. 3	104. 32	8789. 5	0. 0152000
1998. 4	108. 62	8953. 8	0. 0186928

年份与季度	中国对美国出口额 （亿美元）EXA	美国 GDP（10 亿美元） GDP_USA	美国 GDP 增长率 GGDP_USA
1999. 1	79. 32	9066. 6	0. 0125980
1999. 2	101. 83	9174. 1	0. 0118567
1999. 3	119. 23	9313. 5	0. 0151950
1999. 4	119. 08	9519. 5	0. 0221184
2000. 1	104. 58	9629. 4	0. 0115447
2000. 2	131. 53	9822. 8	0. 0200843
2000. 3	148. 34	9862. 1	0. 0040009
2000. 4	136. 59	9953. 6	0. 0092779
2001. 1	115. 64	10021. 5	0. 0068217
2001. 2	134. 63	10128. 9	0. 0107170
2001. 3	152. 80	10135. 1	0. 0006121
2001. 4	139. 76	10226. 3	0. 0089984
2002. 1	131. 70	10333. 3	0. 0104632
2002. 2	166. 98	10426. 6	0. 0090291
2002. 3	203. 26	10527. 4	0. 0096676
2002. 4	197. 56	10591. 1	0. 0060509
2003. 1	176. 58	10717. 0	0. 0118873
2003. 2	222. 69	10844. 6	0. 0119063
2003. 3	260. 07	11087. 4	0. 0223890
2003. 4	265. 40	11236. 0	0. 0134026
2004. 1	237. 49	11457. 1	0. 0196778
2004. 2	304. 01	11666. 1	0. 0182420
2004. 3	343. 57	11818. 8	0. 0130892
2004. 4	364. 42	11995. 2	0. 0149254
2005. 1	325. 13	12198. 8	0. 0169735
2005. 2	401. 72	12378. 0	0. 0146900
2005. 3	446. 65	12605. 7	0. 0183955
2005. 4	455. 48	12760. 4	0. 0122722

资料来源：（1）1994 年中国对美国出口额数据来源于高运胜、陆宝群："中国对美国出口与美国 GDP 增长的相关性分析"，《国际贸易问题》2004 年第 1 期，1995～2005 年中国对美国出口额数据来源于中经网统计数据库；（2）美国 GDP 数据来源于 http：//www. bea. gov/bea/dn/gd-plev. xls（2006 年 2 月 28 日），其中的数据为年率化的数据；（3）美国 GDP 增长率数据根据美国 GDP 数据计算得出。

表 5 – 23 经济变量的单位根检验结果

变量的水平值或一阶差分	类型	ADF	临界值			是否平稳
			1%	5%	10%	
EXA	C, 1, 4	– 0.5154	– 4.1837	– 3.5162	– 3.1882	否
Δ (EXA)	C, 1, 3	– 1.9501	– 4.1837	– 3.5162	– 3.1882	否
Δ^2 (EXA)	0, 0, 3	– 13.1463	– 2.6168***	– 1.9486	– 1.6198	是
lnEXA	C, 1, 4	– 1.9378	– 4.1837	– 3.5162	– 3.1882	否
Δ (lnEXA)	C, 0, 4	– 3.0708	– 3.5930	– 2.9320**	– 2.6039	是
GDP_{USA}	C, 1, 2	– 1.2273	– 4.1728	– 3.5112	– 3.1854	否
Δ (GDP_{USA})	C, 1, 1	– 2.5455	– 4.1728	– 3.5112	– 3.1854	否
Δ^2 (GDP_{USA})	0, 0, 0	– 13.6525	– 2.6143***	– 1.9481	– 1.6196	是
$lnGDP_{USA}$	C, 1, 2	– 2.2105	– 4.1728	– 3.5112	– 3.1854	否
Δ ($lnGDP_{USA}$)	C, 0, 1	– 2.7911	– 3.5814	– 2.9271	– 2.6013*	是
$GGDP_{USA}$	C, 0, 1	– 2.9391	– 3.5778	– 2.9256**	– 2.6005	是

说明：（1）Δ（·）表示变量（·）的一阶差分，Δ^2（·）表示变量（·）的二阶差分；（2）***表示1%显著性水平通过检验，**表示5%显著性水平通过检验，*表示10%显著性水平通过检验。

$$EXASA = -409.7729 + 0.0591\,GDP_{USA} + u_{14} \qquad (5.31A)$$
$$(-12.5514)\,(17.4979)$$
$$R^2 = 0.8694 \qquad 调整\,R^2 = 0.8665 \qquad DW = 0.08$$

对残差进行检验，结果如下：

类型	ADF	1%临界值	5%临界值	10%临界值	是否平稳
C, 1, 4	– 0.1470	– 4.1837	– 3.5162	– 3.1882	否

由结果可见，残差是不平稳的。因此，中国对美国出口额 EXASA 同美国经济总量 GDP_{USA} 之间并不存在长期的动态均衡关系。

2. 中国对美国出口 lnEXASA 与美国 $lnGDP_{U3A}$ 的协整分析

运用表 5 – 22 的数据对协整方程 $lnEXASA = \alpha_{11} + \beta_{11} lnGDP_{USA} + u_{15}$ 进行 OLS 回归的结果如下：

191

$$\text{lnEXASA} = -27.3702 + 3.5202 \text{ lnGDP}_{USA} + u_{15} + u_{15} \quad (5.31\text{B})$$
$$(-29.3274) \quad (34.5028)$$
$$R^2 = 0.9628 \qquad 调整 R^2 = 0.9620 \qquad DW = 0.34$$

对残差进行检验，结果如下：

类型	ADF	1%临界值	5%临界值	10%临界值	是否平稳
C, 1, 4	-2.0343	-4.1837	-3.5162	-3.1882	否

由结果可见，残差是不平稳的。因此，中国对美国出口额 lnEXASA 同美国经济总量 lnGDP$_{USA}$ 之间也不存在长期的动态均衡关系。

（四）协整分析：Johansen 估计法[①]

1. 中国对美国出口 EXASA 与美国 GDP$_{USA}$ 的协整分析

建立 VAR 模型的结果显示，VAR 系统滞后 1 期为最优，上一期中国对美国的出口 EXASA 和美国 GDP$_{USA}$ 都对本期中国对美国出口 EXASA 有显著的影响。从 Johansen 协整检验结果（下表）可以发现，拒绝 $H_0: r = 0$ 的假设，接受 $H_0: r \leqslant 1$ 的假设，中国对美国出口 EXASA 与美国 GDP$_{USA}$ 之间存在唯一的协整关系。标准化后表示为（括号内为标准差）：

$$\text{EXASA} = 55.3785 + 0.0097 \text{ GDP}_{USA} \quad (5.31\text{C})$$
$$(0.02207)$$

EXASA 与 GDP$_{USA}$ 的 Johansen 协整检验结果

H_0	迹统计量	5%临界值	1%临界值
r = 0	25.58942	15.41	20.04
r ≤ 1	2.325378	3.76	6.65

负反馈调整系数前面的系数为 0.068763，表明长期均衡关系是不稳定

---

① 有关 Johansen 估计方法可以参见：Johansen, S：Statistical analysis of co-integration vectors, *Journal of Economic Dynamics and Control*, 12, 1988, p.231 – 254；Johansen, S and Juselius, K. (1990)：Maximum likehood estimation and inference on co-integration：with applications to the demand for money, *Oxford Bulletin of Economics and Statistics*, 52, 1990, p.169 – 210.

的。虽然（5.31C）表明，本期美国GDP$_{USA}$每增加10亿美元，会影响本期中国对美国出口平均增加97×4=388万美元，[①] 但是，这种均衡关系是不稳定的。由此可见，中国对美国出口同美国经济总量之间虽然存在着正的相关关系，符合本国进口贸易同经济总量之间的一般关系，但是这种均衡关系是不稳定的。

2. 中国对美国出口 lnEXASA 与美国 lnGDP$_{USA}$ 的协整分析

建立 VAR 模型的结果显示，VAR 系统滞后 1 期为最优，上一期中国对美国的出口 lnEXASA 和美国 lnGDP$_{USA}$ 都对本期中国对美国出口 lnEXASA 有显著的影响。从 Johansen 协整检验结果（下表）可以发现，接受 H_0: r =0 的假设，并且接受 H_0: $r \leq 1$ 的假设。由此可见，中国对美国出口 lnEXASA 与美国 lnGDP$_{USA}$ 之间并不存在协整关系。

lnEXASA 与 lnGDP$_{USA}$ 的 Johansen 协整检验结果

H_0	迹统计量	5% 临界值	1% 临界值
r = 0	7.794092	15.41	20.04
r ≤ 1	0.109691	3.76	6.65

（五）研究结果分析

结合前面对"中国对美国出口贸易与中国经济增长"的分析，从上面（一）至（四）点可以得出以下结论：

（1）经济变量的平稳性检验表明，GGDP$_{USA}$ 在 5% 的显著性水平为水平平稳序列，因此，GGDP$_{USA}$ 同 EXASA 或 lnEXASA 都不存在协整关系。所以，中国对美国出口同美国经济增长率之间并不存在长期稳定的均衡关系。理解这一点其实不难，美国经济总量和市场规模本身就很大，足够容纳从单个个别国家的进口商品，因此，只要美国经济总量的增长率没有异常大的波动，中国对美国出口并不依赖于美国经济总量的增长率。

（2）Johansen 协整检验表明，中国对美国出口与美国 GDP 之间并不存在稳定的长期均衡关系。从（5.31C）可见，中国对美国出口同美国经济

---

① 注意，表 5-22 中美国 GDP$_{USA}$ 的数据单位为 10 亿美元，并且是年率化的数据。

总量之间虽然存在着正的相关关系，但是这种相关关系既不稳定，同时又非常微弱，即本期美国 GDP_{USA} 每增加 10 亿美元，会影响本期中国对美国出口平均仅仅增加 $97 \times 4 = 388$ 万美元（即本期美国 GDP_{USA} 每增加 1 亿美元，会影响本期中国对美国出口平均仅仅增加 $97 \times 4 = 38.8$ 万美元），这同现实情况存在较大的差距。实际情况是，从 1995 年到 2005 年，美国 GDP 从 73977 亿美元增加到 124857 亿美元，期间增加了 50880 亿美元，而中国同期对美国的出口由 247 亿美元增加到 1629 亿美元，期间增加了 1382 亿美元；平均来说，随着美国 GDP 每增加 1 亿美元，中国对美国出口增加了 272 万美元。由此可见，（5.31C）所表达的中国对美国出口 EXASA 与美国 GDP_{USA} 之间所存在的不稳定的、微弱的长期均衡关系，并不能作为解释中国对美国出口增长的主要因素。那么，中国对美国出口应该主要由什么因素来解释呢？下面第（3）点的进一步分析将给出可信的答案。

（3）从前面对"中国对美国的出口贸易与中国的经济增长"的分析，我们由（5.30A）和表 5-21 可见，在 1980~2004 年期间，在其他因素不变的情况下，中国 GDP 增长率每提高 1%，中国出口总额增长率将平均提高约 0.45%，而中国对美国出口总额增长率平均提高约 1.36%。由此可见，在中国 GDP 增长率提高 1% 的情况下，中国对美国出口增长率的提高比中国全部出口增长率的提高大得多（即 1.36% 比 0.45% 大得多），这同实际情况是完全相符的。实际情况是，从 1995 年到 2004 年，中国 GDP 从 57494.9 亿元增加到 136584.3 亿元，期间增加了 79089.4 亿元，而中国同期对美国的出口由 214.6 亿美元增加到 1249.5 亿美元，期间增加了 1034.9 亿美元；平均来说，随着中国 GDP 每增加 1 亿元，中国对美国出口增加了 131 万美元；如果按照 1 美元兑换 8.28 元人民币的汇率来计算，中国 GDP 每增加 1 亿美元，中国对美国出口会增加约 1085 万美元，这一数据比上面"美国 GDP 每增加 1 亿美元，中国对美国出口会增加 272 万美元"的数据大得多。由此可见，中国经济总量的提高和经济实力的增强才是中国对美国出口不断扩张的最主要的原因，所以，中国经济总量的提高才是解释中国对美国出口增长的主要因素。

根据以上分析，中国对美国出口与美国经济增长的关系可以总结为：美国经济总量同中国对美国的出口规模之间所存在的长期均衡关系既是不稳定的，也是非常微弱的，不能成为中国对美国出口的主要解释因素；而美国经济波动同中国对美国的出口规模之间并不存在长期均衡关系，因此，美国经济波动并不能成为中国对美国出口的解释因素。[①]

四、中美贸易对中国产业结构变化的影响

在第二章第二节里，我们分析了中美贸易商品结构的变化，并得出以下分析结论：

1990 年以来，中国对美国出口的商品结构及其变化的特点是：（1）资源密集型产品的出口比重相对下降；（2）劳动密集型产品的出口比重仍然在上升，但劳动密集型产品的出口由以传统的轻纺产品为主转向以机电产品、耐用消费品和杂项制品为主；（3）机电产品中的部分资本技术密集型产品的出口比重在上升，而典型的资本技术密集型产品的出口比重仍然在下降。中国自美国进口的商品结构及其变化的特点可以概括为：（1）资源密集型产品的进口比重在下降；（2）中国实行进口替代的原料性工业制成品和部分资本技术密集度相对不高的工业制成品的进口比重趋于下降；（3）资本技术密集度相对较高的机电产品（主要是零部件）的进口比重在上升；（4）由于美国政府对于向中国出口高技术产品仍然存在很大限制，高技术产品的进口比重没有增加。下面我们在以上分析结论的基础上，进一步分析中美贸易商品结构的变化及其对中国产业结构变化的主要影响。[②]

（一）中国对美出口商品结构变化对中国产业结构变动的影响

改革开放以来，中国对美国出口商品主要以劳动密集型产品为主，到20 世纪 90 年代末期，少数资本密集型产品和技术密集型产品开始向美国

---

① 有关"中国对美国出口与美国经济增长关系"的相关研究及其结果可以参见：湛柏明、庄宗明："从中美贸易看美国经济波动对中国经济的影响"，《世界经济》2003 年第 2 期；庄宗明："中国经济增长对美国经济的依存性分析"，《经济学家》2004 年第 1 期；高运胜、陆宝群："中国对美出口与美国 GDP 增长率的相关性分析"，《国际贸易问题》2004年第 1 期；林秀丽、舒元："再议中国对美出口与美国 GDP 增长的相关性——基于协整分析和 Granger 因果检验"，《国际贸易问题》2005 年第 1 期。

② 有关中美贸易商品结构变化的其他相关分析及其结论可以参见湛柏明："中美贸易的互补性与摩擦性"，《国际贸易问题》2004 年第 6 期。

表 5 - 24　2004 年中国对美国出口额最大的前 20 项产品

单位：千美元

国际贸易标准分类（SITC）代码和商品名称		中国对美国出口额		2004 年占出口总额比重（%）	2000～2004年均增长率（%）
代码	商品名称	2000 年	2004 年		
752 ●	自动数据处理机及其零部件；磁性或光学读卡机；编码信息转换和数据处理机	6310484	24460628	12.44	40.31
894 ▲	婴儿车、玩具、体育用品	12924744	17568969	8.93	29.17
764 ●	电信设备及其零件；电信仪器附件	4579011	12097215	6.15	27.49
851 ▲	鞋类	9194556	11350591	5.77	5.41
821 ▲	家具及其附件，床垫、床架、类似填充家具	4476196	10910140	5.55	24.95
759 ●	办公机器或自动数据处理机的零部件或附件	3843111	9266443	4.71	24.61
763 ▲	录音机或复制机、电视图像和声音录制或复制设备	2584529	7604746	3.87	30.97
775 ▲	家用电器或非电器设备	2380012	4546487	2.31	17.56
893 ▲	塑料制品	2480743	4264302	2.17	14.5
831 ▲	箱、包，望远镜和照相机包，手提包、皮夹子等，女用手提包，缝纫包等	2209921	4044157	2.06	16.31
845 ▲	服饰	2263168	4022843	2.05	15.47
778 ▲	电力机械设备	2040399	3907744	1.99	17.64
842 ▲	女外套、帽、夹克、套装、短裤、连衣裙、短裙、内衣等机织物（除游泳衣外）	2335476	3651100	1.86	11.82
813 ▲	照明装置	2523653	3548135	1.8	8.89
658 ▲	人造纺织原料	1095245	3047178	1.55	29.15
848 ▲	除纺织物之外的服装附件，各种材料的头饰	2281046	2886374	1.47	6.06
699 ▲	贱金属制品	1172639	2786664	1.42	24.16
697 ▲	金属家用设备	1198745	2773200	1.41	23.33
899 ▲	杂项制品	2070500	2762859	1.4	7.48
762 ▲	无线电收音机，录制与播放设备	2590611	2398670	1.22	-1.91
中国对美国出口总额		100062958	196698977	100	18.41

注：2004 年上述 20 项商品合计占当年中国对美国出口总额比重高达 68.89%。▲表示技术含量较低的劳动密集型产品或资源密集型产品；●表示技术含量较高的资本或技术密集型产品。

资料来源：根据美国统计局网站提供数据计算。http：//censtats.census.gov.

出口，并保持较高的增长率。表5－24列出了2004年中国对美国出口额最大的前20项产品。由该表可见，在这20项产品中，除了SITC代码为752、764、759的三项商品具有一定的电子信息技术含量之外，其他17项产品均为劳动密集型或资源密集型产品。在第二章第二节中我们已经指出过，中国的电子技术产品等高新技术产品对美国的出口近90%是以加工贸易方式进行的，因此，中国对美国出口的产品主要就是劳动密集型产品。

当前，美国是中国轻工业产品的最主要进口国，也是中国纺织品的主要进口国之一。2002年占中国轻工业产品出口份额最大的国家或地区分别是：美国占中国轻工业产品出口份额的34.74%，欧洲联盟15国占18.01%，中国香港占13.24%，东南亚国家联盟10国占3.81%。① 从其他主要轻纺产品来看，2003年美国占中国鞋类出口份额位居第一，达到41.17%，位居第二位的日本所占的份额只有8.46%；中国香港、美国、日本和韩国占中国纺织品出口份额分别为25.51%、9.39%、8.44%和4.53%，美国位居第二，但中国出口到香港的部分纺织品转口到了美国；日本、中国香港、美国和韩国占中国服装出口份额分别为24.05%、16.31%、12.64%和4.98%，② 美国位居第三，同样，中国出口到香港的部分服装也转口到了美国。如果美国完全取消对中国轻纺产品的出口配额限制，美国占中国这些产品的出口份额必然还要上升，2005年中国对美国纺织品出口的大幅度增长就证实了这一结论。因此，中国对美国出口轻纺劳动密集型产品对中国轻纺工业的发展起到重要的作用；中国对美国出口的商品以劳动密集型产品为主的总体状况没有改变，这有利于中国劳动密集型产业的巩固和发展。

在过去十多年里，国外市场需求与出口销售对中国轻纺工业和机电工业的发展产生了明显不同的影响；与此相对应，在中国工业发展中轻纺工业的地位不断下降，而机电产业的地位不断上升。1992年出口创汇占产品销售收入的比重，轻纺行业高达约51.95%，机电行业只有约16.03%；到2002年这种情况发生了较大的变化，轻纺行业出口交货值占产品销售收入

---

① 数据来源于《中国轻工业年鉴（2003）》，中国轻工业年鉴社2003年12月第1次印刷。

② 数据根据2004年《中国商务年鉴》（中国商务出版社）中的数据计算得出。

的比重只有 26.40%，而机电行业则达到约 28.43%。相应地，1992 年中国轻纺工业的产品销售收入为 13372.9 亿元，机电工业的产品销售收入为 4409.62 亿元；到 2002 年中国轻纺工业的产品销售收入变为 32992 亿元，机电工业的产品销售收入变为 28015 亿元；轻纺工业的产品销售收入与机电工业的产品销售收入之比由 1992 年的 1∶0.33 转变为 2002 年的1∶0.85。①可见，随着国外市场需求与出口销售对中国轻纺工业和机电工业的发展产生明显不同的影响，在中国工业发展中轻纺工业的地位明显相对下降，而机电工业的地位明显相对上升。在上述转变过程中，中国机电产品特别是 HS 第 16 类机电产品（具体商品名称见表 2 – 7 的注释）对美国出口所占中国对美出口总额的比重大幅度上升（由 1992 年的 9.22% 上升到 2003 年的 42.57%，参见表 2 – 8）起到了重要的推动作用，促进了中国轻纺工业的地位相对下降而机电产业的地位相对上升。

综合以上分析以及前面分析中美贸易同中国经济增长关系的结论，我们认为，中国对美国的出口贸易对于中国产业结构变化的影响主要体现在两个方面：（1）中美贸易有利于中国劳动密集型产业的巩固与发展，即美国为中国劳动密集型产业的巩固与发展提供了一定的市场条件；（2）在中国自身经济结构升级和国际竞争力增强的基础上，中美贸易为中国少数资本或技术密集型产业的发展提供了一定的市场条件。

（二）中国自美进口商品结构变化对中国产业结构变动的影响

中国自美进口商品主要以资本品、农产品和少数原料为主。表 5 – 25 列出了 2004 年美国对中国出口额最大的前 20 项产品，这 20 项产品基本上属于资本品、农产品和原料。再从表 5 – 26 所列出的 2003 年美国占中国主要进口商品的进口份额来看，所占中国进口份额较高的产品也基本属于资本品、农产品和少数原料等产品。因此，美国是中国进口资本品、农产品和少数原料的主要工业国。中国自美国进口的这种商品结构，对中国产业结构的变化将会造成两个方面的主要影响：（1）从美国进口资本品，无疑能够增加中国的资本形成以及促进中国的产业结构升级，有利于中国资本或技术密集型产业

---

① 数据根据《中国工业年鉴（1993）》（《中国工业年鉴》编辑部 1993 年版）和《中国工业年鉴（2003）》（中国工业年鉴社 2003 年版）中的数据计算得出。

的发展；（2）农产品的进口将给中国农业发展带来更大的竞争压力，从而促使中国政府改变以往的农业政策，给予农业补贴，促进农业的产业升级。

　　一方面机电产品是中国自美进口的最主要商品，另一方面对美出口的劳动密集型产品由原来以轻纺产品为主已经转向当前以机电产品为主，这两方面的因素在一定程度上有利于中国机电产业的升级。以 2003 年为例，美国占中国同类进口机电产品总额的比重较高的商品分别有：飞机（53.6%）、医疗器械（33.7%）、有线通讯设备（20.7%）、有线电话电报交换机零件（20.1%）、发电机组（17.6%）、计算机（12.2%）等等（表 5-26）。另外，电信设备、自动数据处理机器、办公机器及其零部件、电子机器与用具等信息电子产品既是中国自美国进口的主要机电产品，也是占中美加工贸易总额的比重较大的商品。中国自美国进口的这些商品，有的作为最终产品使用，促进了中国航空服务、医疗卫生服务、电信服务等第三产业的发展，有的作为中间产品使用，促进中国机电产业中的资本或技术含量相对较高的信息电子设备制造业的发展，在中国的产业升级中起到了一定的促进作用。

　　要注意的是，在表 5-25 所列的 20 项产品中，只有 7 项产品（表中标明"●"符号）属于技术含量较高的产品，而其他 13 项则属于技术含量只有一般水平的产品（表中标明"▲"符号）。我们在第二章第二节的分析中已经强调了美国对出口中国的高技术产品限制对于中国在中美贸易中的不利影响。美国不仅是在高新技术及其产品的出口方面对中国施加限制，就是中等偏高技术的产品对中国的出口量也是相对较低的。以目前中国从世界各国进口的金属切削机床为例（见表 5-27），作为拥有世界上精密机床最高级生产技术的美国，2002 年美国金属切削机床占中国该产品的进口份额只有 7.77%，在全部供应国中名列第 4 位，2003 年该份额进一步下降到 6.67%，在全部供应国中的名次下降到第 5 位。美国禁止向中国出口精密机床，美国类似这样的针对中国的出口限制还很多。① 由此可见，

---

　　① 更详细的分析可以参见：孔庆江："美国贸易保护主义阴影下的中美贸易关系"，《商业经济与管理》2004 年第 1 期；李安方："美国对华技术出口管制的效果评判与前景分析"，《国际贸易问题》2004 年第 7 期。

表 5 – 25   2004 年美国对中国出口额最大的前 20 项产品

单位：千美元

国际贸易标准分类（SITC）代码和商品名称		美国对中国出口额		2004 年占出口总额比重（%）	2000～2004年均增长率（%）
代码	商品名称	2000 年	2004 年		
776●	热离子冷阴极或光电阴极阀和电子管；二极管、晶体管和类似半导体装置；集成电路；以上部件的零件。	1901243	2936221	8.46	34.35
222▲	用于生产植物油的含油种与果	1019624	2332546	6.72	22.98
792●	航空器及其设备；航天器（含卫星）和航天发射运载工具；以上设备的零部件	1691117	1950389	5.62	3.63
263▲	棉纺织纤维	60964	1433757	4.13	120.22
874●	测量、校正、分析和控制设备和仪器	482994	1339933	3.86	29.06
728●	专用机械设备及其零部件	364793	1083965	3.12	31.29
288▲	不含铁的贱金属废物废料	331129	976354	2.81	31.04
282▲	铁废物废料，再熔化的铁锭钢锭	217612	933450	2.69	43.91
764●	电信设备及其零件；电信仪器附件	781222	925523	2.67	4.33
752●	自动数据处理机及其零部件；磁性或光学读卡机；编码信息转换和数据处理机	941614	779539	2.25	-4.61
251▲	纸浆和废纸	276394	753864	2.17	28.51
778▲	电力机械设备	230547	629996	1.81	28.57
759●	办公机器或自动数据处理机的零部件或附件	541014	600710	1.73	2.65
743▲	（非液体）泵、气体压缩机及风扇、鼓风机、离心分离机、过滤器、仪器及其零部件	208193	575246	1.66	28.93
575▲	塑料塑胶原料	156804	533852	1.54	35.84
741▲	制热和冷却设备及其零部件	305968	500080	1.44	13.07
041▲	小麦	17815	495056	1.43	129.6
211▲	皮革、兽皮及其原料	233213	488315	1.41	20.29
772▲	开关或保护电路的电力仪器（电话除外）	264239	473077	1.36	15.67
714▲	发动机及其零部件（除蒸汽涡轮机、活塞内燃机和电力机械之外）	97464	460028	1.32	47.4
	美国对中国出口总额总计	16253029	34721008	100.00	20.90

注：2004 年上述 20 项商品合计占当年美国对中国出口总额比重高达 58.18%。▲表示技术含量较低的劳动密集型产品或资源密集型产品；●表示技术含量较高的资本或技术密集型产品。

资料来源：根据美国统计局网站提供数据计算。http：//censtats.census.gov。

表 5 – 26　2003 年中国部分商品从美进口额占中国进口总额的比重

单位：亿美元；%

商品名称	中国进口总额	美国所占比重	商品名称	中国进口总额	美国所占比重
飞机	35.01	53.6	铜	41.73	9.2
棉花	1.86	47.8	塑料	210.37	7.8
大豆	24.83	38.8	金属切削机床	41.31	6.7
医疗器械	16.20	33.7	汽车	51.79	5.8
小麦	1.03	27.5	各类船	2.86	5.3
化肥	17.63	27.1	铝材	14.91	4.7
有线通讯设备	30.88	20.7	集成电路	418.31	4.5
有线电话电报交换机零件	14.64	20.1	橡胶或塑料加工机械	25.52	3.1
发电机组	4.95	17.6	铸造机械	3.14	2.6
计算机	114.15	12.2	钢材	199.16	2.5
纸张	37.06	11.9	汽车零件	62.64	2.3
合成橡胶	11.52	11.8			

资料来源：根据 2004 年《中国商务统计年鉴》数据计算。

表 5 – 27　中国的金属切削机床主要进口来源地

进口来源地	2003 年		2004 年	
	金额（亿美元）	比重（%）	金额（亿美元）	比重（%）
进口总额	41.3088	100	31.505	100
日本	12.411	30.04	9.605	30.49
中国台湾省	9.6934	23.47	9.1126	28.92
德国	5.6489	13.67	3.7886	12.03
韩国	3.3539	8.12	1.6081	5.1
美国	2.7537	6.67	2.4482	7.77
意大利	2.1749	5.26	1.3948	4.43
瑞士	1.6745	4.05	1.0906	3.46

资料来源：根据 2004 年《中国商务统计年鉴》数据计算。

虽然中国自美国进口资本品无疑能够增加中国的资本形成以及促进产业结

构的升级，有利于中国资本或技术密集型产业的发展，但是，这种作用是非常有限的，这种作用同中国与美国进行贸易以优化国内资源配置的贸易基础之间存在着很大的差距。

近年来中国对美国出口的前20项最大的商品中无一项是农产品，而美国是中国农产品进口的主要来源地之一，美国的有些农产品甚至占中国同类进口商品的最大份额。以2003年为例，美国棉花占中国棉花进口的47.8%，美国大豆占中国大豆进口的38.8%，美国小麦占中国小麦进口的27.5%（表5-26）。美国农产品在世界上具有强大的竞争力。虽然中美贸易总额中土地或资源密集型产品所占的比重也出现了下降，但中美农产品贸易给中国农业发展所带来的压力仍然很大。

综合以上分析，我们将中美贸易对中国产业结构变化的影响概况为：（1）中美贸易为中国劳动密集型产业的发展提供了一定的市场条件；（2）在中国自身经济结构升级和国际竞争力增强的基础上，中美贸易为中国少数资本或技术密集型产业的发展提供了一定的市场条件；（3）农产品的进口将给中国农业发展带来更大的竞争压力；（4）虽然中国自美国进口资本品无疑能够增加中国的资本形成以及促进产业结构的升级，有利于中国资本或技术密集型产业的发展，但这种作用同中国与美国进行贸易以优化国内资源配置的贸易基础之间存在较大的差距。

小　结

20世纪80年代以来快速发展的中美贸易对中国经济带来了多方面的影响。就中美贸易对中国经济增长的短期影响而言，1981~2004年中国对美国的净出口对中国GDP增长的贡献率和中国GDP增长率之间的关系呈现出两个明显的特点：一是中国对美国的净出口对中国GDP增长的贡献率与中国GDP增长率两者之间没有明显的波动联系；二是自2001年中国加入世界贸易组织之后，中国对美净出口对中国GDP增长的贡献率创出了自1981年以来的历史新高记录，并始终维持在高水平。我们认为，中美贸易对中国经济发展的更重要影响在于其对中国经济发展的长期影响，而不是其短期影响。下面就中美贸易对中国经济发展的长期影响总结如下：

就中国对美国出口与中国的经济增长两者之间的关系来说，我们得出了这些结论：（1）中国国内就业的增加促进了对美出口贸易的发展；同中国的全部出口相比较而言，中国对美出口同中国三次产业就业的联系稍微更紧密些，但是当年中国对美出口带动当年中国三次产业就业的作用同样在不断减弱。（2）相对于其他国家的平均情况来说，中国对美国的出口比对其他国家的出口更能够促进中国的经济增长。（3）相对于其他国家的平均情况来说，中国经济增长对于中国对美国出口的促进作用要强得多。

就中国自美国进口与中国的经济增长两者之间的关系来说，我们得出了这些结论：（1）相对于从所有国家进口的平均水平来说，中国自美国进口的增加会更有利于促进中国资本总额的形成；（2）相对于从所有国家进口的平均水平来说，中国自美国进口的货物（包括资本设备）比从其他国家进口的货物（包括资本设备）更能够促进中国的经济增长；（3）中国的经济增长使得中国相对较多地从其他国家增加进口，相对较少地从美国增加进口；（4）从美国方面来说，影响中国自美国进口的主要决定因素并非美国的经济总量和美国的经济波动，而是美国的对华贸易政策，其中美国限制对华出口高技术产品的政策使得中国通过发展从美国的进口贸易来利用"美国资源"促进经济发展的对外贸易功能得不到更为充分的发挥。总的来看，美国经济波动通过中国自美国进口贸易的途径同中国经济波动之间并不存在联系。

从美国经济增长与中国对美国出口贸易发展的关系来说，本章的研究得出了一些非常重要的结论：（1）美国经济总量同中国对美国的出口规模之间所存在的长期均衡关系既是不稳定的，也是非常微弱的，不能成为中国对美国出口的主要解释因素；（2）美国巨大的经济总量和巨大的市场只不过有利于中国对美国出口的增加，而中国经济总量的增加和国际竞争力的提高才是中国对美国出口增长的最有力的解释因素；（3）美国经济波动同中国对美国的出口之间并不存在长期均衡关系，因此，美国经济波动并不能成为中国对美国出口的解释因素。

我们将中美贸易对中国产业结构变化的影响概况为：（1）中美贸易为中国劳动密集型产业的发展提供了一定的市场条件；（2）在中国自身经济结构升级和国际竞争力增强的基础上，中美贸易为中国少数资本或技术密集型产业的发展提供了一定的市场条件；（3）农产品的进口将给中国农业发展带来更大的竞争压力；（4）虽然中国自美国进口资本品无疑能够增加中国的资本形成以及促进产业结构的升级，有利于中国资本或技术密集型产业的发展，但这种作用同中国与美国进行贸易以优化国内资源配置的贸易基础之间存在较大的差距。

以上一些主要的结论可以通过图 5－11 直观地反映出来。

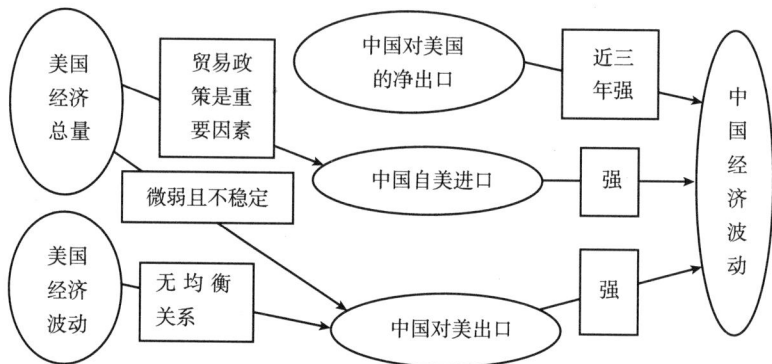

图例：A→B，表示 A 因素对 B 因素的影响

图 5－11　中美贸易的发展对中国经济波动的影响

参考文献

1. 白雪梅、赵松山："中国对外开放与经济增长因果关系的实证研究"，《数量经济技术经济研究》1999 年第 11 月。

2. 陈锡康："中国 1995 年对外贸易投入产出表及其应用"，《2001 年中国投入产出理论与实践》，中国统计出版社 2002 年版。

3. 范柏乃、王益兵："中国进口贸易与经济增长的互动关系研究"，《国际贸易问题》2004 年第 4 期。

4. 高峰、范炳全、王金田："中国进出口贸易与经济增长的关系——基于误差修正模型的实证分析"，《国际贸易问题》2005 年第 7 期。

5. 高运胜、陆宝群："中国对美出口与美国 GDP 增长率的相关性分析"，《国际贸易问题》2004 年第 1 期。

6. 赖明勇、许和连和包群：《出口贸易与经济增长——理论、模型及实证》，上海三联书店 2003 年 8 月第 1 版。

7. 孔庆江："美国贸易保护主义阴影下的中美贸易关系"，《商业经济与管理》2004 年第 1 期。

8. 李安方："美国对华技术出口管制的效果评判与前景分析"，《国际贸易问题》2004 年第 7 期。

9. 李军、李阳："中国进口、出口与经济增长关系的协整检验"，《预测》2001 年第 4 期。

10. 林秀丽、舒元："再议中国对美出口与美国 GDP 增长的相关性——基于协整分析和 Granger 因果检验"，《国际贸易问题》2005 年第 1 期。

11. 林毅夫、李永军：《对外贸易与经济增长关系的再考察》，北京大学中国经济研究中心讨论稿，2001 年。

12. 刘金全、李玉蓉："中国经济增长出口驱动假说的实证检验"，《数量经济技术经济研究》2002 年第 10 期。

13. 刘晓鹏："中国进出口与经济增长的实证分析——从增长率看外贸对经济增长的促进作用"，《中国经济问题》2001 年第 4 期。

14. 沈利生、吴振宇："出口对中国 GDP 增长的贡献——基于投入产出表的实证分析"，《经济研究》2003 年第 11 期。

15. 宋泓明、赵陵、骆蔚峰："中国出口导向型经济增长假说的适用性分析"，《东北财经大学学报》2001 年第 2 期。

16. 魏浩、毛日昇、张二震："中国制成品出口比较优势及贸易结构分析"，《世界经济》2005 年第 2 期。

17. 熊启泉、杨十二："重新审视进口在经济增长中的作用——基于中国的实证研究"，《国际贸易问题》2005 年第 2 期。

18. 许和连、赖明勇："中国出口与经济增长关系分析"，《湖南大学学报（社会科学版）》2001 年 9 月。

19. 许亦平：《国际贸易与中国经济发展的投入产出分析》，中国科学院博士论文，2000 年。

20. 杨全发、舒元："中国出口贸易对经济增长的影响"，《世界经济与政治》1998 年第 8 期。

21. 尹翔硕、朱春生："中国的出口增长与经济增长：回归分析中的问题"，《世界经济文汇》1997 年第 5 期。

22. 湛柏明、庄宗明："从中美贸易看美国经济波动对中国经济的影响"，《世界经济》2003 年第 2 期。

23. 湛柏明："中美贸易的互补性与摩擦性"，《国际贸易问题》2004 年第 6 期。

24. 张远鹏："进口贸易与美国的经济增长"，《国际贸易问题》2005 年第 5 期。

25. 庄宗明："中国经济增长对美国经济的依存性分析"，《经济学家》2004 年第 1 期。

26. Balassa, B：Export and Economic Growth：Further Evidence, *Journal of Development Economics* 5, no. 2（June）, 1978, p. 181 – 189.

27. Feder, G：On Exports and Economic Growth, *Journal of Developing Economics* 12, no. 1（March/April）, 1983, p. 59 – 73.

28. Johansen, S：Statistical Analysis of Co-integration Vectors, *Journal of Economic Dynamics and Control*, 12, 1988, p. 231 – 254.

29. Johansen, S and Juselius, K.（1990）：Maximum Likehood Estimation and Inference on Co – integration：with Applications to the Demand for Money, *Oxford Bulletin of Economics and Statistics*, 52, 1990, p169 – 210.

第六章 美国对华直接投资对
中国经济发展的影响

作为外商对华直接投资的重要组成部分，美国对华投资近年来发展较快，其对中国经济发展的影响也日益显现。如前所述，美国对华直接投资具有不同于其他国家和地区对华投资的特点，因此，分析美国对华直接投资对中国经济增长和产业结构变动的影响，应以全部外商对华直接投资的总体影响为参照，在比较二者异同的基础上分析产生这种差异的根源。

第一节 美国对华直接投资在
中国吸引外资中的地位

20 世纪 90 年代以来，美国对华直接投资发展较快，其在中国吸引外资中的地位不断提高。为了更好地分析美国对华投资地位的变化情况，本节将在阐述中国吸引外资规模、结构和技术特点的基础上，对此进行比较分析。

截至 2004 年底，全国累计批准设立外商投资企业 508941 家，合同外资金额 10966.08 亿美元，实际使用外资金额 5621.01 亿美元。中外合资与合作企业仍是外商直接投资的主要方式。中外合资与合作企业的累计设立企业数、累计合同外资金额和累计实际使用外资金额分别占全国所有外商直接投资总数的 62.95%、55.42% 和 58.36%；外商独资企业的累计设立企业数、累计合同外资金额和累计实际使用外资金额分别占全国所有外商直接投资总数的 36.99%、43.91% 和 39.68%。① 制造业是外商投资的主要

---

① 中国投资指南网 2003 年外资统计数据。

领域，制造领域外商投资企业数、合同外资金额占累计吸收外资总量的比重分别为 72.57% 和 64.76%。在累计批准设立的外商投资企业中，合同外资金额 1000 万美元以上的大型企业 14562 家，合同外资金额总计 4749.87 亿美元，分别占全国累计设立外商投资企业数和合同外资金额的 3.13% 和 50.36%。东、中、西部地区累计实际使用外资金额占全国累计实际吸收外资总量的比重分别为 86.25%、9.16% 和 4.59%。中国香港（2415.74 亿美元）位居累计对华投资国家（地区）之首位，占内地实际使用外资累计总额的 42.98%。位居对华投资前十位的其他国家（地区）依次为：中国香港、美国、日本、中国台湾省、维尔京群岛、韩国、新加坡、英国、德国和法国。

改革开放以来，中国利用外资逐年增加，但由于诸多原因，中国企业"走出去"的步伐却要慢很多。近年来，随着经济发展阶段的推进以及"走出去"战略的实施，中国对外直接投资的重要性日益凸显。2004 年是中国经济和社会快速发展的一年，中国的对外直接投资也呈现出快速增长的良好态势。根据商务部最新统计结果，2004 年中国对外直接投资净额 55 亿美元，同比增长 93%；截至 2004 年中国累计对外直接投资净额 448 亿美元。以联合国贸发会议（UNCTAD）《2005 年世界投资报告》发布的 2003 年外国直接投资（流出）流量、存量为基期进行测算，2004 年中国对外直接投资净额和截至 2004 年中国累计对外直接投资净额分别相当于全球外国直接投资（流出）流量、存量的 0.9% 和 0.55%。[①] 总体来看，中国对外直接投资呈现出这些特点：投资规模偏小；行业流向集中于商务服务、批发和零售以及采矿业；投资地区结构偏重于亚洲地区，尤其是中国香港地区；投资主体以中央管理的大中型企业为主，中小型企业及民营企业比重很小。

一、外商对华直接投资的规模变化趋势

改革开放前的三十年里，中国经济基本处于封闭状态之中，利用外资数量十分有限，即使有一些，也仅仅限于对外借款等间接投资方面。党的

---

① 中国商务部：《2004 年度中国对外直接投资统计公报（非金融部分）》。

十一届三中全会将对外开放确定为中国的一项基本国策，而吸收外商直接投资则是对外开放的一个重要组成部分，因此从1979年开始，中国在利用外资、吸收外商直接投资方面发生了历史性的变化。

1979~1985年是中国吸收外商直接投资的探索和试验期，这一时期的主要特点是：进行有关法规建设、创造基本的投资环境、探索吸收外商直接投资的经验。1979~1982年间，全国批准的外商直接投资项目年均仅有230个，协议外商投资额年均为15亿美元，实际利用外资额年均为2.9亿美元。1985年，外商直接投资项目为3073个，协议投资额达59.32亿美元，实际利用外资额为16.61亿美元，分别为1979~1982年年均水平的13倍、4倍和5.7倍。

1986~1991年是中国吸收外商直接投资的平稳发展期（表6-1）。从增量来看，这段时期的外商直接投资变化比较平稳，最大增量只有8.8亿美元。从规模来看，一直徘徊在20亿~40亿美元之间，没有很大的突破。这说明中国廉价的劳动力资源和庞大的国内市场优势并没有完全发挥出来，同时，政策因素的影响也在一定程度上使外资还没有足够的动力进入中国。

表6-1　1985~2004年中国利用外商直接投资状况

单位：亿美元

年份	FDI 实际投资额	FDI 合同利用外资额	年份	FDI 实际投资额	FDI 合同利用外资额
1985	16.58	59.31	1995	375.21	912.82
1986	18.74	28.34	1996	417.25	732.77
1987	23.14	37.09	1997	452.57	510.04
1988	31.94	52.97	1998	454.63	521.02
1989	33.92	56.00	1999	403.19	412.23
1990	34.87	65.96	2000	407.15	623.80
1991	43.66	119.77	2001	468.78	691.95
1992	110.07	581.24	2002	527.43	827.68
1993	275.15	1114.36	2003	535.05	1150.70
1994	337.67	826.80	2004	606.30	1534.8

资料来源：《中国统计年鉴》2004年。

209

　　1992 年至今是中国吸收外商直接投资的快速发展期。1992 年中国实际利用外资首次突破百亿美元，次年即突破两百亿，1994 年已达到 337 亿美元，三年上了三个台阶。1996 年中国外商直接投资又突破了 400 亿大关，达到 417 亿美元，中国成为亚洲地区乃至世界范围内重要的外资流入国。2001 年中国加入世贸组织以后，中国吸引外资继续保持较大幅度增长，甚至出现逆势上扬的态势。2001 年，全球跨国投资总额大幅度下降，而中国作为东道国的地位却呈恢复性上升，中国吸引外资占全球跨国投资总额的比重上升到 5.68%。2004 年，中国吸引外资占全球跨国投资的比重已经上升到 9.35%，位居世界第三位，仅次于美国和英国。[①]

　　针对中国吸引外资规模急剧上升的情况，有的学者认为，中国吸收外资已经太多，在有巨额银行储蓄和外汇储备的情况下，没有必要再继续实行积极的吸收外资政策。但实际上，中国吸收的外资并不存在过多的情况。2002 年中国外商投资占固定资产投资的比重为 10%，2004 年为 7%，均低于 2002 年 12.2% 的世界平均水平。2004 年以前，中国没有公布过外商直接投资的存量（只公布实际吸收外商投资的累计额），公布的均是实际吸收外资额，其中包括了已经终止运营、撤资和折旧的数量，中国经济对外资的依存度因此被高估。事实上，截至 2004 年底中国外商投资存量为 2133 亿美元，占国内生产总值比重的 13% 左右，远低于 2002 年 22.3% 的世界平均水平。2003 年中国人均吸收外商直接投资为 41 美元，略高于发展中国家人均 33 美元，却远低于 2002 年世界的平均水平（107 美元），更低于发达国家的人均 534 美元的水平（黄卫平，2005）。

二、外商对华直接投资的产业分布特征

　　外商对华直接投资的行业流向偏重于工业（表 6 - 2）。截至 2003 年年底，工业利用外资占全部行业利用外资的近 2/3。其次是房地产业、交通运输业和社会服务业，其他行业所占比例很小。其中，制造业吸引外资所占比例最高，达到 60% 以上，2003 年对制造业的投资占到实际利用外资的

[①] 2001 年和 2004 年的数据来源于联合国贸发会议：《世界投资报告（2005 年）——跨国公司与研发活动的国际化》。

近 70%。外资对制造业的青睐使得外资制造业在中国制造业中的地位举足轻重。据中国统计局的数据，到 2003 年外商投资企业出口额占中国出口总额的比重达到 54.83%，且主要制成品的出口大部分来自外商投资企业；外商投资企业的增加值占全国工业增加值的比重达 28.22%；外商投资企业工业产值占全国工业产值的 30.64%，工业产值增量占全国工业产值增量的比重为 40.77%；外商投资企业缴纳税收达 4268 亿元人民币，占全国税收总额比重为 20.86%，其增长速度高于全国税收增幅；到 2002 年，外商投资企业直接从业人员 2300 多万人，占全国城镇劳动人口的 10%。图 6-1 和表 6-3 显示了 1985~2003 年中国实际利用外资额及其占 GDP 的比重。

表 6-2　截至 2003 年外商直接投资行业结构

行业名称	合同投资额 （亿美元）	比重 （%）	注册资本中外方总额 （亿美元）	比重 （%）
农、林、牧、渔业	119.30	1.07	61.52	1.32
采掘业	39.29	0.35	18.49	0.40
制造业	6708.09	60.04	2894.48	62.14
电力、煤气及水的生产和供应业	562.24	5.03	128.63	2.76
建筑业	255.49	2.29	91.85	1.97
地质勘查和水利管理业	44.72	0.40	21.07	0.45
交通运输、仓储及邮电通信业	567.26	5.08	231.06	4.96
批发和零售贸易餐饮业	285.92	2.56	131.56	2.82
金融、保险业	36.03	0.32	21.50	0.46
房地产业	1561.69	13.98	579.75	12.45
社会服务业	639.20	5.72	279.02	5.99
卫生体育和社会福利业	37.59	0.34	14.82	0.32
教育、文化艺术及广播电影电视业	13.21	0.12	7.24	0.16
科学研究和综合技术服务业	106.65	0.95	55.31	1.19
其他行业	196.83	1.76	121.50	2.61
总计	11173.51	100	4657.79	100

资料来源：《中国统计年鉴》2004 年。

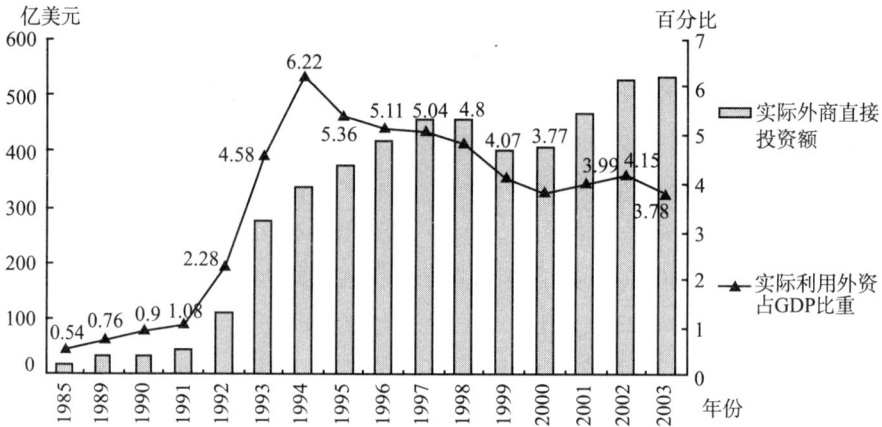

图 6 - 1　1985～2003 年中国实际利用外资额及其占 GDP 的比重

数据来源：根据《中国统计年鉴》有关年份数据计算。

表 6 - 3　1985～2003 年中国实际利用外资额及其占 GDP 比重

年份	实际外资额 （亿美元）	占 GDP 比重 （％）	年份	实际外资额 （亿美元）	占 GDP 比重 （％）
1985	16.58	0.54	1996	417.25	5.11
1989	33.92	0.76	1997	452.57	5.04
1990	34.87	0.9	1998	454.63	4.8
1991	43.66	1.08	1999	403.19	4.07
1992	110.07	2.28	2000	407.15	3.77
1993	275.15	4.58	2001	468.78	3.99
1994	337.67	6.22	2002	527.43	4.15
1995	375.21	5.36	2003	535.05	3.78

资料来源：根据《中国统计年鉴》有关年份数据计算。

　　从具体的行业分布来看（表 6 - 4），外资企业数最多的分别为电子及通信设备制造业、文教体育用品制造业、服装及其他纤维制品制造和皮革毛皮羽绒及其制品业，其企业单位数占全国同类行业单位数的 40％ 以上；而单位数最少的行业分别是烟草加工业、黑色金属冶炼及压延加工业和石油加工及炼焦业，其数目不足同行业企业数的 10％。在总产值和增加值方面，外资产值占同行业产值或增加值比重超过 50% 的行业分别是电子及通信设备制造业、仪器仪表文化办公用机械、文教体育用品制造业和皮革毛皮羽绒及其制品业，超过 40% 的行业还有家具制造业、服装及其他纤维制品制造、塑料制品业和食品制造业，其中电子及通信设备制造业的产值超过同行业产值的 70%，而增加值占同行业的比重接近 70%。从企业数目、产值和增加值的综合情况来看，外资所占份额较大的行业高度集中于以上八个行业中，如果考虑到电子及通信设备制造业在中国生产环节中的特点的话，这八个行业可以全部看做是劳动密集型产业，而且也是 20 世纪 90 年代以来中国制造业中发展最快和竞争优势最强的产业，因此可以说，外商投资企业是中国制造业发展的重要力量。这说明中国制造业具有较强的优势，尤其在劳动力成本方面，因此，外商投资倾向于劳动密集型行业，其结果是，在某种程度上，使得中国成为在制造业领域外商转移过时设备和过时技术的接收者。

表 6 - 4   2002 年三资企业在中国制造业中的地位

	占企业数比重（%）	占总产值比重（%）	占增加值比重（%）
制造业总计	20.0	31.5	29.7
食品加工业	13.4	24.7	23.8
食品制造业	21.8	39.6	42.8
饮料制造业	14.1	30.1	29.5
烟草加工业	1.7	0.5	0.4
纺织业	19.5	22.1	22.3
服装及其他纤维制品制造	40.7	45.3	45.8
皮革毛皮羽绒及其制品业	40.6	53.2	53.3
木材加工及竹藤棕草制品业	20.8	25.1	23.9
家具制造业	30.2	47.3	48.1
造纸及纸制品业	14.4	31.8	33.2
印刷业记录媒介的复制	14.2	33.7	32.4
文教体育用品制造业	46.0	59.1	59.3

续表

	占企业数比重（%）	占总产值比重（%）	占增加值比重（%）
石油加工及炼焦业	9.4	10.2	10.7
化学原料及制品制造业	14.6	22.1	23.6
医药制造业	16.4	22.1	23.9
化学纤维制造业	24.6	26.0	27.0
橡胶制品业	20.5	36.6	38.6
塑料制品业	29.3	41.9	43.6
非金属矿物制品业	10.8	18.8	18.8
黑色金属冶炼及压延加工业	6.5	7.5	6.3
有色金属冶炼及压延加工业	10.1	12.9	10.8
金属制品业	20.6	35.9	34.8
普通机械制造业	12.4	23.6	24.3
专用设备制造业	12.8	19.4	20.2
交通运输设备制造业	15.2	31.8	34.0
电气机械及器材制造业	21.8	33.1	33.5
电子及通信设备制造业	48.1	73.4	68.7
仪器仪表文化办公用机械	29.3	61.8	53.8

注：本表数据以外商投资和港澳台商投资企业与全国国有及规模以上非国有工业企业的相应指标对比得出。

资料来源：根据《中国经济贸易年鉴》2003年相关数据计算。

外商在房地产业的投资在所有行业中位居第二位，截至2003年年底，该行业合同利用外资额达到1561.69亿美元，占全部投资额的13.98%。国内学者认为，自20世纪90年代初以来，尤其是近几年在某些大城市出现的过热的房地产投资和高企的房价，与外资在该领域的大规模进入有很大关系。其他20%左右的外商直接投资分布在交通运输、社会服务和批发零售等行业，其比例非常小，这说明中国对外资的利用过于集中在成熟行业，外资未能充分引导新兴行业的开发，在一定程度上导致了外资行业结构的失衡。

三、外商对华直接投资的来源区域结构特征

20世纪90年代以来，对华投资的主要来源国集中在东亚和东南亚地区，中国香港、中国台湾、日本、韩国、新加坡对中国累计投资的总额，占中国实际利用外资累计总额的近70%，其中中国香港就占到45.73%[①]。截至2004年年底，位居对华投资前十位的其他国家（地区）依次为：中国香港（2415.74亿美元）、美国（480.29亿美元）、日本（468.46亿美元）、中国台湾省（396.05亿美元）、维尔京群岛（368.95亿美元）、韩国（259.35亿美元）、新加坡（255.39亿美元）、英国（122.31亿美元）、德国（99.09亿美元）和法国（68.04亿美元），它们的实际投资额分别占全国累计实际利用外资总额的比重依次为42.98%、8.54%、8.33%、7.05%、6.56%、4.61%、4.54%、2.18%、1.76%、1.21%。

由于地缘方面的原因，中国香港地区对大陆的投资一直在各国和地区中占据首位，然而数据显示，其份额近年来呈下降趋势。日本和韩国对中国的投资增长较快，投资领域也更为广阔。2003年，日本对华投资比2002年增长了8.64亿美元，增幅为20.62%；韩国对华投资则增长了17.68亿美元，增幅达到64.98%。相比之下，美国和欧盟国家对华投资在90年代增幅明显，但近年来却呈下降趋势。2003年美国对华投资比2002年下降12.25亿美元，降幅达22.59%；而英、法、德三国对华投资总额也呈下降趋势，三国2003年相对于2002年对华投资总额下降1.96亿美元，降幅达8.15%。

四、外商对华直接投资企业的技术特点

从改革开放初期到20世纪90年代末期，大部分在华投资企业并没有引进其海外母公司最先进的技术，这是国内对引进外资意义最集中的质疑之一。即使到了1997年，也仅有13%的外商投资企业将其最先进的技术引入中国。进入21世纪，这种情况出现了变化，外资企业向中国转移先进

[①] 数据来源：《中国外商投资报告概述》2003年，http://www.fdi.gov.cn/common/info.jsp？id = ABC00000000000020047。

技术的速度大大加快，2001 年已有 42% 的企业使用其母公司最先进的技术。而 2002 年以来，外商在华投资项目的技术水平继续提升，约有 4/5 以上的新投资项目采用了其母公司最先进的技术（王洛林，2004）。

在整个 20 世纪 80 年代，中国外商直接投资以港、澳、台中小投资为主，占中国外商投资总额的 75% 左右。即使美国、日本、欧盟等国家和地区的企业在华投资，也以中小型项目为主。总体上看，这些企业的技术水平并不比中国企业特别是国有企业的平均水平高。80 年代末期，在中国外资企业中，被认定为技术先进企业的仅为 2% 左右，技术先进企业的投资额也仅占全部外商直接投资额的 5% 左右（江小涓，1996）。因此，"外商投资企业的技术水平不高，不符合中国引进外资目的"的说法，在社会各界广泛存在。

20 世纪 90 年代中期以来，大型跨国公司在华投资增长很快，从而使在华投资企业的技术水平明显提高。跨国公司对华技术转移近年来还呈现出新的特点。首先，跨国公司在华的研发活动日趋活跃。20 世纪 90 年代末以来，随着中国在全球制造业分工地位的提高以及国内市场竞争加剧，跨国公司掀起了在中国进行 R&D 投资的高潮。微软、摩托罗拉、宝洁、联合利华、杜邦、英特尔、诺基亚、爱立信、松下、富士通等世界 500 强跨国公司相继在华成立了研发中心或宣布了大型的 R&D 投资计划。目前，跨国公司在中国设立的各种形式的研发机构已达 400 多家。从研发机构的行业构成来看，跨国公司在华的研发活动主要涉及信息技术、商务技术、化工、医药、汽车、家电等行业。其次，跨国公司加强了与内资企业的技术交流及合作。随着内资企业竞争力的不断增强，跨国公司不仅将内资企业视为竞争对手，而且开始积极谋求与内资企业开展全方位的合作，与其建立长期的战略伙伴关系。在技术合作领域，近年来跨国公司与内资企业结成了各种形式的战略联盟，如三洋与海尔、飞利浦与 TCL 建立的战略联盟，朗讯与康佳合作开发手机技术，莲花公司与 TCL 共同开拓互联网业务等。跨国公司将技术投入与中国相关配套能力的发展紧密结合起来，加大了对配套企业的技术支持力度。如法国米其林轮胎公司为了提高配套企业的技术水平，在中国建立了具备国际标准和竞争力的供应商网络，参与了云南和海南的天然橡胶种植加工，与中国石化合作改善轮胎用化学品质量，并向山东和广东等地的车轮制造企业提供了技术协助。再次，在引进国际领先技术的同时，企业的经营管理方式也相应调整。近年来，企业取代政府成为了技术进步的主体，通过不断提高技术水平来增强企业在市场上的竞争力，成为跨国企业自觉的选择。而在跨国公司不断引进国际领先技术的同时，其在华企业的管理模式也发生了改变，与过去相比，这种转变更有利于对技术的控制和应用。从股权结构来看，越来越多的跨国公司采取了合资控股和独资的经营模式。如跨国制药企业在华子公司中，多数股权和独资公司的比例从 1980～1985 年的 13.3% 上升为 1997～2001 年的 72.2%，这说明合资控股和独资公司在中国外资制药企业中越来越处于主导地位（毛蕴诗，2005）。

五、美国对华投资在中国吸引外资中的地位

美国作为中国吸引外资的重要资本来源国，其地位非常突出。自 20 世纪 90 年代以来，虽然其所占中国吸引外资的比例在大多数年份都在 10% 以下，而且近年来有进一步下降的趋势，但是美国对华投资以大型跨国公司为主，其技术水平要高于占中国吸引外资绝对多数的港、澳、台投资企业。这一特点使美国对华投资在中国经济运行中的作用与其他资本来源国或地区的投资具有较大的不同。

与大多数对华投资企业相似，美资公司也将大部分资本投入到中国的制造部门。这与中国制造业较强的竞争力和较大的利润空间不无关系，当然也与中国政府的政策（到目前为止，中国对外资进入服务业还存在诸多限制）有关。但是，同样投资于制造业，美资公司更倾向于技术含量较高的产业。从 80 年代末期开始，以摩托罗拉公司为代表的一批美资高科技公司纷纷进入中国，很多公司还在北京、上海等人才较为密集的城市建立了研究机构，以本土人才为班底开展研发活动。尽管中国的高素质人才储备与欧美发达国家相比还存在较大差距，但是这种投资行为的发生将在一定程度上促进中国技术水平的提高、人才的培养和自主创新能力的提升。

此外，作为当今世界的超级大国，美国与中国的政治和经济关系也受到美国对华投资的影响。通过对中国的投资以及获利，美国跨国公司，尤其是大型跨国公司越来越认识到中国市场在其全球战略中的重要性和不可

或缺性，而这些大公司往往在美国国内的政界很有发言权，因此，可以借助美国对华投资企业的游说改善美国政府与中国的关系，而中美两国的关系对中国未来的发展至关重要。所以，评价美国对华投资在中国吸引外资总体中的地位不能仅仅用其规模来衡量，其对中国经济健康和高质量增长以及国际政治关系的影响不容忽视。

第二节　外商对华直接投资与中国经济增长和产业结构变动的实证分析

一、外商直接投资与经济增长及产业结构变动的关系

20 世纪 90 年代以来，国际直接投资高速增长。FDI 与国际贸易、技术转让一起共同成为推动经济全球化的主要力量。FDI 及其载体跨国公司在世界经济舞台上扮演着越来越重要的角色。2000 年世界 FDI 流入量总计已超过 10000 亿美元。理论上，经济增长与外商投资可以互为因果。外商投资可以促进经济增长，经济增长可以吸引外资流入。近年来，国内学者从供给与需求的角度对该问题进行了较为深入的分析，以下将对这些观点进行总结，并着重论述外商直接投资与经济增长和产业结构变动的关系。

（一）外商直接投资与经济增长的关系

外商直接投资作为国内总资本的一部分对本国经济总量有重要影响。因为外商直接投资的增加在质量上区别于国内资本，它比国内资本有更高的效率，隐含更多的技术。正因为如此，外商直接投资被公认为发展中国家知识和技术增长的主要源泉。由于外商直接投资能够传递生产知识和管理技术，使其具有一个区别于其他形式的利用外资的显著特点，即外部性或外溢效果也被认为是外商直接投资给东道国带来的主要好处。然而技术进步对发展中国家经济增长的贡献只占经济增长的很小部分。这是发展中国家与发达国家存在巨大的初始人力资本差异造成的，但这种差异可以通过外商直接投资消除。发达国家通过 R&D，不断创新并积累知识与技术，不断应用并扩散知识与技术，已形成了以知识为基础的"知识经济"，获得了先发优势和先发利益；而发达国家的新知识可以通过外商直接投资向

发展中国家转移。另外，外资企业技术禀赋的优越性，可以迫使本国企业投资于学习和创新，以保持其在竞争中的有利地位。反过来，本国企业竞争力的增强又迫使外资企业带来更先进的技术和知识。因此，外商直接投资隐含的技能和技术提高了本国资本存量的边际生产力，加速了经济增长。

从外商直接投资与经济增长的关系来看，应该承认外商直接投资是带来经济增长的潜在因素，然而，其潜能的发挥需要一个合适的经济环境。发达国家积累的技术知识无疑对发展中国家来说是一笔可供利用的巨大资源。然而，除非发展中国家自己有一定的"消化吸收能力"（包括资本引进、技术消化和管理适应等因素），否则，它们不可能利用这笔财富。因此，缺乏合适的环境可能导致相反的结果，甚至阻碍经济增长。

国外学者近年来从公司管理、技术外溢等方面，对国际直接投资活动对经济增长的影响进行分析。De Mello（1999）认为 FDI 可以通过增加东道国的资本品新品种，促进经济增长。一方面，通过 FDI 可以引进先进技术和设备，以及管理方法和营销手段；另一方面也可以通过培训员工等增加东道国的资本存量。Chen（1995）认为，外资企业的出现使国内企业面临巨大竞争压力，外资企业雄厚的技术和管理实力迫使国内企业增加 R&D 投入，从而提高其资本存量的边际生产力。另外，外资企业的技术、管理和营销等方面的知识将会产生外溢，使东道国受益，促进经济增长。U. Walz（1997）把外商直接投资纳入包含内生技术进步的动态一般均衡模型中，并把新产品的研制地与生产地分开，即跨国公司在 R&D 基础设施完备的发达国家研究设计新产品后，再通过 FDI 在低成本的发展中国家进行生产，从而产生跨国间的技术外溢。从该模型中推导出投资国与东道国高新技术产业创新和生产的均衡状态及产业政策含义。R. Barro（1995，1997）作为新经济增长理论实证分析的先驱之一，对技术进步、技术差距、技术外溢、人力资本及影响经济增长诸要素进行分析，提出了确定各因素之间关系的模型，并对经济增长与技术进步、人力资本及趋同性关系进行了开拓性研究，为研究国际投资与经济增长的关系提供了基础（桑秀国，2002）。

概括起来，外商直接投资与经济增长的关系表现在以下几个方面：

（1）外商直接投资通过新技术、新知识的转移，促进东道国技术的进步和知识的更新、积累，从而影响其经济增长的轨迹；

（2）外商直接投资作为一种国外资本的投入，一定程度上解决了东道国国内资金不足的问题，这对于广大发展中国家尤其重要；

（3）大型跨国公司以直接投资的方式进入东道国，加剧了东道国国内市场的竞争，从而迫使当地企业改进生产技术和管理方式，加大研发和人力资本等方面的投入，提高企业的竞争力和效益，客观上促进了经济增长。

（二）外商直接投资与产业结构变动的关系

外商直接投资与产业结构之间存在相互影响的关系，而前者对后者的作用机制和效果是理论界研究的重点，尤其是对于发展中东道国而言，研究外资的进入对国内产业结构升级的影响，意义重大。

有的学者认为，外商直接投资对东道国产业结构升级的促进作用体现在三个层面：一是产业部类升级，即指东道国产业结构从第一产业向第二产业、再向第三产业转变；二是产业内部升级，即指东道国产业结构从低生产率、低技术含量、劳动密集型工业向高生产率、高技术含量、技术和资本密集型工业转变；三是行业内部升级，即指东道国产业结构从低技术含量、低附加值的产品和服务生产向高技术含量、高附加值的产品和服务生产转变（崔新建，2002）。而按照波特的价值链理论，在产业全球化背景下，产业结构调整与升级的概念也发生了变化，产业结构调整与升级不再仅仅是简单地由劳动密集型产业向资本密集、技术密集型产业的升级转换，而且还包含由同一产业内部的劳动密集型环节向资本密集型和技术密集型环节的升级转换。发展中国家在全球化产业中由劳动密集型环节向资金、技术密集型环节的升级转换，表现在生产和出口上，将呈现出如下阶梯状演进：最终产品的加工、组装生产和出口——零部件的分包生产和出口——中间产品的生产和出口——国外品牌产品的生产和出口（OEM 和 ODM）——自创品牌的生产和出口。在最初的组装生产阶段，发展中国家利用天赋的劳动力比较优势与跨国公司的技术、资金和营销优势相结合参与国际分工，获取贸易利益；随着资金、技术优势的逐步积累和关联产业的形成与发展，发展中国家在全球化产业链条中由零部件的生产和出口渐渐向中间产品、整件产品的生产和出口过渡。

关于外商直接投资对发展中东道国产业结构升级的效果，即发展中国家参与国际分工，加入全球产业链是否可以使本国的产业结构升级，理论界存在较大争议。崔新建（2002）认为，外商直接投资对东道国产业结构升级的促进存在局限性，这主要是由跨国公司的利益目标和东道国产业结构升级的目标冲突造成的。例如，大多数发展中国家不能依靠外国直接投资解决产业级差问题。国际分工格局对外资流向、结构会产生导向诱致性效应。在国际分工生产过程中，分工级差将越来越普遍，而在跨国公司日益将公司内部生产一体化和区域生产一体化结合在一起的今天，生产过程的分工级差成为国际产业级差的内在决定因素。而张雪松（2003）认为，跨国公司在向发展中国家转移高新技术产业的某个工序或零部件行业的时候，不仅为发展中国家带入了产业成长所必需而发展中国家又十分缺乏的资金和技术，而且提供了直接进入国际市场的渠道，同时，子公司和合资企业的存在与发展产生了不同程度的示范效应、溢出效应和关联效应，使得发展中国家的劳动力比较优势迅速转化为国际竞争优势，发展中国家可以由此逐步积累资金优势，提高技术水平，发展关联产业，从而较为迅速和有效地建立和发展现代产业。因而，承接跨国公司主导的高新技术产业生产的转移是发展中国家融入全球化产业的生产体系，逐步由低附加值的产业链条向高附加值的产业链条演进的重要而且便捷的途径（张雪松，2003）。

理论上，外商直接投资的确对东道国产业结构升级有促进作用，然而，在现实中，这种促进作用并不是自然产生的。由于诸多因素的存在，外资进入并不能自然地提升东道国产业结构的层次和竞争力，换言之，外商直接投资对产业结构升级的促进作用的发挥，需要东道国具备一定的条件：

（1）一定的工业发展基础

工业没有一定程度的发展，发展中国家则无法生产为各部门所需要的所有互补性要素。只有经过一定时期的工业发展之后，才有可能解决规模经济和互补性投入问题。许多生产资料，尤其是资本密集型的资本品，只有在工厂和市场规模达到适当水平时，经济上才是可行的。

（2）适应时代的工业化战略

在经济全球化背景下，发展中国家的工业发展战略必须适应时代的环境和发展的要求。这与只有发挥比较优势的外国直接投资才具有增长效应的命题是一致的。因为只有充分发挥发展中国家的劳动力比较优势，才能利用世界市场推动产业结构的升级。而外商直接投资能够更有效地促进国际上的专业化分工，从而有助于推动东道国的战略转换。

（3）拥有较强的产业转移的接受能力

产业转移的实质在很大程度上属于一种企业行为。东亚地区的现实表明，东道国产业转移的接受能力在其中扮演着举足轻重的角色。东道国产业转移的接受能力具体体现为东道国自身的学习机制、技术累积能力和政策选择能力，以及善于在产业转移中缩小或弥合技术差距和结构差距，并在此基础上改造和提升贸易构成。

（4）关联效应的广度和深度达到一定的水平

要通过国际直接投资创造一种相对比较普遍的产业升级带动，国际直接投资必须在东道国产生具有一定广度和深度的关联效应。通过具有一定广度和深度的关联效应，与东道国经济内部建立一种一体化的过程，从而使国际直接投资的效应不仅仅限于引进国外资本的部门，在经济中的其他环节也产生一种反应机制。同时，也可以通过生产方法或结构方面的级差对发展中国家产生一种外部经济效果（杨先明，2000）。

二、外商直接投资与经济增长的实证分析

（一）外商直接投资影响经济增长的准内生模型

本主题虽然国内学者已进行了广泛的研究，但仍存在许多不足之处。本书将在王志鹏和李子奈（2004）的准内生经济增长模型的基础上，对外资影响经济增长的问题进行分析。

假设东道国企业 i 具有如下的劳动增进型技术的生产函数：

$$Y_i = A(K_{d,i})^{\alpha}(K_{f,i})^{\beta}\left(\frac{K_f}{L} \cdot L_i\right)^{1-\alpha-\beta}$$

其中 Y_i 表示企业 i 的产出，国内资本 $K_{d,i}$、国外资本 $K_{f,i}$ 和劳动力 L_i 分别为企业 i 雇佣的生产要素；K_f 指经济体中的国外资本总量规模，由 FDI 累积而得；L 为劳动力总量；$0 < \alpha < 1$，$0 < \beta < 1$，$0 < 1 - \alpha - \beta < 1$ 为份额参数，也可称为投入要素的产出弹性。为了集中研究 FDI 的作用，这里假设只有 K_f 的扩大会带来外溢效应，而国内资本规模的扩大不具有这种效应。同时，为了消除总劳动力 L 扩张带来的规模效应，这里假设劳动增进

型技术表现为人均拥有的国外资本存量（K_f/L），而不是总的国外资本存量（K_f），因为实际的经验研究并未发现支持规模效应的证据。

再假设消费者遵循标准的拉姆齐消费模型：

$$u = \int_0^\infty e^{-\rho t} \left| \frac{(c_d)^{1-\theta} - 1}{1 - \theta} \right| dt$$

其中 c_d 为国内人均消费，ρ 为消费偏好的时间贴现率，θ 的负值为边际效用弹性。该模型满足下面的预算约束：

$$k_d = (1 - \beta)y - c_d - \delta k_d$$

其中，y 为人均支出，k_d 为人均国内资本，δ 为折旧率。这里的收入约束是 $(1 - \beta)y$ 而不是 y，因为 y 中的 βy 部分是需要支付给 FDI 的报酬部分，是国外资本所有者的收入，不在国内居民的预算范围之内。

通过建立汉密尔顿方程（参见附录），可以得到国内人均消费的增长率 γ_c 为：

$$\gamma_c = \frac{C_d}{c_d} = \frac{1}{\theta} \left| \alpha(1 - \beta) A k_d^{\alpha-1} k_f^\beta \left| \frac{K_f}{L} \right|^{1-\alpha-\beta} - \rho - \delta \right|$$

$$= \frac{1}{\theta} \left| \alpha(1 - \beta) A \left| \frac{k_f}{k_d} \right|^{1-\alpha} - \rho - \delta \right|$$

于是 γ_c 取决于国外资本与国内资本的比例，且只要满足如下关系：

$$\alpha(1 - \beta) A (k_f/k_d)^{1-\alpha} > \rho + \delta$$

经济就会长期增长下去，而且国外资本所占比例越大，经济增长速度越快。在这个模型中，K_f 是内生变量，k_f/k_d 的比例关系是模型自身的推导结果。因此，这是一个内生增长模型。该模型表明，经济的长期增长依赖于国外资本和国内资本的比例，以下将利用中国的数据对这种影响的程度，进行计量分析。

（二）关于中国数据的计量分析

1. 模型设定与数据选取

依据上述模型，王志鹏和李子奈（2004）建立了一个多元线性回归模

223

型，以验证国外资本与国内资本之比对长期经济增长率的影响程度，本书将在这一模型的基础上加入新的变量，对该问题进行更深入的分析和阐释。该模型如下：

$$g = c_0 + c_1 FDI + c_2 DY + c_3 DY \times FDI + \varepsilon$$

其中，g 表示人均 GDP 值的自然对数，对应数理模型中的人均消费增长率；FDI 表示年实际利用外资额占固定资产投资额的比重，其中，实际利用外资额按照年平均汇率换算为以人民币计价的总额，再与固定资产投资总额进行比较（由于中国外商直接投资的存量数据没有统计，所以这里选用每年外资的流量数据进行计量分析）；DY 表示虚拟变量，用于表示不同时期国内政策和环境的差异，本文选取 1985～1991 年为 0，1992～2004 年为 1，理由是 1992 年邓小平同志南方谈话以后，中国利用外资的规模有了一个较大幅度的增长，呈现出与前一时期非常不同的特点。模型选取的数据是中经网统计数据库 1985～2004 年的相关数据（表 6－5），并采用多元线性回归的方法对模型进行估计。

表 6－5　外商直接投资与中国经济波动模型相关数据

年份	FDI 占固定资产投资额的比例	人均 GDP 的自然对数	虚拟变量 DY	年份	FDI 占固定资产投资额的比例	人均 GDP 的自然对数	虚拟变量 DY
1985	0.019145	6.7487595	0	1995	0.156518	8.4875584	1
1986	0.020736	6.8627579	0	1996	0.1514	8.626227	1
1987	0.022715	7.0066952	0	1997	0.150423	8.7084745	1
1988	0.025007	7.2115567	0	1998	0.132504	8.7495739	1
1989	0.028957	7.3211886	0	1999	0.111799	8.787373	1
1990	0.036925	7.3987863	0	2000	0.102393	8.8658763	1
1991	0.041544	7.538495	0	2001	0.104266	8.9425916	1
1992	0.075122	7.7349962	1	2002	0.100272	9.0135953	1
1993	0.12128	7.9858247	1	2003	0.079632	9.1172378	1
1994	0.17077	8.2746119	1	2004	0.071145	9.2649233	1

资料来源：中经网统计数据库。

2. 模型分析与检验

（1）协整关系及 Granger 因果性检验

由于在经济模型中非平稳时间序列之间经常发生伪回归现象而造成结论无效，所以，对经济变量的时间序列进行回归分析时，要进行单位根检验，以判断其序列的平稳性，只有平稳的时间序列数据才能进行回归分析。因此，首先应对其进行经济时间序列平稳性的 ADF 检验。

变量 FDI 和 g 的单位根检验结果

			FDI	g
原序列	ADF 检验值 临界值	1%	− 1.938043 − 3.8572	− 1.204633 − 3.8572
		5%	− 3.0400	− 3.0400
		10%	− 2.6608	− 2.6608
一阶差分	ADF 检验值 临界值	1%	− 2.031171 − 3.8877	− 2.532641 − 3.8877
		5%	− 3.0521	− 3.0521
		10%	− 2.6672	− 2.6672
二阶差分	ADF 检验值 临界值	1%	− 3.502391 − 3.9228	− 3.090894 − 3.9228
		5%	− 3.0659	− 3.0659
		10%	− 2.6745	− 2.6745

注：只包含常数项（intercept）的 ADF 检验。

从上表可以看出，两个变量在 5% 的显著性水平下是二阶单整序列，可以进行协整关系检验。对变量 g 和 FDI 进行最小二乘回归，得到回归方程如下：

$$g = 7.134 + 11.595 FDI$$

$$调整 R^2 = 0.484$$

同时得到回归方程的残差序列 e，对序列 e 作单位根检验，其 ADF 检验结果如下：

225

残差序列单位根检验结果

序　　列	ADF 值	5% 临界值	1% 临界值	平稳与否
e	− 4.063494	− 3.0659	− 3.9228	是

注：只包含常数项（intercept）的 ADF 检验。

由于检验统计量 − 4.063494 小于显著性水平为 1% 时的临界值 − 3.9228，因此可以认为估计残差序列 e 不存在单位根，序列 g 和 FDI 存在长期动态均衡关系。

计量经济模型的建立过程中，本质上是用回归分析工具处理一个经济变量对其他经济变量依存性问题，但并不能有效说明该经济变量与其他经济变量之间的因果关系。而既然序列 g 和 FDI 存在长期的动态均衡关系，就可以将两者进行 Granger 因果检验。g 与 FDI 之间的 Granger 因果性检验结果（下表）表明，我们可以拒绝"年实际利用外资额占固定资产投资额的比重不是人均 GDP 的自然对数的 Granger 原因"的原假设，同时可以接受"人均 GDP 的自然对数不是年实际利用外资额占固定资产投资额的比重的 Granger 原因"的原假设。由此可以得出结论：外资比例的变化是人均 GDP 变化的原因，即外资在国内资本形成中的比例变化引起了国内的人均 GDP 的变化。

Granger 因果检验结果

样本：1985 ~ 2004 年

滞后期	零假设	观察数	F 统计量	概率	结果
2	FDI 不是 g 的 Granger 原因	18	2.92271	0.08949	拒绝原假设 *
	g 不是 FDI 的 Granger 原因		0.24913	0.78311	接受原假设

* 在 10% 的显著性水平下拒绝原假设。

（2）保留所有解释变量的回归分析

通过多元线性回归分析的方法，我们得到的回归结果如下：

$$g = 6.261 + 32.097FDI + 2.831DY − 35.792DY \times FDI \qquad (6.1)$$

该模型的 DW 值比较小（DW 值 = 0.71），说明模型存在自相关问题，对其进行消除 1 阶自相关处理后得到方程如下：

$$g = 13.437 - 9.325FDI - 0.521DY + 11.701DY \times FDI + [AR(1) = 0.972]$$

经过处理后，模型的 DW 值上升到 1.199，但是变量系数的 T 统计值都很小，未通过显著性水平为 5% 和 10% 的检验，所以该模型需要删除一些变量再进行回归分析。

（3）删除变量 DY 后的回归分析

通过多元线性回归分析的方法，我们得到的回归结果如下：

$$g = 8.043 - 27.132FDI + 31.771DY \times FDI \qquad (6.2)$$

同样地，该估计方程的 DW 值较小（DW 值 = 0.46），需要进行消除自相关的处理。对其进行消除 1 阶自相关的处理后，得到方程如下：

$$g = -145.991 + 2.695FDI - 0.105DY \times FDI + [AR(1) = 1.001]$$

经过处理后，模型的 DW 值上升到 1.2475，但是变量系数的 T 统计值都很小，未通过显著性水平为 5% 和 10% 的检验。消除 2 阶自相关后，问题仍然存在，所以该模型不具解释力。

（4）删除变量 $DY \times FDI$ 后的回归分析

通过多元线性回归分析的方法，我们得到的回归结果如下：

$$g = 7.266 - 2.540FDI + 1.731DY \qquad (6.3)$$

该估计方程的 DW 值 = 0.948，相比前两个模型有所提高，但仍然存在自相关问题，需要进行消除自相关的处理。消除 1 阶自相关后，得到方程如下：

$$g = 21.703 + 2.507FDI - 0.017DY + [AR(1) = 0.991]$$

经过处理后，模型的 DW 值上升到 1.223，但是变量 DY 的系数未通过显著性水平为 5% 的 T 检验（其 T 统计量为 -0.302）。消除 2 阶自相关后，该问题仍然存在（方程中 DY 的系数的 T 统计量为 -0.210），所以该模型不具解释力，需要进一步修正。

（5）只保留变量 FDI 的回归分析

通过简单多元线性回归的方法，我们得到的回归结果如下：

$$g = 7.134 + 11.595FDI \qquad (6.4)$$
$$调整 R^2 = 0.484$$

该估计方程的 DW 值非常小（DW 值 = 0.13），说明存在比较严重的自相关问题，需要进行消除自相关的处理。消除 1 阶自相关后，得到方程如下：

$$g = 21.276 + 2.430FDI + [AR(1) = 0.991]$$

经过处理后，模型的 DW 值上升到 1.203，但仍然较小，有必要进一步进行消除自相关的处理。消除 2 阶自相关后，得到方程如下：

$$g = 12.048 + 1.316FDI + [AR(1) = 1.563, AR(2) = -0.577]$$
$$调整 R^2 = 0.996$$

该方程的 DW 值为 1.372，在 2.5% 的显著性水平下可以接受不存在自相关的原假设，而且经过处理后，常数项和变量 FDI 的 T 统计量为 2.513 和 1.865，分别通过了显著性水平为 5% 和 10% 的 T 检验。从调整以后的 R^2 值也可以看出，消除自相关以后的模型拟合效果更好。

为了更好地分析 *FDI* 的增长效应，我们将方程（6.4）中变量 *FDI* 的各个数据取自然对数，设新的变量为 *LFDI* 再进行回归分析。同样地，在进行 2 阶自相关消除的处理之后，得到方程如下：

$$g = -138.551 + 0.167LFDI + [AR(1) = 1.258, AR(2) = -0.257]$$
$$调整 R^2 = 0.994$$

该方程的 DW 值为 1.154，在 1% 的显著性水平下可以接受不存在自相关的原假设（$d_L = 0.95, d_U = 1.15$），而且经过处理以后，变量 *LFDI* 的 T 统计量为 1.889，通过了显著性水平为 10% 的 T 检验。因此，*LFDI* 的系数估计值表明，中国外资流入量与固定资产投资的比例的增长率每提高 1%，相应的人均 GDP 的增长率将提高 0.167%。

3. 结论

根据上面的理论模型和关于中国 FDI 与经济增长的实证分析，可以得出以下结论：国外资本的进入，对中国的长期经济增长会产生显著影响，而且二者存在着长期的动态均衡关系；关于中外资本比例对中国经济增长的影响程度的实证分析表明，国外资本在中国国内资本中的比例的增长率每提高1%，相应的中国人均GDP的增长率将提高0.167%。在模型的变量设定和筛选过程中可以看出，虽然我们假设外资进入中国存在结构性特征（1992年前后外资对中国经济增长的贡献特点不同），但计量分析的结果却不支持这样的假设。这说明，虽然1992年前后外商直接投资的规模变化较大，但是对中国经济增长的影响机制并没有质的改变。总体上看，外商直接投资通过资本效应和技术外溢效应影响中国经济增长是贯穿始终的作用机制。但是，由于各国对华投资的特点迥异，所以研究单个国家对华投资对中国经济增长的影响未必会得出相同的结论。我们将在下一节沿用以上的研究思路对美国对华投资的影响进行进一步的分析。

三、外商直接投资与产业结构变动的实证分析

外商直接投资的进入改变了中国产业结构原有的格局，如上所述的产业结构变动的特点和趋势在一定程度上就是外资进入导致的。以下将从四个方面对这种影响进行分析。

（一）外商直接投资对中国三次产业结构变动的影响

1. 加大了中国三次产业的结构偏差

中国三次产业的发展一直以来就存在结构性偏差，第二产业尤其是工业所占的比重过大。造成这种局面的原因很多，其中与外商直接投资的产业分布有一定联系。外资工业在中国工业中的产出比重和生产能力比重都是持续迅速上升的（如表6-6）。从产出比重来看，在独立核算工业企业中，外资工业占全部工业的总产值比重、增加值比重和产品销售收入比重1993年分别为9.1%、8.4%和8.6%，到1998年分别上升为24.7%、20.9%和24.3%，而2003年已经达到31.2%、27.6%和30.5%，即10年间外资工业在中国工业中的产出比重由不足10%提高到30%；从生产能力比重来看，外资工业在全部工业固定资产原价、固定资产净值和流动资产中的比重也由1993年的6.5%、7.4%和8.4%分别上升到1998年的17.6%、18.8%和21.4%，而到2003年已经达到20.7%、20.8%和

27.8%，外资工业的生产能力已经占到中国工业生产能力的 1/5 以上。以上数据表明，20 世纪 90 年代以来中国工业在产业结构中的比重升幅过大，近几年工业产品的相对过剩和工业生产能力的大量闲置，与外商投资经济过度集中于工业部门，对工业的投资比重上升，有很大关系。

表 6－6 外资工业占全部工业产出和资产比重的变动

单位：%

外资工业占全部工业	1993	1994	1995	1996	1997	1998	1999	2000	2001	2002	2003
工业总产值	9.1	12.7	17.5	19.1	20.8	24.7	26.1	27.4	28.5	29.3	31.2
工业增加值	8.4	11.2	14.8	15.8	17.9	20.9	22.5	24.0	25.1	13.3	27.6
产品销售收入	8.6	13.0	17.0	18.7	20.5	24.3	25.7	26.8	27.8	28.5	30.5
固定资产原价	6.5	10.0	12.2	13.6	15.1	17.6	17.7	18.2	19.4	10.5	20.7
固定资产净值	7.4	12.1	14.9	15.2	16.8	18.8	19.2	18.9	20.0	20.3	20.8
流动资产	8.4	11.6	15.8	17.0	18.5	21.4	22.3	23.0	24.3	13.4	27.8
资产总计		11.7	15.2	16.6	17.5	17.6	19.7	20.4	20.9	11.2	23.3

资料来源：1. 郭克莎，2003；2.《中国经济贸易年鉴》（2000～2004 年）有关数据计算。

2. 扩大了三次产业发展水平及国际竞争力差距

外商投资企业的进入带来了来自外部的挑战和冲击，加大了国内产业的竞争程度，而竞争机制对产业的技术进步和生产率提高具有重要调节作用。外商直接投资的产业分布明显向工业部门尤其是制造业部门倾斜，从而导致工业内部竞争激烈，竞争又促进了技术进步和生产率的提高。第一、三产业在外资企业进入较少而外部冲击度较低的条件下，产业内部的竞争程度也较低，竞争机制没有对产业生产率的改进发挥有效的调节作用，使工业与第一、三产业的发展水平差距趋于扩大。与产业发展水平和生产率相联系的是产业国际竞争力的变化。在工业尤其是制造业部门，外商大规模投资带动了对外贸易尤其是出口量的迅速增长，国内企业在熟悉国际市场、从事国际经营方面取得了较大进展，同时也在扩大对外开放和迎接国际挑战中得到锻炼，因而大多数产业的国际竞争力增强；而第一、三产业的一些部门，由于外商投资较少，来自外部的冲击力较小，缺乏国际挑战和竞争的锻炼，加上产业发展水平和生产率提高缓慢，国家竞争力没有得到明显提高。

（二）外商直接投资对中国工业结构变动的影响

1. 外资工业的结构倾斜加快了中国工业结构的高加工度化进程

外资高度集中于制造业，而在制造业中又主要集中在加工工业。从外资工业的增加值比重来看（表6-7），在电子及通讯设备制造业、交通运输设备制造业、仪器仪表及文化办公用机械制造业、电气机械及器材制造业中，1993年分别为34.6%、11.3%、23.9%和9.2%，到1998年分别上升为58.6%、26.4%、49.4%和25.5%，而2003年则达到了69.6%、44.6%、64.3%和35.2%；在医药制造业和化学纤维制造业中，外资工业的比重也由1993年的13.4%和8.4%上升到1998年的22.9%和42.3%；同时，与加工度较低的纺织业相比，加工度较高的服装及其他纤维制品制造业中，外资工业的比重明显较高，1995~2003年一直保持在43%~50%之间的水平。总体来看，由于结构倾斜的存在，外资工业占中国以工业品为原料的加工工业（包括轻、重加工业）增加值的比重已接近1/3，占加工工业产品销售收入的比重也已达到1/3，而占原料工业的这两个比重只有10%。这个特点使外资工业的迅速发展更多地推动了中国加工工业的扩张，加快了中国工业结构高加工度化的进程。

表6-7　外资工业占中国制造业各行业的比重变动（工业增加值）

	外资工业占全部工业的比重（%）					
	1993	1995	1997	1999	2001	2003
全部制造业	9.2	19.5	20.6	23.5	29.3	31.5
食品加工业	7.4	20.6	19.0	23.5	23.0	26.3
食品制造业	13.9	32.4	35.5	37.1	41.6	41.4
饮料制造业	13.1	21.2	24.4	26.4	28.2	32.3
烟草加工业	0.5	0.6	0.6	0.6	0.6	0.4
纺织业	11.3	20.3	18.0	21.0	22.2	24.2
服装及其他纤维制品制造业	30.6	50.0	43.7	48.5	46.4	47.1
皮革、毛皮、羽绒及其制品业	29.7	51.2	47.3	54.2	53.6	50.7
木材加工及竹藤棕草制品业	17.3	24.6	23.2	29.4	27.1	26.2
家具制造业	15.2	27.8	24.3	41.3	45.9	48.6

	外资工业占全部工业的比重（%）					
	1993	**1995**	**1997**	**1999**	**2001**	**2003**
造纸及纸制品业	11.5	15.9	17.9	26.6	31.1	31.7
印刷业，记录媒介的复制	7.0	16.5	17.3	29.3	32.9	32.2
文教体育用品制造业	28.0	40.6	42.1	59.9	61.8	60.3
石油加工及炼焦业	0.9	0.7	3.1	4.8	10.7	11.6
化学原料及化学制品制造业	7.8	13.6	14.9	18.8	23.5	25.1
医药制造业	13.4	25.6	24.7	23.8	23.8	23.9
化学纤维制造业	8.4	10.0	15.8	39.4	26.4	22.9
橡胶制品业	11.4	23.3	20.1	32.2	37.0	37.8
塑料制品业	20.3	31.1	31.6	42.9	45.5	44.1
非金属矿物制品业	3.8	11.7	10.7	15.1	19.4	16.9
黑色金属冶炼及延压加工业	1.3	4.7	2.9	4.3	6.3	7.3
有色金属冶炼及延压加工业	4.2	10.1	9.9	10.4	9.1	11.4
金属制品业	8.6	23.6	22.9	31.3	35.2	33.6
普通机械制造业	5.9	14.4	13.7	21.1	23.9	27.4
专用设备制造业	5.0	10.0	10.4	13.4	17.4	21.0
交通运输设备制造业	11.3	23.0	23.9	30.5	32.8	44.6
电气机械及器材制造业	9.2	23.1	23.2	29.3	33.2	35.2
电子及通讯设备制造业	34.6	58.8	61.3	68.0	68.9	69.6
仪器仪表及文化办公机械	23.9	36.9	39.3	17.0	50.4	64.3
其他制造业	14.9		33.9			42.9

资料来源：1. 郭克莎，2003；2.《中国统计年鉴》（2000～2004 年）有关数据计算。

2. 促进了中国技术密集型产业的发展，同时传统产业也逐步被新兴产业所代替

外国直接投资向技术型、知识型产业转移，这对于中国新老产业之间的更新换代是有好处的。以技术知识密集型为特征的新兴产业，由于具有高利润率、高附加值和更加广阔的发展前景，对中国整体产业结构的提升

能够起到推动作用。

20 世纪 90 年代以来，外商直接投资对推动中国资本、技术密集型产业发展的贡献是巨大的。袁翀（2004）的研究发现，就产品出口而言，资本、技术密集型产品出口比例由 1997 年的 10.62% 上升到 1998 年的 53.30% 和 1999 年的 54.09%，而同期劳动密集型产品出口比例由 1997 年的 55.51%，降至 1998 年的 38.77% 和 1999 年的 39.90%。中国最大的 500 家外资企业主要集中在电子、交通运输、电器机械和食品加工等行业，资本、技术密集型企业的销售额在这 500 家企业总销售额中的比重达到 70% 以上。另有统计表明，截至 2002 年 8 月底，在 82 家跨国公司的在华研发机构中，从事 IT 行业研究的机构多达 58 家，占总数的 70.7%。从上述事实可以看出，外资工业的产业投向越来越倾向于技术相对密集的机电产业和信息技术设备行业，而这种产业倾斜与其较为先进的技术装备和较高的技术水平一起，在一定程度上推动了中国技术密集型产业的发展和产业结构的升级。

（三）外商直接投资促进了第三产业中的部分行业的发展

改革开放以来，随着服务业的逐步开放和迅速发展，外商对服务业的直接投资存在着四个阶段性的变化。第一阶段是 1979~1987 年，外商直接投资主要集中在宾馆、旅游设施和房地产项目；第二阶段是 1988~1991 年，外商对服务业直接投资处于低迷时期；第三阶段是 1992~1995 年，房地产再度成为外商投资热点；第四阶段是 1995 年以后，外商投资领域进一步扩大，房地产行业的外资比重逐年下降，通信、商业、金融保险业投资比重上升，成为外商投资的热点。与此同时，服务业的内部结构也在发生着变化。从各行业的增加值看，20 世纪 90 年代以来，传统服务行业中交通运输和仓储业、商业批发零售业等的比重下降，分别从 1991 年的 17.5%、28.9% 下降到 2001 年的 10.9% 和 23.9%。但邮电通信业的比重却逐年增加，从 1991 年的 2% 上升到 1996 年的 4.2%，到 2001 年已达到 7.1%，这与该行业成为外资的热点是一致的。新兴的房地产业比重在 1995 年之前呈明显上升趋势，平均年增长率达 15.7%，而之后则开始下降，这也符合此期间外资的变动趋势。金融保险业则总体比较平稳，略有波动。此外，社会服务业、科学研究和综合技术服务业以及教育、文化艺术及广播电影电视业都呈现迅速的增长势头。

通过对服务业 FDI 的结构及具体服务行业增加值比重的分析，可以看出外资对服务业的结构起了一定的影响作用，但不是非常明显，只有在邮电通信行业与房地产业表现得较为突出。在国际服务业外包趋势日益明显的形势下，中国应努力创造跨国公司优先选择服务业外包承接方的各种条件，逐渐扩大中国承接国际服务业转移的规模、深度和方式，促进中国服务业的发展。

（四）外资的进入加快中国高新技术产业发展，也加重了该行业外资化的程度

从 20 世纪 90 年代中期开始，外资对中国高新技术企业的投资进入快速发展阶段，并很快占据了大部分高新技术行业的主导地位。1995～2002 年间，中国高技术产业增加值年平均增长 19.53%，其中"三资"企业年平均增长 23.18%，国有企业年平均增长 17.75%。国有企业增长比"三资"企业增长速度慢 5.43 个百分点，结果在高技术产业增加值中，"三资"企业所占比重从 1995 年的 44.27% 增加到 2002 年的 54.64%，而同期，国有企业的份额则从 36.37% 下降到 32.73%。如果以"三资"企业和国有企业增加值之和作为高技术产业的近似总体规模，则 2002 年"三资"企业创造的增加值为 2060 亿元，占新技术产业增加值总额的比重超过了 60%；在行业规模最大的电子及通信设备制造业，"三资"企业的增加值为 1268 亿元，占该行业总规模的 68.10%；而在电子计算机及办公设备制造业，虽然"三资"企业创造的增加值仅有 484 亿元，但其比重则高达 84.17%；"三资"比例最小的是航空航天器制造业，仅为 7.64%（表 6-8 和图 6-2）。

表 6-8　2002 年中国高技术产业增加值按主要企业类型分布

	"三资"企业增加值（亿元）	国有企业增加值（亿元）	"三资"企业增加值比重（%）
高技术产业	2060	1234	62.54
电子及通信设备制造业	1268	594	68.10
电子计算机及办公设备制造业	484	91	84.17

	"三资"企业增加值 （亿元）	国有企业增加值 （亿元）	"三资"企业增加值 比重（%）
医药制造业	199	342	36.78
医疗设备及仪器仪表制造业	96	61	61.15
航空航天器制造业	12	145	7.64

资料来源：中国科技统计网，http：//www.sts.org.cn/sjkl/gjscy/data2004/data04.htm。

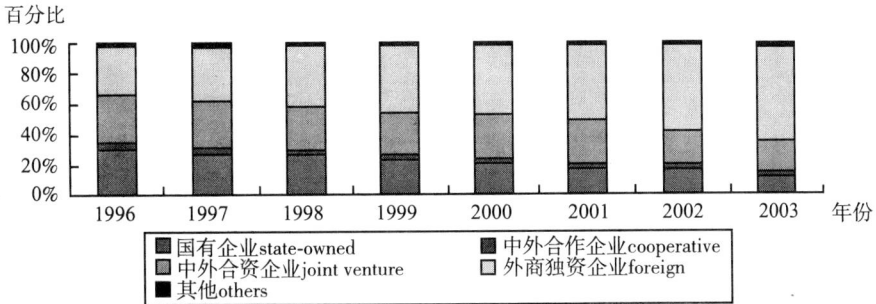

图 6 - 2　1996～2003 年中国高新技术产品出口按企业类型分布

资料来源：中国科技统计网，http：//www.sts.org.cn/sjkl/gjscy/data2004/data04.htm。

　　在技术进步方面，"三资"企业也是中国高新技术产业发展的主力。在中国高技术产业的专利申请中，"三资"企业所占的比重呈增长趋势，而国有企业所占的比重则逐年下降。1995 年国有企业的专利申请为 475 件，2001 年为 575 件，增加了 100 件。同期"三资"企业的专利申请则由 50 件增加到 795 件，增加了 745 件。国有企业的专利申请在全部高技术产业中所占的比重由 1995 年的 77.6% 下降到 17.0%，"三资"企业专利申请的比重则从 8.2% 增加到 23.5%（高昌林，2003）。技术进步和加工贸易的双重推动，使得"三资"企业在中国高新技术产品出口中的地位更加突出，并且随着中国开放步伐的加快而有所强化。1996 年，国有企业、中外合资企业和外商独资企业在高新技术产品出口中大约是"三分天下"，各占 1/3 左右；到 2002 年年底，这一格局已经发生较大变化，"三资"企业所占的比重达到82.2%，特别是外商独资企业所占的比重首次超过50%，达到55.4%，从而占据了高新技术产品出口的"半壁江山"，而国有企业所占的比重下降了一半，中外合资企业也下降了10个百分点（中国社会科学院，2004）。2004年，在中国高技术产品进出口的各类企业中，"三资"企业依然占据主导位置，进、出口分别突破千亿美元，在全部高技术产品进口与出口的比重分别达到77.6%和87.3%。其中外商独资企业的进出口占全部高技术产品的比重均在50%以上，合资企业所占比重均在20%左右（中国科技统计网，2004）。当然，也应该认识到，"三资"企业对中国高新技术产业技术进步的作用还是有限的，在"三资"企业生产的高技术产品中进口成分占的比重较高，有相当部分（70%～80%）属于加工贸易产品，而加工生产环节本质上属于劳动密集型产业。

第三节　美国对华直接投资对中国经济增长及产业结构变动的影响

一、美国对华直接投资对中国经济增长的影响

作为中国吸引外资的重要组成部分，美国对华投资的规模和质量呈逐年提高的态势，其对中国经济的影响力也在逐渐增强。虽然在中国吸引的外商直接投资中，来源于港、澳、台的资本占多数（50%以上），但美国作为全球最大的对外投资国，将会加大对中国的资本投入，从而对中国经济波动和长期经济增长产生越来越大的作用。

探讨美国对华投资对中国经济波动的影响，应从美国对华投资的特点着手。如上所述，美资企业以大型跨国公司为主，并主要集中在资本密集型和技术密集型产业。这些美资公司本身拥有在国际上领先的技术，因此在对华投资的同时也将其带入投资设立的企业，同时还积极建立研发中心，进一步开发应用型技术和进行基础性研究。由于中国的经济增长主要是依靠投资拉动的，而每年全社会固定资产投资来源与外资的比例并不是很大（表6-9和表6-10），因此，外资尤其是美资企业对中国经济波动

的影响不能仅仅利用其投资规模来考察。

表 6-9 外资在中国固定资产投资中的规模和比重

年份	全社会固定资产投资总额	投资资金来源中利用外资	所占比重	年份	全社会固定资产投资总额	投资资金来源中利用外资	所占比重
	（亿元）	（亿元）	（%）		（亿元）	（亿元）	（%）
1984	1832.9	70.66	3.86	1994	17042.1	1768.95	10.38
1985	2543.2	91.48	3.6	1995	20019.3	2295.89	11.47
1986	3120.6	137.31	4.4	1996	22913.5	2746.6	11.99
1987	3791.7	181.97	4.8	1997	24941.1	2683.89	10.76
1988	4753.8	275.31	5.79	1998	28406.2	2617.03	9.21
1989	4410.4	291.08	6.6	1999	29854.7	2006.78	6.72
1990	4517	284.61	6.3	2000	32917.7	1696.24	5.15
1991	5594.5	318.89	5.7	2001	37213.5	1730.73	4.65
1992	8080.1	468.66	5.8	2002	43499.91	2084.98	4.79
1993	13072.3	954.28	7.3	2003	55566.61	2599.35	4.68

资料来源：根据中经网统计数据库历年数据计算。

表 6-10 美国对华投资额与中国 GDP（现值）比较

年份	实际利用美国对华投资额（万美元）	年平均汇率（人民币/美元）	以人民币计的美国对华投资额（亿元）	GDP（亿元）
1989	28427	3.765	10.702766	16917.8
1990	45599	4.783	21.810002	18598.4
1991	32320	5.324	17.207168	21662.5
1992	51944	5.515	28.647116	26651.9
1993	206785	5.762	119.14952	34560.5
1994	249080	8.619	214.68205	46670
1995	308373	8.369	258.07736	57494.9
1996	344417	8.339	287.20934	66850.5

续表

年份	实际利用美国对华投资额 （万美元）	年平均汇率 （人民币/美元）	以人民币计的美国对华投资额 （亿元）	GDP （亿元）
1997	346117	8.319	287.93473	73142.7
1998	389844	8.284	322.94677	76967.2
1999	421586	8.278	348.98889	80579.4
2000	438389	8.278	362.89841	88254
2001	443322	8.278	366.98195	95727.9
2002	542392	8.277	448.93786	103935.3
2003	419851	8.278	347.55266	116741.2
2004	394114	8.278	326.24757	136584.3

资料来源：实际利用美国对华投资额来源于历年《中国统计年鉴》；年平均汇率与 GDP 数值来源于中经网统计数据库。

（一）美国对华投资对中国经济增长影响的计量分析

1. 模型设定与数据选取

依据上述模型，仍然沿用分析外商对华直接投资与中国经济增长关系模型的假设，利用美国对华直接投资的数据验证国外资本与国内资本之比对长期经济增长率的影响程度，该模型如下：

$$g = c_0 + c_1 AFDI + c_2 DY + c_3 DY \times AFDI + \varepsilon$$

其中，g 表示人均 GDP 值的自然对数，对应数理模型中的人均消费增长率；$AFDI$ 表示实际利用美国对华投资额占固定资产投资额的比重，其中，实际利用外资额按照年平均汇率换算为以人民币计价的总额，再与固定资产投资总额进行比较；DY 表示虚拟变量，用于表示不同时期国内政策和环境的差异，本文选取 1985 ~ 1991 年为 0，1992 ~ 2005 年为 1。模型选取的数据是中经网统计数据库 1985 ~ 2004 年的相关数据以及《中国统计年鉴》历年的数据（表 6 – 11），并采用多元线性回归的方法对模型进行估计。

表 6 - 11　美国对华投资与中国经济波动模型相关数据

年份	美国对华 FDI 占固定资产投资额比重	人均 GDP 的自然对数	虚拟变量 DY	年份	美国对华 FDI 占固定资产投资额比重	人均 GDP 的自然对数	虚拟变量 DY
1985	0.004114314	6.748759547	0	1996	0.012534503	8.626226952	1
1986	0.003599932	6.862757913	0	1997	0.011544588	8.70847449	1
1987	0.002573315	7.006695227	0	1998	0.011368883	8.749573948	1
1988	0.001842839	7.211556733	0	1999	0.01168958	8.787372989	1
1989	0.002426711	7.321188557	0	2000	0.011024416	8.865876285	1
1990	0.004828426	7.398786275	0	2001	0.009861527	8.942591637	1
1991	0.003075729	7.538494999	0	2002	0.010320434	9.013595295	1
1992	0.003545391	7.734996194	1	2003	0.006254703	9.117237754	1
1993	0.009114656	7.985824666	1	2004	0.004629108	9.26492325	1
1994	0.01259716	8.274611946	1	2005	0.002829397	9.542804587	1
1995	0.012891428	8.487558386	1				

资料来源：中经网统计数据库，《中国统计年鉴》（1986～2004 年）和《中华人民共和国 2005 年国民经济和社会发展统计公报》。

2. 模型分析与检验

（1）协整关系及 Granger 因果性检验

首先，对其进行经济时间序列平稳性的 ADF 检验。从下表可以看出，两个变量在分别在 1% 和 5% 的显著性水平下是二阶单整序列，因此可以进行协整关系检验。对变量 g 和 AFDI 进行最小二乘回归，得到回归方程如下：

$$g = 7.359 + 115.686AFDI$$
$$调整 R^2 = 0.266$$

变量 AFDI 和 g 单位根检验结果

			AFDI	g
原序列	ADF 检验值 临界值	1%	− 0. 771455 − 2. 6968	1. 343478 − 2. 6968
		5%	− 1. 9602	− 1. 9602
		10%	− 1. 6251	− 1. 6251
一阶差分	ADF 检验值 临界值	1%	− 2. 503539 − 2. 7057	− 0. 456249 − 2. 7057
		5%	− 1. 9614	− 1. 9614
		10%	− 1. 6257	− 1. 6257
二阶差分	ADF 检验值 临界值	1%	− 4. 999853 − 2. 7158	− 2. 356764 − 2. 7158
		5%	− 1. 9627	− 1. 9627
		10%	− 1. 6262	− 1. 6262

注：不包含常数项（intercept）和趋势项（trend）的 ADF 检验。

同时得到回归方程的残差序列 e，对序列 e 作单位根检验，其 ADF 检验结果如下：

残差序列单位根检验结果

序　　列	ADF 值	1%临界值	5%临界值	10%临界值	平稳与否
e	− 5. 545971	− 2. 7158	− 1. 9627	− 1. 6262	是

注：不包含常数项（intercept）和趋势项（trend）的 ADF 检验。

由于检验统计量 − 5. 545971 小于显著性水平为 1% 时的临界值 − 2. 7158，因此可以认为估计残差序列 e 不存在单位根，序列 g 和 FDI 存在长期动态均衡关系。

由于序列 g 和 AFDI 存在长期的动态均衡关系，因此可以将两者进行 Granger 因果检验。g 与 AFDI 之间的 Granger 因果性检验结果表明，我们可以拒绝"年实际利用美国对华直接投资额占全社会固定资产投资额的比重不是人均 GDP 的自然对数的 Granger 原因"的原假设，同时可以接受"人均 GDP 的自然对数不是年实际利用美国对华直接投资额占全社会固定资产投资额的比重的 Granger 原因"的原假设。由此可以得出结论：美资比例的变化是人均 GDP 变化的原因，即美资在国内资本形成中的比例的变化引起了国内人均 GDP 的变化。

Granger 因果检验结果

（样本：1985 ~ 2004 年）

滞后期	零假设	观察数	F 统计量	概率	结果
2	AFDI 不是 g 的 Granger 原因	19	6.41584	0.01053	拒绝原假设*
	g 不是 AFDI 的 Granger 原因		0.68426	0.52056	接受原假设

* 在 5% 的显著性水平下拒绝原假设。

（2）保留所有解释变量的回归分析

通过简单多元线性回归的方法，我们得到的回归结果如下：

$$g = 7.280 - 38.667AFDI + 1.734DY + 7.301DY \times AFDI \qquad (6.5)$$
$$调整 R^2 = 0.733$$

该模型的 DW 值为 0.872，存在较为严重的自相关问题，而且该模型两个变量的系数的 T 统计量未通过 T 检验（三个变量的 T 统计量分别为 -0.220, 2.531 和 0.041），调整以后的 R^2 值也不是很高，说明模型存在的多重共线性问题。因此应该删除其中的部分变量。

（3）删除变量 $DY \times AFDI$ 后的回归分析

通过简单多元线性回归的方法，我们得到的回归结果如下：

$$g = 7.257 - 31.651AFDI + 1.759DY \qquad (6.6)$$
$$F 值 = 30.666 \quad 调整 R^2 = 0.748$$

该模型的 DW 值为 0.875，也存在较为严重的自相关问题，而且该模型的变量 AFDI 的系数未通过显著性水平为 5% 的 T 检验（两个变量的 T 统计量分别为 -0.938 和 6.111），说明模型解释变量的影响是不显著的。

（4）删除变量 DY 后的回归分析

通过简单多元线性回归的方法，我们得到的回归结果如下：

$$g = 8.559 - 404.527AFDI + 416.286DY \times AFDI \qquad (6.7)$$

$$调整 R^2 = 0.653$$

该模型的 DW 值为 0.672，存在比较严重的自相关问题，尽管该模型的变量系数的 T 统计量都通过了显著性水平为 5% 的 T 检验（两个变量的 T 统计量分别为 -3.554 和 4.712），说明模型变量的影响是显著的；但调整以后的 R^2 值相对前面的模型来说较小，说明模型的拟合效果欠佳。

（5）只保留变量 AFDI 的回归分析

通过简单多元线性回归的方法，我们得到的回归结果如下：

$$g = 7.359 + 115.686AFDI \tag{6.8}$$
$$调整 R^2 = 0.266$$

该模型的 DW 值很小（DW 值 = 0.132），说明存在严重的自相关问题，对其进行消除自相关的处理以后，情况仍没有改善（消除一阶自相关以后，DW 值为 0.785；消除二阶自相关以后，DW 值为 1.002，且此时 AR 过程出现不稳定趋势）。因此，该模型的解释效果比较弱。

因此，在未引入滞后变量的情况下，上述 4 个模型都不令人满意。相比之下，模型（6.6）的效果较好，所以，我们将在模型（6.6）中引入滞后变量 g（-1），并将变量 AFDI 和 DY 也分别滞后 1 期再进行回归分析。其结果如下：

$$g_t = 0.676 + 0.933g_{t-1} - 16.456AFDI_{t-1} + 0.208DY_{t-1} \tag{6.9}$$
$$调整 R^2 = 0.994$$

由于该模型引入了滞后因变量，因此验证其是否存在序列相关应采用 Durbin h 统计量，它服从方差为 1 的正态分布。其公式为：

$$Durbinh = \left(1 - \frac{DW}{2}\right)\sqrt{\frac{T}{1 - T[Var(\hat{\beta})]}}$$

其中，DW 为回归方程的 DW 值，T 为观测值数，$Var(\hat{\beta})$ 为滞后因变量系数估计的标准误差的平方。通过计算得，Durbin h 统计量为 1.224（该模型的 DW = 1.460，$T = 20$，$Var(\hat{\beta}) = 0.00137$），在 5% 的显著性水平下可以接受不存在序列相关的原假设；而且该模型各个变量系数的 T 统计量分别为 25.202，−2.900 和 2.872，都通过了显著性水平为 5% 的 T 检验；模型的拟合优度也比较高。这说明该模型的解释效果比较理想。

综合以上分析可以看出，引入滞后变量的模型（6.9）的解释效果优于其他模型。为了更好地分析美国对华投资的增长效应，我们将变量 AFDI 的各个数据取自然对数，引入新的变量 LNAFDI 再进行回归分析，得到方程如下：

$$g_t = 0.053 + 0.935g_{t-1} - 0.095LNAFDI_{t-1} + 0.199DY_{t-1} \quad (6.10)$$
$$调整 R^2 = 0.993$$

其 DW 值为 1.308，其 Durbin h 统计量为 1.571（该模型的 DW = 1.308，$T = 20$，$Var(\hat{\beta}) = 0.00156$），在 5% 的显著性水平下可以接受不存在自相关的原假设；三个变量系数的 T 统计量分别为 23.682，−2.342 和 2.540，都通过了显著性水平为 5% 的 T 检验。从模型估计结果来看，在其他条件不变的情况下，美国对华直接投资占全社会固定资产投资的比例的增长率每提高 1%，相应的人均 GDP 的增长率将下降 0.095%；同时，在 1992 年前后，美国对华直接投资对中国经济增长的影响存在结构性差异，但这种差异只表现在截距项上，对斜率没有显著影响。

3. 分析结果

根据以上对美国对华直接投资与中国经济增长关系的实证分析，可以得出以下结论：**美国对华直接投资对中国经济增长的促进作用小于全部外商直接投资对中国经济增长的促进作用的平均水平**。关于中外资本比例对中国经济增长的影响程度的实证分析表明，美国资本流入在中国国内资本形成中的比例的增长率每提高 1 个百分点，相应的中国人均 GDP 的增长率将下降 0.095 个百分点，这与全部外商直接投资对中国经济增长及人均 GDP 增长率的正面影响存在一定的差异。出现这种情况的原因在于：第一，美国对华直接投资的主体以大型跨国企业为主，这类公司的进入在一定程度上对相关产业形成垄断，尤其是美资进入最多的电子及通讯设备制造业，这种垄断产生的对国内资本的挤出效应非常明显。第二，美资公司为了对技术优势和管理技巧实施保护，以设立独资企业为主（即使以合资

243

方式进入中国，也逐渐以收购股份的方式实现独资经营），这不但对国内企业造成一定程度的冲击和挤出效应，而且不利于发挥其对国内企业的技术外溢效应。第三，美国在华投资企业以跨国采购为主，当地采购的比例很小。根据 2003 年国务院发展研究中心外经部的《外商投资企业机电产品出口实证研究》报告的数据，美国在华投资企业中，只有 30% 的企业在中国国内采购原料，70% 的企业采取进料加工的方式。而在进料加工中，64.71% 的企业依靠国际采购，多来自周边的日本、东盟、韩国和台湾等国家和地区（刘翔峰，2005）。这种采购方式不利于美国在华投资企业技术溢出效应的发挥，不利于带动上游产业实现技术进步和结构升级。

同时，从上述模型的变量设定和筛选过程中可以看出，美国对华投资对中国经济增长的影响存在结构性特征，计量分析的结果支持这样的假设，但这种影响只具有水平效应。这说明，1992 年前后美国对华直接投资的规模变化较大，影响程度也存在差异，但是对中国经济增长的影响机制并没有质的改变。

总之，美国对华直接投资通过资本效应和技术外溢效应影响中国经济增长是贯穿始终的作用机制。但是，正如在分析外资总体对中国经济增长影响的结论中所指出的，由于各国对华投资的特点迥异，所以研究单个国家对华投资对中国经济增长的影响未必会得出相同的结论。美国对华投资的影响程度和效果就明显呈现出这样的特点。

（二）美国对华投资对中国技术进步的影响分析

虽然自 20 世纪 90 年代以来美国对华投资规模与中国国内生产总值之间存在相关关系（其相关系数达到 0.8924），但是对 90 年代以来的实证分析表明，美国对华直接投资在全部外商直接投资中比例的增加会在一定程度上降低中国的经济增长率。进一步的分析表明，美国对华投资企业的经营行为对中国经济总体的影响主要表现在其对技术进步和人力资本的贡献方面，尤其是研发机构的设立使这种带动效应逐步显现。

截至 2003 年 7 月 1 日，共有 175 家跨国公司在中国建立了 316 家研发机构，其中美国共有 60 家跨国公司建立了 151 家研发机构，占跨国公司在华研发机构总量的 47.78%（李蕊，2004），远远超过其他国家跨国公司在华研发机构的数量。从研发机构的行业分布来看，美国公司主要集中于电子、信息和软件行业，同时在化工、电气等行业的研发投资也处于绝对领先地位。美资企业在中国研发投资将使中国的经济发展受益并使得技术进步的速度加快。具体体现在以下三个方面：

1. 人员流动促进了科学技术和管理技巧随之转移

李蕊（2004）指出，人员流动是技术扩散的重要途径，掌握先进科学技术和管理技巧的优秀人才从一家企业流动到另一家企业之后，科学技术和管理技巧无形中也会随之转移。虽然在这个问题上很多国家关注的焦点是东道国优秀人才向跨国公司的研发机构单向流动，进而引发人才流失问题，但人员的流动通常是双向的，在国内人才流失的同时，也存在人才回流的现象，一些国内人才在国内的外资研发机构工作若干年后又回到国内研究机构和企业。在这方面，一家美资公司的中方研究人员就有过这样的先例。2002 年，时任英特尔中国研究中心主任和首席研究员的美国俄勒冈研究计算机科学和工程博士颜永红先生，率领英特尔中国研究中心的其他6 位核心技术人员返回中国科学院声学研究所，并在声学所共同组建了一个平均年龄只有 30 岁的科研团体——中科信利语音实验室，在回到中国科学院后半年时间里获得 8 项专利和 4 项软件著作权，取得了丰硕的研究成果。他们的回流带动了国内语音识别和语音合成技术在中国的发展，并大大加快了中国语音识别与合成技术的发展进程。该案例表明，外资研发机构的人员流出使其掌握的技术与管理知识得以向国内企业传播，从而实现技术扩散的效果，客观上促进了中国自身技术水平的提升。同时，随着中国国内企业实力的不断壮大，也将会有更多的跨国公司高级研发人员向国内研发机构和企业回流。

2. 示范与模仿效应进一步显现

示范溢出效应源于外资企业与当地企业之间的技术水平差异。外资企业技术水平较高，进入当地市场后，就带来了较先进的技术，与外资企业直接接触后，当地企业就可能有机会了解并模仿外资企业的先进技术以及管理方式，因此，生产率可能会有所提高。此外，外资企业的雇员转到当地企业工作时，通常将他已经掌握的先进技术以及管理方式运用到当地企业，这样也可能会产生类似的效应。跨国公司通过独资或合资设立研发机构，直接将世界先进技术带进中国，引进了先进的研究与管理的经验，培养了一批高水平的研究和管理人才，部分弥补了中国研究投入的不足，带动中国高科技产业的成长。同时，跨国公司的 R&D 以市场为核心，其项目选择的科学性和研究管理的规范性，均使投入产出的效率更高，这对促进中国企业提升 R&D 管理水平，进而面向市场的科研体制改革提供了有益的借鉴。

近些年，国内企业在外资研发机构研发成果和方法的示范作用下，改进原有的较为落后的研发方法，在不断模仿中提高了自身的研发水平。例如，在微软中国研发中心推出"维纳斯计划"后一个月，中科院就公布了"女娲计划"，无疑这是效仿"维纳斯计划"的产物，然而，能在很短的时间内推出类似的产品，表明中国科研机构研发能力的提高。而国内企业在建立自己的研发中心，力求形成和完善自主创新能力的同时，有一定实力的企业也放眼国际，在国外建立自己的研发机构，力图搜集国外最新的技术信息，获取最新的技术情报，利用国外的科研人员和信息资源，为企业的技术发展提供一个高起点的平台。其中，康佳在美国硅谷设立的康盛实验室成功研制了彩电智能化的核心器件——彩电微控器芯片，使得康佳集团拥有了彩电开发中最核心的技术，进而成为国内第一个拥有开发彩电芯片能力的企业。

3. 为中国产、学、研的结合起到了引导作用

首先，跨国公司与中国科研机构、高等院校建立合资研发中心的市场指向性，研发行为的经济效益性，使中国产业界越来越重视利用科研机构、高等院校的智力，使中国科研机构、高等院校的市场观念得到增强。其次，跨国公司与中国科研机构、高等院校间的合资研发活动，引导着中国科研机构的研究人员了解所在领域的研究动向、取得进展的途径、存在的问题，以及可能的突破等。再次，跨国公司与中国科研机构、高等院校间的合资研发活动方向、研发工作内容、研究工作进展及前期研究成果，为中国企业视察、把握跨国公司在华生产企业的新产品、新技术发展动向具有一定的指导意义。

实践表明，美资研发机构通过向中国科研机构委托科研项目、与中国科研机构联合开发、建立培训中心以及联合研究中心等方式与中国科研机构开展的合作已经取得了显著成果。例如，IBM 研究中心建立以后，多次

和当时的中国电子工业部、清华大学等单位进行研发项目合作；朗讯在中国成立贝尔实验室分支机构后，又与上海交通大学合作成立"通信与网络实验室"，与北京大学签订建立软件技术联合实验室的协议；SUN公司成立了技术开发中心以后，又与中软英特信息技术有限公司联合建立 JAVA 应用研究开发基地（毛蕴诗，2005）。

二、美国对华直接投资对中国产业结构变动的影响

从第三章的分析可知，美资企业大多实力雄厚，技术领先，因此在其所在行业中的领跑地位突出，这在很大程度上促进了中国的产业升级，同时提升了企业和行业的整体竞争力。由于单个国家的外资进入（尤其是当该国的外商投资规模并不是很大时）对东道国总体产业结构变化的影响比较有限，因此，我们着重从企业技术进步、经营战略改进以及参与国际分工体系的程度提高等微观角度，分析美国对华直接投资对中国产业竞争力提升的影响。

（一）美国国内的产业重组和并购推动了美国对外直接投资的扩展

始于20世纪80年代的产业结构大调整，到20世纪90年代初发生了重大转折。主要标志是在克林顿上台后，新政府首次确定发展高技术的国家战略，并首开先河制定了美国历史上第一个产业科技政策。克林顿总统面对冷战后美国国际经济关系的变化，强烈地感受到以微电子和通信为核心的信息技术革命及其对美国经济和世界经济将产生的深远影响，富有远见地抓住了这一发展自己、振兴美国的历史机遇。从这次产业结构调整的路径来看，产业和企业并购活动以及并购方向和策略的不断调整是突出特点之一，即产业重组与企业重组同步展开，二者相互作用。产业重组首次发生在几个颓势最明显的部门，如汽车、钢铁、能源、纺织、造船等传统制造业部门。这些部门中的龙头企业往往在重组中首当其冲。这些龙头企业的重组以及龙头大企业与众多小企业组成的企业网络，有力地带动了所在部门的重组，有助于部门整体效率和竞争力的提高。而企业并购在产业结构调整变革中起着重要的杠杆作用。

20世纪80和90年代的企业并购吸取了20世纪50年代中期到60年代末期为实现多样化经营战略而进行混合合并实践中的教训，转而采取了

"主导约束"和"相关约束"的多样化经营战略，围绕公司的核心技术向真正相关的行业延伸和扩展。从追求一国规模经济效应，扩大国内市场份额，实行国内跨地区、跨行业合并，到追求世界规模经济、抢占世界市场份额，实行跨国界、跨区域的并购。从传统产业的大规模并购到高新技术产业如信息、通讯、航空和金融、娱乐等服务业的大规模、高频率并购，到高新技术产业与传统产业的联手，并购规模越来越大，强强联合或寻求优势互补的趋势越来越突出（宋玉华等，2002）。从美国对华投资的趋势来看，虽然其占美国对外投资的比重不大，但也同样受到美国产业结构调整和重组的影响，其中美国制造业企业对中国的跨国转移和并购就与美国产业结构调整有很大关系。

（二）美资企业的技术领先效应带动了中国相关行业整体竞争力提升

从美国对华投资的产业结构特点来看，其重点是制造业，尤其是电子和电子设备制造业。从 20 世纪 90 年代中后期开始，美国产业结构调整使其对中国制造业尤其对电子设备制造业的投资比重不断上升，1996 年其投资额占美国对中国制造业投资的比重为 55.19%，而到了 2000 年和 2001 年，其比重分别达到 95.50% 和 97.25%，虽然 2002 年和 2003 年其投资额有所下降，但 2004 年又恢复到较高水平。而且，如前所述，在电子设备制造业领域投资的美国公司本身拥有在国际上领先的技术，因此在对华投资的同时也将其带入投资设立的企业，并建立了研发中心，进一步开发应用型技术和进行基础性研究。美资企业在交通运输设备制造业的实力也比较雄厚，例如美国通用汽车公司与上海汽车工业（集团）总公司合资建立的上海通用汽车项目总投资达 15.21 亿美元，是目前中国汽车行业投资最大的项目。在胶片行业，美国的柯达公司对中国胶卷生产业几乎进行了全行业收购（保定乐凯除外），成立了厦门、汕头分公司，在柯达（无锡）有限公司中控股 70%，并在上海建立了独资子公司。此外，美国的摩托罗拉、麦当劳、可口可乐、IBM、微软、埃克森美孚、AB 啤酒、杜邦、宝洁、美林证券、花旗银行、友邦保险和沃尔玛连锁超市等企业都在其所在行业中占据领先地位，属于行业的佼佼者。因此，可以说，美国对华投资企业在其所在行业中发挥着示范和引导作用，这种作用刺激了国内企业积极开发新产品和新技术，从而在客观上提高了企业的竞争力，提升了行业的整体实力。

（三）美资公司先进的企业经营战略为国内企业参与国际竞争提供了良好的借鉴

美资公司在企业经营战略方面也有较为成功的优势和特点，这些成功的经验为国内公司所借鉴，将提高企业参与国际竞争和全球产业分工的能力，从而对中国产业结构升级起到推动作用。例如，产品和服务差异化战略就是美国对华投资企业的一种比较成功的战略选择。在产品差异化方面，美国通用汽车公司提供了范本。该公司进入中国的时间相对较晚，1998 年底上海通用汽车才投产，但其选择的产品方向是中国最高档的轿车。这恰恰避开了中国汽车行业里中、低档轿车投资项目多，市场竞争激烈的劣势。开始时，人们担心上海通用生产的高档别克轿车的消费需求不足。但事实上，开业第一年这种轿车销售了近两万辆，产生了 6 亿元人民币的赢利。通用别克在中国的投产抢占了高档车的制高点，使德国大众、日本本田、法国雪铁龙随后纷纷在中国市场上推出技术含量高的高档车。而在服务差异化方面，麦当劳、肯德基、联邦快递等企业则是通过别具特色的服务来满足中国市场的需要，并取得良好的投资收益。

而对于国内企业来说，美资公司的先进经营战略和管理经验很多是在双方的激烈竞争中得到借鉴和吸收的。例如，在竞争激烈的日化行业里，生产雕牌洗衣粉的纳爱斯集团就给宝洁带来不少的压力，导致宝洁发起一场声势浩大的"射雕行动"。在"两乐"垄断的碳酸饮料市场，娃哈哈依靠一支由 2000 多家一级批发商和 20000 多家特约二级批发商组成的庞大的营销队伍，达到了三、四线市场的平均高达 80% 以上的铺货率，使娃哈哈的非常可乐在总销量上与可口可乐和百事可乐形成三足鼎立的局面。在耐克、阿迪达斯专注于在一、二线城市发展的时候，李宁公司把触角伸到了三、四线城市，建成了较为完备的网络，2004 年的销售额达到了 30 亿元人民币，超过了耐克和阿迪达斯的销售总和（杨育谋，2006）。

（四）美资公司通过当地化策略的实施，将中国企业纳入其全球生产体系，从而促进了国内企业尤其是中小企业的发展

美国跨国公司生产实行纵向垂直的全球化分工协作，根据其全球战略在世界范围内统一调配产品价值链的地区分布，并形成相应的一整套生产质量体系。对此，有的学者认为，这样的分工体系使其在华子公司与中国产业的前后关联度低，不利于中国各产业的均衡发展。尤其是当美国跨国公司在华子公司在竞争中击败了同一产业中的中国民族企业时，这些民族企业的上下游关联产业亦同样遭受打击（邱询旻等，2003）。不可否认，这是美资公司，当然也包括其他外资企业进入中国市场以后产生的消极后果之一，但是，随着越来越多的美资企业采取当地化策略，其产业带动效应正成为主流趋势。特别值得一提的是，一些外资企业通过购买、供货等关系，沟通了中小企业与国际市场的联系，使这些中小企业成长壮大，并朝着世界级的产品和零部件制造商或服务提供商方向发展。例如全球商业巨头沃尔玛，2001 年在中国采购出口了 100 亿美元的商品，输出到其全球连锁店中，并将其全球采购总部从香港搬至深圳，其在深圳的采购部门人数，将从此前的几个人激增至 200 人左右。沃尔玛在华巨额采购中的大部分是中小企业的产品，仅在广东一年的采购额就达 80 亿美元，占其在中国采购商品总额的 80%。而且，近几年其采购额不断扩大，2002～2004 年分别实现 120 亿、150 亿和 180 亿美元的规模，增长幅度每年约为 20%。此外，2001 年，通用电气中国采购及出口有限公司在北京成立，准备为通用电气全球制造体系采购投入品，并准备将达到通用电气质量标准的产品贴牌出口，进入全球市场。全球计算机制造巨头戴尔公司也在中国设立了国际采购中心，大量采购出口计算机整机和零部件。以上事实表明，美国对华投资企业通过其本地化战略的实施，将越来越多的当地企业纳入到全球生产体系之中，同时增强了其子公司与当地企业的产业前后关联度，带动了中国相关企业的产品质量和服务水平与国际标准接轨，进而提升了全行业的竞争力。

（五）美资公司的技术锁定策略以及倾向于独资的对外投资方式，限制了对中国企业的技术扩散效应

如第三章第三节所述，"技术锁定"一般是指具有先进技术的跨国公司利用其技术垄断优势和内部化优势设置一些障碍，使东道国在本地化生产过程中难以破解，以严格控制尖端技术的扩散。许多跨国公司就是利用这种技术锁定来加强东道国对它的技术依赖，从而牟取巨额的垄断利润。美国的跨国公司在对华投资的过程中也在一定程度上采取了"技术锁定"

的策略,最明显的例子就是美国计算机制造业中对"芯片"技术的保护和控制。这和美资企业对知识产权保护的重视也有一定关系,尤其是在中国本土企业强大竞争压力的背景下,技术锁定策略将大行其道,从而国内企业从跨国公司在华企业的技术引进中更难获益。

美国企业跨国发展的生产经营指向主要是技术密集型产品,为达到对世界市场的支配和控制,美国跨国公司特别强调对技术的独占和垄断。而独资企业因为所有权与经营权的独占,具有许多经营方面的优势,如独享企业机密和垄断优势,减少扩散的不利影响;在专利权、特许权、技术授权和管理费用的确定与收取方面享有较大弹性等。所以,为避免泄密的风险,保持其技术领先优势,美国公司对外直接投资倾向于独资方式。这种投资方式不利于东道国企业通过"边干边学"掌握外资企业的先进技术和管理经验,从而在一定程度上削弱了其示范和引导效应的效果,不利于中国产业结构的进一步升级。

综上所述,美国对华直接投资对中国产业升级产生了一定的影响。虽然这种影响并不主要表现在中国总体产业结构的变化方面,但美资企业通过其先进的技术和经营管理策略的引入,客观上促进了中国相关行业竞争力的提升,尤其是美国对华投资额较大的制造业领域,更是受益颇多。当然,跨国公司也会出于自身利益的考虑,限制在华子公司的技术和管理技巧等专有优势的扩散,但中国企业有能力在不断竞争中提高自身的技术研发和管理水平,将压力逐渐转化为动力和实力。近年来,随着美国企业对中国服务业领域投资的不断扩大,其影响也日益显现,尤其是美资金融机构的进入,将对中国金融市场和金融机构的改革起到不可忽视的借鉴和推动作用。对此,我们将在以后的研究中进一步探讨。

小　　结

改革开放以来,外商对华直接投资的规模和质量不断提高。尤其是20世纪90年代以来,中国吸引外资的能力进一步增强,成为世界最大的引资国之一。从外商直接投资的行业结构来看,工业和房地产业集中了外资的绝大部分。同时,由于地缘和文化方面的原因,中国的外资主要来自中国香港和中国台湾以及东亚、东南亚国家和地区，美国和欧洲的资本相对较少。多数港、澳、台投资企业的规模较小，技术水平不高，因此对国内企业的技术带动效应较小，这种局面在20世纪90年代中期以后得到了改善，尤其是以美资企业为代表的大型跨国公司加大对华投资力度，同时也引进了其母公司较为先进的技术和管理模式，从而对中国企业的技术外溢效应日益显现。尽管中国的高素质人才储备与欧美发达国家相比还存在较大差距，但是这种投资行为的发生将在一定程度上促进中国技术水平的提高、人才的培养和自主创新能力的提升。

对于外商直接投资外溢效应的实证分析表明，国外资本的进入对中国的长期经济增长会产生较为显著的正面影响，而且二者存在着长期的动态均衡关系。关于中外资本比例对中国经济增长的影响程度的实证分析表明，国外资本在中国国内资本中的比例的增长率每提高1%，相应的中国人均GDP的增长率将提高0.167%。外资进入对中国产业结构的影响则主要表现在以下六个方面：（1）加大了中国三次产业的结构偏差；（2）提高了三次产业的发展水平及国际竞争力，但三次产业之间发展水平和国际竞争力提高的程度存在较大的差距；（3）外资工业的结构倾斜加快了中国工业结构的高加工度化进程；（4）促进了中国技术密集型产业的发展，同时，传统产业也逐步被新兴产业所代替；（5）外商直接投资促进了第三产业中的部分行业的发展，但这种促进作用并不突出；（6）外资的进入加快了中国高新技术产业发展，也加重了该行业外资化的程度。

虽然美国对华直接投资规模呈不断上升趋势，但以1985年以来的数据为样本对美国对华直接投资与中国经济增长之间关系的实证分析表明，美国对华投资对中国经济增长的促进作用小于全部外商直接投资对中国经济增长的促进作用。关于中外资本比例对中国经济增长的影响程度的实证分析表明，美国对华直接投资的资本流入在中国国内资本形成中的比例的增长率每提高1个百分点，相应的中国人均GDP的增长率将下降0.095个百分点，这与总体外商直接投资的流入在中国国内资本形成中每提高1个百分点中国人均GDP的增长率提高0.167个百分点之间存在较大差异。这种差异主要是由美国对华投资的总体特征和美国在华投资企业的经营策略所决定的。美国对华投资对中国经济增长的影响存在结构性特征，计量分析的结果支持这样的假设，但这种影响只具有水平效应。因此，关于美国对华直接投资对中国经济增长的影响，应该从更长期的动态的效应加以考察。

美国对华投资对中国技术进步和产业结构的影响，主要表现在先进的技术和管理模式所产生的外溢效应方面：（1）人员流动促进了科学技术和管理技巧随之转移；（2）示范与模仿效应进一步显现；（3）为中国产、学、研的结合起到了引导作用；（4）美资公司的技术领先效应带动了行业整体竞争力的提升；（5）美资公司先进的企业经营战略为国内企业参与国际竞争提供了良好的借鉴；（6）美资企业通过当地化策略的实施，将中国纳入其全球生产体系，从而促进了国内企业尤其是中小企业的发展；（7）美资公司的技术锁定策略以及倾向于独资的对外投资方式，在一定程度上限制了其对中国企业的技术外溢效应的发挥。

附　　录

求解汉密尔顿方程：

$$J = e^{-\rho t} \cdot \frac{c_d^{1-\theta} - 1}{1 - \theta} + \lambda \left[(1 - \beta) y - c_d - \delta k_d \right]$$

$$\frac{\partial J}{\partial c_d} = 0 \Rightarrow \lambda = u'(c_d) e^{-\rho t}, \text{ 其中 } u(c_d) = \frac{c_d^{1-\theta} - 1}{1 - \theta}$$

$$\frac{\partial J}{\partial k_d} + \frac{\partial \lambda}{\partial t} = 0 \Rightarrow \frac{\partial \lambda}{\partial t} = \delta \lambda - \lambda (1 - \beta) \cdot \frac{\partial y}{\partial k_d}$$

$$\because \frac{\partial \lambda}{\partial t} = \frac{du'}{dt} \cdot e^{-\rho t} + u'(c_d) e^{-\rho t} \cdot (-\rho)$$

$$\therefore \delta u'(c_d) e^{-\rho t} - u'(c_d) e^{-\rho t} \cdot (1 - \beta) \frac{\partial y}{\partial k_d} = \frac{du'(c_d)}{dt} e^{-\rho t} + u'(c_d) e^{-\rho t} \cdot (-\rho)$$

$$即 \delta - (1 - \beta) \frac{\partial y}{\partial k_d} = \frac{du'(c_d)/dt}{u'(c_d)} - \rho$$

$$\therefore \frac{du'(c_d)/dt}{u'(c_d)} = \rho + \delta - (1 - \beta) \frac{\partial y}{\partial k_d}$$

$$\therefore \frac{du'(c_d)/dt}{u'(c_d)} = -\theta \left(\frac{dc_d/dt}{c_d} \right)$$

253

$$\therefore \frac{c_d}{c_d} = \frac{1}{\theta} \left| (1-\beta) \frac{\partial y}{\partial k_d} - \rho - \delta \right|$$

$$\because y = \frac{Y_i}{L_i} = A(K_{d,i})^{\alpha}(K_{f,i})^{\beta} \left(\frac{K_f}{L} \right)^{1-\alpha-\beta} (L_i)^{-\alpha-\beta} = A(k_d)^{\alpha}(k_f)^{\beta} \left(\frac{K_f}{L} \right)^{1-\alpha-\beta}$$

$$\therefore \frac{\partial y}{\partial k_d} = A\alpha k_d^{\alpha-1} k_f^{\beta} \left(\frac{K_f}{L} \right)^{1-\alpha-\beta}$$

$$即 \quad \frac{c_d}{c_d} = \frac{1}{\theta} \left| \alpha(1-\beta) A k_d^{\alpha-1} k_f^{\beta} \left(\frac{K_f}{L} \right)^{1-\alpha-\beta} - \rho - \delta \right|$$

参考文献

1. 崔新建："外国直接投资下的产业结构升级",《当代财经》2002 年第 10 期。

2. 丁纪岗、伍装："中国经济增长对外商直接投资增长的依赖程度分析",《东南学术》2004 年第 4 期。

3. 杜玲:《发展中国家/地区对外直接投资:理论、经验与趋势》,中国社会科学院研究生院产业经济学专业 2002 届博士论文。

4. 国家统计局:《2005 年前三季度中国经济保持平稳较快发展》,引自国家统计局网站 http://www.stats.gov.cn/tjfx/jdfx/t20051020_402286165.htm, 2005 年 10 月 20 日。

5. 国家统计局:《中国统计年鉴》历年, 中国统计出版社。

6. 郭克莎："外商直接投资对我国产业结构的影响研究",《管理世界》2000 年第 2 期。

7. 何帆、姚枝仲、张静春:"重新思考美国在中国经济发展中的作用",《战略与管理》2003 年第 6 期。

8. 黄卫平:"经济全球化新趋势下全面提升对外开放水平与我国更好地利用外资",《2005 年中国外商投资报告专论》, http://www.fdi.gov.cn/common/info.jsp? id = ABC00000000000026633。

9. 江锦凡："外商直接投资在中国经济增长中的作用机制",《世界经济》2004 年第 1 期。

10. 江小涓:《中国工业发展与对外经贸关系的研究》,经济管理出版社 1996 年版。

11. 江小涓："中国的外资经济对增长、结构升级和竞争力的贡献"，《中国社会科学》2002 年第 6 期。

12. 李蕊：《跨国公司在华研发投资与中国技术跨越式发展》，经济科学出版社 2004 年 12 月版，第 147～152 页。

13. 李优树：《中国对外直接投资利益论》，四川大学政治经济学 2004 届博士论文。

14. 刘翔峰："美国在华企业的现状及趋势分析"，《宏观经济研究》2005 年第 7 期。

15. 卢进勇等主编：《国际投资与跨国公司案例库》，对外经济贸易大学出版社 2005 年 3 月版。

16. 卢进勇、闫实强："中国企业海外投资模式比较分析"，《国际经济合作》2005 年第 3 期。

17. 毛蕴诗：《跨国公司在华投资策略》，中国财政经济出版社 2005 年 10 月版，第 215 页。

18. 邱立成、于李娜："中国对外直接投资：理论分析与实证检验"，《南开学报（哲学社会科学版）》2005 年第 2 期。

19. 巫楠：《全球经济失衡 G20 没有标准药方》，《经济观察报》2005 年 10 月 24 日第 2 版。

20. 桑秀国："利用外资与经济增长——一个基于新经济增长理论的模型及对中国数据的验证"，《管理世界》2002 年第 9 期。

21. 沈坤荣、耿强："外国直接投资、技术外溢与内生经济增长——中国数据的计量检验与实证分析"，《中国社会科学》2001 年第 5 期。

22. 宋伟良："论中国对外直接投资的产业选择"，《经济社会体制比较（双月刊）》2005 年第 3 期。

23. 王成岐、张建华、安辉："外商直接投资、地区差异与中国经济增长"，《世界经济》2002 年第 4 期。

24. 王惠珍、崔大沪、欧阳欢子："外商投资与中国经济增长"，《世界经济研究》2003 年第 1 期。

25. 王洛林主编：《2003—2004 中国外商投资报告》，中国社会科学出

第六章 美国对华直接投资对中国经济发展的影响

版社 2004 年 12 月版。

26. 王仁祥、喻平："引进外资、两部门模型与中国经济增长"，《经济科学》2005 年第 1 期。

27. 王志鹏、李子奈："外商直接投资、外溢效应与内生经济增长"，《世界经济文汇》2004 年第 3 期。

28. 许海峰："中国对外直接投资与美国日本的比较"，《黑龙江对外经贸》2005 年第 4 期。

29. 杨先明：《发展阶段与国际直接投资》，商务印书馆 2000 年 8 月版。

30. 杨育谋："跨国公司在华 20 年"，《中国外资》2005 年第 12 期。

31. 姚枝仲："美国双赤字对我国经济的影响及对策"，原载《中国党政干部论坛》，引自中经网教育专版。

32. 叶莉、郭继鸣："外商直接投资与经济增长之关系研究"，《现代财经》2004 年第 3 期。

33. 袁翀："外国直接投资对我国产业结构的影响"，《财会月刊》2004 年第 10 期。

34. 张雪松：《利用外资与中国产业结构调整》，对外经济贸易大学国际贸易专业博士论文，2003 年 5 月。

35. 中国商务部：《中国外商投资报告概述》（2003 年），http：//www. fdi. gov. cn/common /info. jsp？id = ABC00000000000020047。

36. 中国商务部：《2004 年度中国对外直接投资统计公报（非金融部分）》2005 年版。

37. 中国商务年鉴编辑委员会：《中国商务年鉴（2005 年）》，中国商务出版社 2005 年版。

38. 中国社会科学院工业经济研究所：《中国工业发展报告 2004：中国工业技术创新》，经济管理出版社 2004 年版，第 119 ~ 125 页。

39. 朱闵铭：《中国对外直接投资研究》，中国社会科学院研究生院投资经济专业 2001 届博士论文。

第七章 研 究 结 论

一、中美经贸关系的发展对中国经济的影响

（一）中美贸易关系的发展对中国经济增长的影响

第一，本书关于中国对美国出口贸易发展与美国经济增长之间关系的研究结果表明：（1）美国经济增长同中国对美国的出口之间并不存在长期均衡关系，因此，美国经济增长并不能成为中国对美国出口贸易发展的解释因素；（2）美国经济总量同中国对美国的出口规模之间所存在的长期均衡关系既是不稳定的，也是非常微弱的，因此，也不能成为中国对美国出口贸易发展的主要解释因素；（3）美国巨大的经济总量和巨大的市场只是为中国对美国出口的增加提供了一种外部条件，而中国经济总量的增加和产业竞争力的提高才是中国对美国出口增长的最有力的解释因素。

第二，本书关于中国对美国出口贸易发展与中国经济增长之间关系的研究结果表明：（1）中国国内就业的增加促进了对美出口贸易的发展；同中国的全部出口相比较而言，中国对美出口同中国就业的联系更紧密一些，但是当年中国对美出口带动当年中国就业增加的作用同样在不断减弱；（2）相对于全部出口的平均情况来说，中国对美国的出口比对其他国家的出口更能够促进中国的经济增长；（3）相对于全部出口的平均情况来说，中国经济增长对于中国对美国出口的促进作用要强得多。

第三，美国经济波动通过中国自美国进口贸易的途径同中国经济波动之间并不存在直接联系，影响中国自美国进口的主要决定因素并非美国的经济总量和美国的经济波动，而是美国的对华贸易政策，其中美国限制对华出口高技术产品的政策使得中国通过发展从美国的进口贸易来利用"美国资源"促进经济发展的对外贸易功能得不到充分的发挥。

第四，本书关于中国自美国进口与中国的经济增长两者之间关系的研究结果表明：（1）相对于从所有国家进口的平均水平来说，中国自美国进口的增加会更有利于促进中国资本总额的形成；（2）相对于从所有国家进口的平均水平来说，中国自美国进口的货物（包括资本设备）比从其他国家进口的货物（包括资本设备）更能够促进中国的经济增长；（3）中国的经济增长使得中国相对较多地从其他国家增加进口，相对较少地从美国增加进口。

综合考虑以上四个方面可以得出结论：美国经济增长通过国际贸易渠道对中国经济增长并不产生影响。美国巨大的经济总量和巨大的市场对中国对美国出口的扩张提供了有利的外部条件，中国经济总量的增加和产业竞争力的提高才是中国对美国出口增长的本质影响因素，而中国对美国出口贸易的扩张会促进中国的经济增长。虽然中国自美国进口贸易的增长会促进中国的经济增长，但是美国限制对华出口高技术产品的政策使得中国通过发展从美国的进口贸易来利用"美国资源"促进经济增长的对外贸易功能得不到充分的发挥。

（二）美国对华投资的发展对中国经济增长的影响

一方面，美国经济增长并不是美国对华投资的主要影响因素；影响美国对华投资的主要因素包括：（1）中国经济实力和市场规模的迅速扩张成为中国吸引美国直接投资的重要动力，其中中国国内需求的扩张起到举足轻重的作用；（2）中国与美国的政策倾向性和经济开放程度影响到美国对华投资的发展和前景；（3）产业重组和并购推动了美国对外直接投资的扩展；（4）中国产业结构的调整影响到美国对华投资的发展变化趋势；（5）美国公司的技术优势决定其对华投资的规模相对较小；（6）美国公司对外直接投资的方式阻碍其对华直接投资的扩展；（7）美国跨国公司的跟随反应和寡占反应战略促使其扩张对华投资规模；（8）跨国公司的"技术锁定"策略限制了对华投资企业的技术引进和技术外溢。

另一方面，关于美国对华直接投资与中国经济增长关系的实证分析表明，美国对华直接投资对中国经济增长的促进作用小于全部外商直接投资对中国经济增长的促进作用。关于中外资本比例对中国经济增长的影响程度的实证分析表明，美国资本流入在中国国内资本形成中的比例的增长率每提高1个百分点，相应的中国人均 GDP 的增长率将下降 0.095 个百分点，而包括美国资本在内的全部外商直接投资在中国国内资本中的比例的增长率每提高 1%，相应的中国人均 GDP 的增长率将提高 0.167%。因此，美国对华直接投资与中国的全部外商直接投资分别对中国经济增长所产生的影响，两者之间存在着较大的差异。这种差异主要是由美国对华投资的总体特征和美国在华投资企业的经营策略所决定的。美国对华投资对中国经济增长的影响存在结构性特征，计量分析的结果支持这样的假设，但这种影响只具有水平效应。因此，关于美国对华直接投资对中国经济增长的影响，应该从更长期的动态的效应加以考察。

（三）中美贸易关系的发展对中国产业结构变动的影响

本书关于中美贸易对中国产业结构变化影响的研究结果表明：（1）中美贸易为中国劳动密集型产业的发展提供了一定的市场条件；（2）在中国自身经济结构升级和国际竞争力增强的基础上，中美贸易为中国少数资本或技术密集型产业的发展提供了一定的市场条件；（3）农产品的进口将给中国农业发展带来更大的竞争压力；（4）虽然中国自美国进口资本品无疑能够增加中国的资本形成以及促进产业结构的升级，有利于中国资本或技术密集型产业的发展，但这种作用同中国通过中美贸易以达到优化国内资源配置的目标之间存在较大的差距。

从上述结果可以看出，一方面，美国产业结构的变化和中美贸易的发展强化了中国劳动密集型产业的刚性；另一方面，美国产业结构的高级化和中美贸易的发展在一定程度上有利于中国的产业结构高级化，但是由于美国实施限制对华出口高技术产品的政策，美国产业结构的高级化和中美贸易的发展对于中国产业结构高级化的影响相对有限。

（四）美国对华投资的发展对中国产业结构变动的影响

本书关于美国对华投资对中国产业结构变化影响的研究结果表明：美国对华投资的行业结构变化是投资结构高级化的反映，虽然制造业投资在20世纪90年代以来的大部分时间占据了主导地位，但是商业、服务业等第三产业的投资比重不断上升是这一趋势的突出特点。美国对中国制造业的投资倾向，一方面说明中国具有发展制造业所必需的劳动力和资源等比较优势，另一方面也说明中国市场具有巨大的需求潜力。对第三产业投资的迅速增长是本世纪初的特点，反映出美国跨国公司对中国第三产业巨大的增长潜力和发展前景的共同预期。美国对华投资的主体以大型跨国公司为主，并主要集中在资本密集型和技术密集型产业，其中电子和电子设备行业占较大比重，而该行业的美资公司本身拥有在国际上领先的技术，因此在对华投资的同时也将其带入投资设立的企业。美国跨国公司对中国高新技术产业的投资，则说明其对华投资企业的技术水平正在提高；同时还表明其正在由被动的技术转让转向主动的技术投入，投资企业由原有保守、审慎的技术转让观念逐步转向自觉的、系统性的技术投入战略，但是美资公司的技术锁定策略以及倾向于独资的对外投资方式，限制了对中国企业的技术扩散。

从上述结果可以看出，一方面，美国产业结构的变化和美国对华投资的发展在一定程度上促进了中国产业结构特别是制造业内部结构的高级化以及制造业生产技术水平的提高；另一方面，由于美国对华投资中第三产业的投资比重上升，再加上美资公司的技术锁定策略以及倾向于独资的对外投资方式，美国产业结构的高级化和美国对华投资的发展对于中国产业结构优化的积极影响也就受到了限制。

综合以上分析可以得出以下两个结论：

结论一：20 世纪 90 年代以来中国经济的持续高速增长与美国经济的持续高速增长之间并没有直接的联系。以上分析表明，中国经济与美国经济的增长与发展具有一系列不同的影响因素，或者相同的影响因素会具有不同的影响结果，中美贸易与美国对华投资只是这一系列不同因素中的两个因素，况且这两个因素还不是最重要的因素；美国经济属于高度发达的成熟市场经济，而中国经济属于发展中的转型经济，两国经济的增长与发展自然具有不同的内在规律。

结论二：20 世纪 90 年代以来中美贸易和美国对华投资对中国产业结构的变化产生了一定的积极影响，但这种积极影响受到了美国限制对华出口高技术产品的政策、美资公司技术锁定的策略以及倾向于独资的对外投资方式等国际经济传导的重要阻碍因素的限制；中国自身经济实力和整体经济国际竞争力的提高促进了中美贸易和美国对华投资的发展，而中美贸易和美国对华投资的发展反过来又促进了中国的经济增长和产业结构的优化。

二、中国参与经济全球化的内在机制

（一）中国经济发展的内因起到了主导性的作用

在参与经济全球化的过程中，中国经济发展利用了"两个市场"和"两种资源"，即"国内市场和国外市场"以及"国内资源和国外资源"。其中国内市场和国内资源是内因，国外市场和国外资源是外因。20世纪90年代以来，中国通过建立和完善国内的市场经济体制，充分发挥价格机制、竞争机制和宏观调控的作用，促进了国内资源配置效率的提高、最大限度的就业和国内生产力水平不断提高，在此基础上，进一步利用国外市场和国外资源来加快国内经济发展。如果中国国内经济与国内市场搞得不好，价格机制、竞争机制和宏观调控难以发挥作用，国内资源的配置效率和就业水平不高，那么国内本身的生产力水平就难以获得较快的提高。在这种情况下，即使有巨大的国外开放市场，中国也没有能力去加以利用，同时也难以吸引国外资源为中国经济发展做出贡献。本书对美经贸关系发展对中国经济影响的研究结果证实了在中国参与经济全球化的过程中经济发展的这种内外因之间的关系。中美经贸关系的发展促进了中国的经济发展，但是中美经贸关系并不是因为美国的经济增长而获得快速发展；正是由于中国不断深化市场经济体制才促使中国的比较优势得到较为充分的发挥，提高了国内资源的配置效率和国内资源的利用率，增强了国民经济的整体实力和国际竞争力，从而促进了中美经贸关系的快速发展，而后者又反过来促进中国经济的快速发展。正是中国在深化市场经济体制改革的条件下，充分发挥价格机制、竞争机制和宏观调控的作用，增强了国民经济的整体实力和国际竞争力，才有能力、有条件利用美国的巨大市场和高质量的经济资源来为中国经济发展服务。因此，在中国参与经济全球化的过程中，中国经济发展中的内因与外因都起到重要的作用，但中国国内经济的内因起到了主导性的作用，而世界经济的外因只是起到辅助作用；内外因的有机结合才促使中国通过参与经济全球化获得更大的利益。今后的情况仍将如此。

（二）中国参与经济全球化所获得的利益相对少于发达国家的利益

理论上，不同类型的产业参与国际分工所能够获得的分工利益是不同的。一国的劳动（资源）密集型产业参与国际分工只能获得比较优势利益和行业规模经济利益，而一国的资本或技术（知识）密集型产业参与国际分工既能获得比较优势利益和行业规模经济利益，同时还能够获得企业规模经济利益和专业化分工经济利益。① 因此，以劳动密集型产业为主的发展中国家在国际分工中只能获得比较优势利益和行业规模经济利益，而以资本技术密集型产业为主的发达国家在国际分工中既能获得比较优势利益和行业规模经济利益，又能够获得企业规模经济利益和专业化分工经济利益。本书对中美经贸关系发展的研究表明，中国当前主要是发挥其劳动密集型产业的比较优势同美国进行分工，而美国主要是通过发挥其资本密集型产业和部分技术知识密集型产业的比较优势同中国实现分工。因此，中国所获得的分工利益相对较少，而美国获得的分工利益相对较多。由于中国当前制造业中的支柱产业仍然是劳动密集型产业，中国参与经济全球化所获得的利益主要是比较优势利益，在一些劳动密集型产业聚积的地区还能够获得行业规模经济利益，而获得的企业规模经济利益和专业化分工经济利益非常有限。

（三）中国参与经济全球化应更加注重长期动态作用

从长期来说，一个国家的贸易顺差和资本项目的顺差最终都要实现平衡。因此，净出口与外资的净流入只能在一个相对较短的时期内促进国民收入的增长。在贸易顺差和资本项目顺差实现平衡的过程中，随着贸易顺差和资本项目顺差的下降，开放经济对于国民收入的短期增长作用必然减弱甚或是负的。因此，对于促进中国经济发展的作用来说，中国参与经济

---

① 专业化分工经济利益是指因专业化熟能生巧而产生的经济利益。杨小凯（2000 年）将新兴古典贸易模型进行了动态化，考虑了专业化分工经济利益，从而形成了新兴古典内生增长模型，拓展了贸易与内生经济增长课题研究的视野和空间。有关专业化分工经济利益的概念还可以参见殷德生：《贸易与内生经济增长：一个理论综述》，《南开经济研究》2004 年第 6 期。因劳动密集型产业一般属于成熟期的产业，技术已经标准化，不存在专业化熟能生巧问题，因此，这类产业参与国际分工就没有专业化分工经济利益；而资本或技术密集型产业则不同，它们的生产技术往往还没有标准化，因此，这类产业参与国际分工是存在专业化分工经济利益的。

全球化的静态作用的意义相对较小，只有在短期内调节总需求时才具有较大的意义。中国参与经济全球化的真正的、更实质性的作用在于开放经济对中国经济发展的长期的、动态的影响，这种长期动态影响就是，通过对外贸易和利用外资来调整国内经济结构、促进生产技术水平的提高和产业技术进步、加快人力资本的积累，特别是要通过促进国内经济体制创新来增强企业的国际市场竞争力和抗风险能力，最终达到提高中国经济发展的内在活力和国际竞争力的目的。中国参与经济全球化的这种长期动态作用无疑才具有本质性的意义。

（四）中国与发达国家的经贸关系是中国对外经贸关系的重点

中国参与经济全球化的直接目的，一是要获得国内经济发展所必需的资本和先进技术设备，二是要利用外部市场来销售国内产品。从前面一个直接目的来说，对华直接投资的主要国家应是发达国家和新兴工业化国家，而不是发展中国家，同时，拥有先进技术设备并能够出口这些技术设备的国家也是发达国家和新兴工业化国家，而不是发展中国家。从后一个直接目的来说，由于发达国家和新兴工业化国家不但人均收入水平高，从而市场容量相对较大，而且在产业发展方面同中国具有更多的互补性，而发展中国家的情况正好相反。因此，中国对外贸易的重点市场应该是发达国家和新兴工业化国家。本书有关中美贸易对中国经济增长影响的研究结果表明，相对于中国的全部对外贸易来说，中国同美国的贸易更能够促进中国的经济增长；有关中美贸易商品结构变化和美国对华投资行业结构变化对中国产业结构变化影响的研究结果，也表明了美国作为发达国家其资本要素对中国经济发展具有更大的作用。从这些研究结果可以看出，中国吸引外资和引进先进技术设备的来源国也应该是发达国家和新兴工业化国家。因此，从发展经济的角度来说，中国在参与经济全球化中的重点仍然是应该加强同发达国家与新兴工业化国家之间的经济联系。

（五）在中国参与经济全球化的过程中市场机制的作用在不断加强

在中国参与经济全球化的过程中，市场机制的作用在不断加强，而计划机制和优惠政策的作用在逐渐弱化。经济全球化过程本质上就是全球经济市场化的过程。在中国参与经济全球化的过程中，一方面以美国为主的发达国家以及世界贸易组织、国际货币基金组织等国际经济组织的积极推动作用促进了中国市场经济体制的建立和完善，特别是在中国申请恢复原关税与贸易总协定缔约国地位和后来申请加入世界贸易组织的过程中起到了非常重要的作用；另一方面，中国经济发展的内在客观要求促使了市场经济体制的建立和完善，两方面因素的共同作用，促使中国经济与世界经济特别是美国经济的"融合"不断扩大和深化，而这又反过来促进中国市场机制在中国国内外资源配置中的作用得以不断加强，同时计划机制的作用在逐步弱化。本书对中国进出口商品结构变化、中美进出口商品结构变化以及美国对华投资行业结构变化等方面的研究结果表明，中国进出口总额特别是中美进出口总额中加工贸易占有很大的比重，中国对美国出口实质上仍然以劳动密集型产品为主，而美国对华投资的主体以大型跨国公司为主，并主要集中在资本密集型和技术密集型产业。由此可以看出，中国出口贸易特别是对美国出口的扩张就是中国国内企业在市场机制作用不断强化的情况下按照机会成本最小化的原则配置资源的结果；同样，中国吸引外商直接投资特别是美国对华投资的不断增加就是外商在市场机制作用不断强化的情况下按照机会成本最小化的原则在不同国别的经济区域配置资源的结果。

随着市场机制的作用不断加强，国内外市场竞争愈来愈激烈，竞争机制在经济发展中的作用也得以强化。竞争机制促进了企业的技术创新与制度创新，最终促进企业生产技术水平的不断提高和产品成本的不断下降。当企业由于生产技术水平的提高而促使产品成本下降到一定程度并仍然存在下降的潜力的时候，优惠政策在竞争中的作用必将减弱。在这种市场环境下，中国自20世纪80年代初以来实施的对外开放优惠政策的作用在逐步弱化。从本书关于中国对外贸易政策与利用外资政策调整的研究结果当中，我们明显可以看出，中国实施关税、所得税和出口补贴等方面的对外开放优惠政策在中美经贸发展中所起到的作用确实在逐步弱化。实际上，自1992年以来，从价格形成机制和配额数量控制等角度来看，中国在对外开放领域中计划机制所起到的作用不到10%，而市场机制所起的作用大于90%；中国现阶段基本上形成全方位的对外开放格局，90年代之前的那些对外开放区域优惠政策已经大大减少，优惠政策在实际开放经济中的作用已经很小。

（六）中国逐步融入世界经济体系使得国际市场规则的影响作用日益明显

经济全球化的过程本质上就是全球经济市场化的过程，而市场经济就是法制经济。随着中国加入国际货币基金组织、世界贸易组织等国际经济组织以及其他区域经济合作组织，中国参与经济全球化所必须遵循和采取的法制规范要符合国际惯例。中国参与经济全球化的过程实际上就是中国经济同世界各国经济加深联系的过程，其中必然涉及各种经济政策和经济法制的联系和协调。当前国际经济政策和法制的协调除了双边协调之外，更重要的是在国际经济组织内部进行的多边协调，中国的经济政策及其法制化必须要符合世界贸易组织等国际经济组织的规范，否则，中国将被排斥在有关国际经济组织之外。在过去的十多年时间里，中国通过整理、清理、修订、制定一系列对外经济政策法规，完善了市场经济的法制建设，推动了中国对外开放的发展，由此加快了中国经济发展的步伐。本书关于中国对美国净出口对中国经济增长的贡献（率）的研究结果表明，正是由于中国加入世界贸易组织，中国在参与经济全球化的过程中逐步实施了同国际惯例相符的法制规范，从而使得美国市场对中国更加开放，促使中国对美国净出口对中国经济增长的贡献（率）创出了 1980 年以来的新高，并且近三年始终维持在这一新高水平。另一方面，本书关于美国对华投资对中国经济影响的研究结果也同样表明，自中国加入世界贸易组织以来，包括美国资本在内的外商对中国的对外开放政策和国内经济发展更加充满信心，美国对华直接投资也持续增长。总的来看，随着中国参与经济全球化程度的加深以及逐步融入世界经济体系，遵循和实施符合国际惯例的法制规范更有利于中国利用国外市场和国外资源来促进国内经济的较快发展。

（七）中国应该更加重视在国际政治和经济关系的协调中发挥应有的作用

当代经济全球化的发展是在一种复杂的国际政治经济环境之中进行的，经济大国特别是那些超级经济大国同经济小国之间的政治、经济地位仍然不平等，不同类型国家在经济全球化中所扮演的角色和所发挥的作用

265

仍然具有很大的差别；另一方面，市场机制并没有万能的作用，不同的市场主体在市场竞争中居于不同的地位，特别是那些大型跨国公司在市场竞争中占据特别有利的地位。在这样的世界政治经济环境下，各国为维护自身的国家利益，必然在国内经济管理和国际经济协调中要发挥行政手段和国际政治关系的重要作用。在中美经贸关系中，美国由于政治、经济的原因所采取的对华技术出口限制以及纺织品服装的配额管理等行政手段的作用对中国经济的影响非常明显，这些行政手段和国际政治关系对经济的影响是不容忽视的。因此，在全球化的市场经济环境当中，中国应该更加重视在国际政治和经济关系的协调中发挥应有的作用，努力排除不利于其利用国外市场与国外资源来促进国内经济发展的各种国际经济传导障碍，为自身营造良好的外部市场环境，才能更好地通过参与经济全球化来促进国内经济的较快发展，才能保障中国参与经济全球化所应该获得的利益。

策划编辑:郑海燕
责任编辑:许运娜
装帧设计:曹 春

图书在版编目(CIP)数据

中美经贸关系及其影响研究/庄宗明等著. -北京:人民出版社,
2007.11

ISBN 978 - 7 - 01 - 006592 - 2

Ⅰ. 中⋯ Ⅱ. 庄⋯ Ⅲ. 对外经济关系:中美关系-研究
Ⅳ. F125.571.2

中国版本图书馆 CIP 数据核字(2007)第 158173 号

中美经贸关系及其影响研究
ZHONGMEI JINGMAO GUANXI JIQI YINGXIANG YANJIU

庄宗明 等著

人 民 出 版 社 出版发行
(100706 北京朝阳门内大街 166 号)

北京市双桥印刷厂印刷 新华书店经销

2007 年 11 月第 1 版 2007 年 11 月北京第 1 次印刷
开本:710 毫米×1000 毫米 1/16 印张:17.5
字数:255 千字 印数:0,001 - 3,000 册

ISBN 978 - 7 - 01 - 006592 - 2 定价:38.00 元

邮购地址 100706 北京朝阳门内大街 166 号
人民东方图书销售中心 电话 (010)65250042 65289539